aruco

ニューヨーク

New York

こんどの旅行も、みんなと同じ、お決まりコース？

「みんな行くみたいだから」「なんだか人気ありそうだから」
とりあえずおさえとこ。そんな旅もアリだけど……
でも、ホントにそれだけで、いいのかな？

やっと取れたお休みだもん。
どうせなら、みんなとはちょっと違う、
とっておきの旅にしたくない？

『aruco』は、そんなあなたの
「プチぼうけん」ごころを応援します！

★女子スタッフ内でヒミツにしておきたかったマル秘スポットや穴場のお店を、
　思いきって、もりもり紹介しちゃいます！

★見ておかなきゃやっぱり後悔するテッパン観光名所 etc. は、
　みんなより一枚ウワテの楽しみ方を教えちゃいます！

★「ニューヨークでこんなコトしてきたんだよ♪」
　帰国後、トモダチに自慢できる体験がいっぱいです。

そう、ニューヨークでは、もっともっと、新たな驚きや感動が私たちを待っている！

さあ、"私だけのニューヨーク"を見つけに
プチぼうけんに出かけよう！

aruco には、
あなたのプチぼうけんをサポートする
ミニ情報をいっぱいちりばめてあります。

使える！
レストラン英会話

焼き加減はいかがなさいますか？
How would you like
your steak cooked?

ミディアム（ミディアムレア、レア、

地元の人とのちょっとしたコミュニケーションや、とっさに役立つひと言会話を、各シーンに織り込みました☆

どのぼうけんにしようかな？

アメリカで味わえる
「ドライ・エイジド・ビーフ」
肉を適切な温度と湿度で管理して、一定期間（店により異なるが14〜40日間）熟成させたもの。肉の水分が抜け、風味が凝縮される。この香りとうま味はまさに本場の味！

知っておくとトクする情報、アドバイス etc. をわかりやすくカンタンにまとめてあります☆

□ サングラス　□ ワンピース
□ リップクリームA
保湿クリーム　□ 長袖
□ ビーチサンダル
□ 羽織り物　□ フラットシューズ

女子ならではの旅アイテムや、トラブル回避のための情報もしっかりカバー☆

も想い出を書いて

112 ✉ NY美大生街　💰 複数店舗あり。 **113**

右ページのはみだしには編集部から、左ページのはみだしには旅好き女子の皆さんからのクチコミネタを掲載しています☆

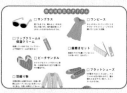

高い所からNYを体感する

TOTAL
1〜2時間

オススメ時間　午前中または
サンセット

予算　$36〜

📸 事前に予約がおすすめ
スムーズに入場できたり、割引されたりすることもあるので事前ネット予約がおすすめ。シティ・パス（→P.166）で入場できても予約は必要。

プチぼうけんプランには、予算や所要時間の目安、アドバイスなどをわかりやすくまとめています。

■発行後の情報の更新と訂正について
発行後に変更された掲載情報は、『地球の歩き方』ホームページの本書紹介ページ内に「更新・訂正情報」として可能なかぎり案内しています（ホテル、レストラン料金の変更などは除く）。ご旅行の前にお役立てください。
URL book.arukikata.co.jp/travel-support/

物件データのマーク

🏠⋯⋯住所
カッコ内の bet. は between（〜の間）の略で、通り間にあることを示します。例：bet. 49th & 50th Sts. = 49th St. と 50th St. の間

🕐⋯⋯営業時間、開館時間
🈂⋯⋯定休日、休館日
🈯⋯⋯料金、入場料、予算
🈺⋯⋯交通アクセス
🈹⋯⋯予約の必要性
☎⋯⋯電話番号
📷⋯⋯instagram

Free ⋯⋯ フリーダイヤル
URL ⋯⋯ URL
✉ ⋯⋯ メールアドレス
Card ⋯⋯ クレジットカード
　A⋯⋯ アメリカン・エキスプレス
　D⋯⋯ ダイナース
　J⋯⋯ ジェーシービー
　M⋯⋯ マスターカード
　V⋯⋯ ビザ
🛏 ⋯⋯ 部屋数
👔 ⋯⋯ ドレスコード

別冊MAPのおもなマーク

● ⋯⋯ 見どころ
R ⋯⋯ レストラン
C ⋯⋯ カフェ

S ⋯⋯ ショップ
H ⋯⋯ ホテル
E ⋯⋯ エンターテインメント

本書は正確な情報の掲載に努めていますが、ご旅行の際は必ず現地で最新情報をご確認ください。また掲載情報による損失などの責任を弊社は負いかねますので、あらかじめご了承ください。

ニューヨークでプチぼうけん！
ねえねえ、どこ行く？　何する？

観光にグルメにお買い物。

うーん、やりたいことだらけで困っちゃう。

ココも行きたかったな、あれも食べたかった……、

思い残すことのないように、

ピピッときたものには大きくハナマル印付けておいてね！

Welcome
to
New York!

スタンダードもいいけど……、ひと味違うNY体験しなきゃね♪

空から見るニューヨークに大興奮！
今注目の展望台をコンプリート！
P.20 →

今日はピクニックでもどーですか？
ゆる〜く過ごす日もありでしょ！
P.28 →

話題スポットも
しっかり
カバーしましょ♪

Photo：Blue Note

夜遊びは、し〜っとり
本場のジャズに酔いしれたい☆
P.54 →

心地よい風に吹かれて約30分
ブルックリン・ブリッジを歩いて渡ろ〜
P.24 →

ブッシュウィックで
写真をたくさん撮りたいな♪
P.50 →

本当にタダでいいの？？
こんなにたくさん遊べて大満足♪
P.42 →

アメリカ〜ンな雰囲気のなか
MLBヤンキースの野球を観戦！
P.52 →

5

食べたいものありすぎ〜！
おいしい NY をまるごといただき！

ハイハイ、
ダイエットは
帰ってから！

NY に来たからには
名物ベーグルも押さえなきゃ　P.92 →

がっつり食べてスタミナ UP！
時代はもはや肉食女子のものです　P.84 →

すてきカフェがたくさんの NY。
さて、どこでチルする？　P.60 →

帰りたく
ないなぁ！

たまには贅沢もありでしょ！
こんなレストランに来てみたかった♡　P.82 →

ガブリとかじりつけば、
気分はすっかりアメリカ〜ン♪　P.70 →

ん〜、おいしーっ!!　チーズケーキを
食べなきゃ NY に来たって言えないよね　P.74 →

どんどんキレイになろう！
美は1日にしてならず！

買い物が楽しくて
すっかり
NYのトリコに
なっちゃうね～

NYでキレイになっちゃう？
優秀美容アイテムをGET！
P.128

話題沸騰のNYコスメ☆
クリーンビューティを探して
P.124

買い物は "出会い" だよね？
でも、"運命の出会い" ばっかりで困っちゃ～う

雰囲気あるんだよね
ンテージなアイテムって
P.108

かわいいー！　かっこいいー！
「欲しい」がたくさんで困っちゃう
P.104

つい手に取っちゃうね～
ラブリーな文房具見つけたよ♪
P.112

オフ率がハンパないって！
オフプライスショップでお得に買い物
P.102

自分用にたくさん買っちゃえ！
NYみやげはどれ？
P.116

ダンボでのんび～り
散歩したり、買い物したり
P.134

Contents

aruco ニューヨーク

10 ざっくり知りたいニューヨーク基本情報
12 3分でわかる！ ニューヨークかんたんエリアナビ
14 aruco 最旬 TOPICS
16 ニューヨーク 4泊6日 aruco 的究極プラン

19 ディープに楽しむプチぼうけんで素顔のNYにダイブ！

20 ①眺めもスリルもケタ違い！ 初体験が待っている話題の展望台へ
24 ②NYを感じるすてきアイコン♡ ブルックリン・ブリッジを歩いて渡ろう！
26 ③本店リニューアルでますます注目 ティファニーの魅力、再発見！
28 ④お総菜やスイーツを買い込んで…… セントラルパークで爽快ピクニック♪
32 ⑤地元の暮らしを体感したい！ ニューヨーカー御用達スーパー巡り
38 ⑥ SATC新章『AJLT』の世界へ キャリーの気分でロケ地へGO！
42 ⑦目指せ！ ニューヨークの達人 楽しすぎる "無料遊び" に夢中！
46 ⑧初心者もリピーターも 人気ミュージカルを100倍楽しんじゃおう！
50 ⑨街全体がギャラリー!? ブッシュウィックでストリート散策
52 ⑩盛り上がるMLBをライブ体感！ ヤンキースタジアムの楽しみ方
54 ⑪ニューヨークでSwingしちゃお~ 初めてでも楽しめるジャズ入門！

Let's go!

59 ニューヨーカーも絶賛！ おいしくってコスパ◎なハッピーグルメ

60 真っ先に行くべき最旬ときめきカフェ
64 いま注目のグリーンなカフェ4選
66 ユニーク素材も注目のトレンドスイーツ
68 パンケーキ？ エッグベネディクト？ NY2大朝食対決！
70 並んでも食べるべき話題のグルメバーガー！
72 NYカップケーキの人気店☆実食調査
74 ニューヨークのうまうまチーズケーキ
76 スーパーのグルメなお総菜大集合！
78 ニューヨーカーを気取ってコーヒーでまった~り
80 野菜たっぷりの旅の味方、サラダボウル
82 スターシェフが手がける憧れレストラン
84 魅惑のポーターハウスステーキを食べ尽くす
86 NYでクラフトビールを飲んでハッピー♥
88 フードホールでは、ここでコレを食べよう！
92 進化する萌え断ベーグルに夢中
94 こだわりパンが大集合！
98 エスニックグルメ途中下車の旅

101 キレイ＆かわいいを極めるお買い物＆ビューティナビ

102 ココロ弾むオフプライスショップ☆
104 オーナーのこだわりが自慢のセレクトショップ
106 アメリカ限定ブランドをゲットしよう
108 ビンテージショップでお気に入りの一着を探そう♪
110 愛されブランドタイプ別チャート！
112 とにかくかわいい文房具＆紙もの
114 センスが光るアートなおみやげ
116 チェルシー・マーケットではタイパ重視でおみやげ探

| 118 | おしゃれなチョコレートがいっぱい | 124 | NY発コスメで美しく♡ |
| 122 | かわいいキッチングッズぜんぶ見せます！ | 128 | NY在住インフルエンサーの"推し"美容アイテムをGET！ |

131 てくてく歩いてパワーチャージ！ 元気になれる NY さんぽ

132	ニューヨークのトレンド発信地ウィリアムズバーグとグリーンポイントを巡る
134	どんどん変わるダンボでニューヨーカーの休日を満喫！
136	歩いているだけでリフレッシュ♪ まだまだ注目のハイラインへ
138	今っぽさも王道も！ キラキラのNYを感じる5番街を歩こう
140	おしゃれな人が集まるソーホー＆ノリータで注目ショップさんぽ
142	個性派揃いのロウアー・イースト・サイドで感性を磨く街歩きをしよう
144	チープに遊べるチャイナタウンで$10以下の粉もののフード食べ歩き

147 マストチェックの観光スポット＆美術館をツウな気分でおもしろ案内

148	自由の女神の内部に潜入！	158	ハーレムにゴスペルを聴きに行こう！
150	1日でNYのランドマークを回っちゃおう	160	ルーフトップバーでかんぱーい！
152	巨大美術館メトロポリタンの美女名画	162	『ゴシップガール』のロケ地巡り～♥
156	MoMAを2時間で攻略しちゃおう！	164	キラキラ☆ニューヨークのクリスマスイルミ5！

167 気分はNY在住！ 居心地いいホテル見つけました

| 168 | NY コスパ◎ホテル9選 | 170 | おしゃれな空間が楽しめるホテル |

173 安全・快適 旅の基本情報

174	おすすめ旅グッズ
175	知って楽しい！ ニューヨークの雑学
176	ニューヨーク行きが決まったら……
177	アメリカ入出国かんたんナビ
178	空港から市内へ
180	ニューヨークの市内交通
184	旅の便利帳
186	旅の安全情報
187	トラブル別困ったときのイエローページ
188	インデックス

aruco column

58	シティバイクでNYをかけぬけよう
100	ベーグル作り体験に参加しよう！
130	ストランド・ブックストア全部見せ
146	バスに乗ってアフタヌーンティーはいかが？
166	2日でぐるっとシティ・パスを使いまくれ！
172	スマホアプリUberを使ってNYを移動！

裏aruco 取材スタッフの独断TALK

| 96 | arucoスタッフ私たちのお気に入りグルメはこれ！ |
| 120 | arucoスタッフ私のリアル買いアイテム♡ |

巻末 → "取りはずせる" 別冊MAP

便利だね！

ざっくり知りたいニューヨーク基本情報

これだけ知っておけば安心だね

お金のコト

通貨・レート $1（ドル）= 約153円（2024年4月15日現在）
通貨単位は $（ドル。発音は"ダラー"）と¢（セント）

両替 手数料にも気を付けよう

円からドルへの両替は、空港や銀行、両替所で可能。レート、手数料は各所で違うので確認を。国際ブランドのカードならATMでキャッシングも可能（金利には留意を）。

物価 物価は東京より1.5倍ほど高い。ホテル料金は、全米でも一番高い。

（例：🍶（500㎖）=$2、🚗=初乗り$3〜、🚃=$2.90〜、🍴=$15〜）

消費税 8.875%。宿泊税もかかる

アメリカでは州や市によって消費税率が異なる。ニューヨークでは8.875%（市税4.5％＋州税4％、メトロポリタン通勤圏追加税0.375％）。レストランでも、同率かそれに上乗せした税金がかかる。ただし、$110未満の衣料品と靴に関しては市税、州税、メトロポリタン通勤圏税が免税。ホテルの宿泊は、消費税の代わりに宿泊税として1泊1部屋14.75％＋$3.50。

チップ 目安は18〜20%

レストランのチップは18〜20％で、タックスの2倍で計算すると楽。ホテルのベルボーイには、荷物の大きさや個数によって、ひとつにつき$2〜5。渡すときは、硬貨を使わず、お札だけを渡すのがスマート。

お金について詳細はP.184をチェック！

ベストシーズン 5月から9月頃

緯度は青森とほぼ同じ。NYの夏は気温が高いが湿度は日本より低い。真夏は連日30℃前後まで達し、冬は零下15〜16℃まで下がる日も。降雪量も多い。また、春秋は過ごしやすいシーズンだが、朝晩の寒暖差が激しい。年間を通じて温度差の変化に対応できるように、重ね着などで服装の工夫をするとよい。

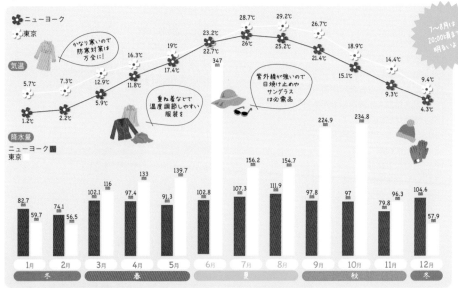

7〜8月は20:00頃まで明るいよ！

■ニューヨーク
■東京

かなり寒いので防寒対策は万全に！

重ね着などで温度調節しやすい服装を

紫外線が強いので日焼け止めやサングラスは必需品

気温

	1月	2月	3月	4月	5月	6月	7月	8月	9月	10月	11月	12月
ニューヨーク	5.7℃	7.3℃	12.9℃	16.3℃	22.7℃	26℃	28.7℃	29.2℃	25.2℃	18.9℃	14.4℃	9.4℃
東京	1.2℃	2.2℃	5.9℃	11.8℃	17.4℃	23.2℃	19℃	26.7℃	21.4℃	15.1℃	9.3℃	4.3℃

（347 mm の表記あり）

降水量
■ニューヨーク
■東京

	1月	2月	3月	4月	5月	6月	7月	8月	9月	10月	11月	12月
ニューヨーク	82.7	74.1	102.1	97.4	91.3	102.8	107.3	111.9	97.8	97	79.8	104.6
東京	59.7	56.5	116	133	139.7	156.2	154.7	224.9	234.8	96.3	57.9	

冬 春 夏 秋 冬

データ：気温は最高気温の月平均値　気象庁：東京（2023年）、ニューヨーク（1991〜2020年）

日本からの 飛行時間 直行便で約13時間

ビザ 90日以内の観光は必要なし
パスポートの残存有効期間は、入国時に90日以上が望ましい。

時差 −14時間 サマータイム（Daylight Saving Time）実施期間は−13時間 実施期間は3月第2日曜から11月第1日曜まで

日本	8	9	10	11	12	13	14	15	16	17	18	19	20	21	22	23	0	1	2	3	4	5	6	7
ニューヨーク	18	19	20	21	22	23	0	1	2	3	4	5	6	7	8	9	10	11	12	13	14	15	16	17
ニューヨーク(サマータイム)	19	20	21	22	23	0	1	2	3	4	5	6	7	8	9	10	11	12	13	14	15	16	17	18

言語 英語

旅行期間 4泊6日以上が望ましい

交通手段 地下鉄、バス、タクシー
詳細はP.182

11月のサンクスギビングは、数あるパレードのなかでも最大級。さまざまなバルーンが登場し、いよいよ冬到来となるイベント

年間の祝祭日

1月1日	ニューイヤーズデイ（元日）New Year's Day	
1月第3月曜	マーチン・ルーサー・キングの日 Martin Luther King, Jr. Day	
2月第3月曜	プレジデントデイ（大統領の日）Presidents' Day	
5月最終月曜	メモリアルデイ（戦没者追悼の日）Memorial Day	
6月19日	ジューンティーンス（奴隷解放記念日）Juneteenth	
7月4日	独立記念日 Independence Day	
9月第1月曜	レイバーデイ（労働者の日）Labor Day	
10月第2月曜	コロンバスデイ（コロンブス記念日）Columbus Day	
11月11日	ベテランズデイ（退役軍人の日）Veterans Day	
11月第4木曜	サンクスギビングデイ Thanksgiving Day	
12月25日	クリスマス Christmas Day	

主として英語だけど

ニューヨークは、いろんな民族の人がたくさん集まる街。英語がそんなに得意じゃない人や、お国なまりが強い英語を話す人も多い。気後れしないで、わからなかったら、きちんと聞き直そう。広域にわたってスペイン語も使われている。

単位について

温度は摂氏（℃）ではなく華氏（°F）。重さはオンス（ounce: oz）とパウンド（pound: lb）。液量は液量オンス（fluid ounce: fl.ozまたはoz）、パイント（pint: pt）など。長さは短い順からインチ、フット／フィート、ヤード、マイルを使う。

祝祭日の営業

日曜や祝祭日も営業する店もあるが、営業時間が平日より短いので、事前にチェックしておきたい。「年中無休」のところでも、ニューイヤーズデイ、サンクスギビングデイ、クリスマスの3日間はほとんど休み。メモリアルデイからレイバーデイの夏休み期間は、店によっても違うし、年によってもマチマチ。急な変更もよくあるので、行きたい店の情報確認をしておこう。

ふーん しらなかったなぁ

ニューヨークの詳しいトラベルインフォメーションは、P.174〜をチェック！

アメリカ
ニューヨーク

3分でわかる！
ニューヨークかんたんエリアナビ

I ♥ NY

観光の中心はマンハッタン。エリアによってそれぞれ表情も特徴も異なるので、
歩きだす前に覚えておきたいもの。郊外の注目エリアも要チェック！

アップタウン

セントラルパークのある北側のエリア。映画の舞台や音楽の聖地など、見応えたっぷり。

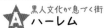

A 黒人文化が息づく街
ハーレム
Harlem

ソウルフードやアポロ・シアター、ゴスペルなど他のエリアとは違った雰囲気。

ハーレムにゴスペルを聴きにいこう！ → P.158

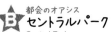

B 都会のオアシス
セントラルパーク
Central Park

マンハッタンの中心にある広大な公園。ピクニックや散策などでのんびりしよう！

セントラルパークで爽快ピクニック → P.28

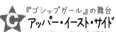

C 『ゴシップガール』の舞台
アッパー・イースト・サイド
Upper East Side (UES)

高級住宅地で俳優や在米駐在員が多く住む。5番街沿いはミュージアムがたくさん。

『GG』ロケ地巡り → P.162

D アカデミックな街並み
アッパー・ウエスト・サイド
Upper West Side (UWS)

リンカーン・センターなど文化施設が多い。グルメマーケットやかわいいブティックが点在。

ミッドタウン

NYの中心地。世界中から観光客が訪れ、いつもにぎやか。そして、買い物天国♪

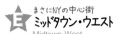

E まさにNYの中心街
ミッドタウン・ウエスト
Midtown West

高級ブランド店が並ぶ5番街やブロードウエイの劇場街など観光名所が集まっている。

5番街 → P.138

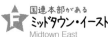

F 国連本部がある
ミッドタウン・イースト
Midtown East

国連本部など、観光名所も点在。歴史的建造物と近代的なオフィスが混在するエリア。

マンハッタン外

おもしろいスポットが増えたマンハッタン外（アウター・ボロ）。流行に敏感な人におすすめ！

G 移民が多く住む
クイーンズ
Queens

エスニックタウン、→ P.98 クイーンズへ

民族文化が根強く残るエリア。庶民の生活を垣間見られるので、リピーターにおすすめ！

H 注目のエリア
ブルックリン
Brooklyn

ダンボ → P.134

おしゃれなレストランやカフェ、ショップ、ギャラリーなどが急増中。

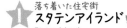

I 落ち着いた住宅街
スタテンアイランド
Staten Island

無料遊びに → P.43 挑戦

マンハッタンの南にある大きな島。自由の女神の正面を通るフェリーで約25分。

ニュージャージー州
ラガーディア空港
マンハッタン
Queens
自由の女神
ジョン・F・ケネディ空港
Brooklyn
Staten Island

J アートなエリア
チェルシー
Chelsea

ギャラリーが集まるアートシーンの中心。再開発が進むハドソン・ヤードも話題。

まだまだ注目の
ハイラインへ → P.136

L 通称 "ビレッジ"
グリニッチ・ビレッジ
Greenwich Village

詩人や劇作家、自由を謳歌する人々に愛されてきた。夜はジャズクラブがにぎわう。

K 閑静な住宅地
グラマシー
Gramercy

美しい建物が多く、文化人や芸術家が住むエリア。緑豊かな公園もたくさんある。

M 買い物するなら
ソーホーとノリータ
Soho & Nolita

高級ブティックやカフェ、ギャラリーが点在する。おしゃれで洗練された街並み。

注目ショップを
おさんぽ → P.140

N 夜遊びが充実
イースト・ビレッジ
East Village

インドなどエスニック料理店が並ぶ。オフ・ブロードウエイやナイトクラブが点在する。

O 地元の人気エリア
トライベッカ
Tribeca

有名シェフの経営するレストランがあちらこちらに。倉庫街の面影が残っている。

P パワーみなぎる街
チャイナタウンとリトル・イタリー
Chinatown & Little Italy

漢字の看板がひしめき、活気あふれる中華街。その隣にひっそりイタリア人街がある。

チャイナタウンで
チープに遊ぶ → P.144

Q カフェやバーが充実
ロウアー・イースト・サイド
Lower East Side (LES)

若手新進デザイナーの流行発信地であり、おしゃれなカフェやバー、ブティックが並ぶ。

感性を磨く
街歩き → P.142

R 経済の中心地
ロウアー・マンハッタン
Lower Manhattan

米経済の中心ウォール・ストリートや自由の女神へのフェリー乗り場がある。

自由の女神 → P.148

お散歩
しよっか〜

ワン！

アップタウン

Queens

ミッドタウン

イースト・リバー

ハドソン・リバー

シアター・ディストリクト
Theater District
42nd〜53rd Sts.、6th〜8th Aves.周辺に劇場が集まる。

ミート・パッキング・ディストリクト
Meat Packing District (MPD)
ハドソン・リバー側14th St.周辺のおしゃれエリア。

ダウンタウン

ノーホー
NOHO
Houston St.の北側のこと。ショップやレストランが多い。

Brooklyn

13

Sightseeing

変わりゆくNYを一望 今展望台がアツい！

エンパイアとトップ・オブ・ザ・ロックの2大人気展望台に加えて、近年、新しい3つの展望台が誕生！ それぞれに特徴が異なるので、さまざまな視点からNYを眺めてみよう。

Photos Courtesy of Tiffany & Co.

鳥の形のダイヤがすてきなネックレス

ティファニーらしいチャーム付きバッグ

映え写真を撮りたいならココ！

西半球でいちばん高い展望台

展望台 →P.20

5番街のティファニー本店がリニューアルオープン！

2023年4月に大変身した店内は、まるでミュージアムのよう。『ティファニーで朝食を』でオードリー・ヘプバーンが着用していたドレスのレプリカや宝石なども飾られている。

ティファニー NY本店 →P.26

1.ミッドタウンの中心5番街に建つ
2.両方の壁にはNYの街並みが描かれたステンドグラスが

祝HIP HOP生誕50年！ヒップホップ博物館がオープン予定

ヒップホップ発祥の地であるブロンクスの川沿いに建設中。VRやホログラムなど、最新のハイテク技術をふんだんに取り入れた展示が予定されている。

ヒップホップ博物館 The Hip Hop Museum
Map 別冊P.4-B2 ブロンクス

▲610 Exterior St. (near 145th St.), Bronx
図地下鉄②④⑤線149 St-Grand Concourseより徒歩約5分 URL uhhm.org

Photo : Matthew Papa

Photo : Michael Grimm

近くにあるマーケット57 Map 別冊P.10-A2やチェルシー・マーケット(→P.116)などで食べ物を調達しよう

景色を楽しみながらランチを！

マンハッタンの新名所！ユニークな水上公園、リトル・アイランド

「水に浮かぶ葉」をイメージした水上公園。チューリップ形の柱132本で支えられ、川に浮かぶ緑豊かな小さな島の中には、展望デッキや円形劇場も併設されている。2021年のオープン以来大人気の観光スポット。

芝生の上でピクニックもオススメ

リトル・アイランド →P.137

お役立ち観光スポットニュースからニューオープン、話題のトレンドまで、ニューヨークの最新情報をお届けします！

FOOD

NYセレブシェフがプロデュースした巨大フードホール、ティン・ビルディングがOPEN！

NYを代表するシェフ、ジャン・ジョルジュ氏がプロデュースするフードホール。館内にはレストランやバーなど約30のセクションのほか、おみやげ売り場もある。

ティン・ビルディング → P.88

人気デザインスタジオがリノベートした築120年近い建物も一見の価値あり

生ガキなどシーフードを食べさせてくれるFulton Fish Co.のオイスター$26.99

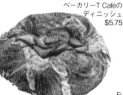

ベーカリーT Caféのディニッシュ $5.75

Fulton Fish Co.のクラブケーキ$26

ベーグルは最も有名なジューイッシュフード

ゆでないベーグルと呼ばれるパン、ビアリー

老舗アペタイジングストア、ラス＆ドーターズの新店舗に注目！

ラス＆ドーターズ → P.92

本店はロウアー・イースト・サイド。1914年創業の老舗ジューイッシュ・コンフォート・フードのアペタイジングストアが最旬スポットのハドソンヤーズに新店をオープンさせた。明るい店内ではベーグルをはじめ多くのメニューをイートイン＆テイクアウトで楽しめる。

- - - - - - - - - -

ニューノーマルの今花屋カフェで癒やされる～♪

パンデミック中に増えたお花屋さん。併設されたカフェでは、お花に癒やされながらゆったり過ごそう♡

こぢんまりした店内でお花に囲まれてまったり

ガーデンカフェ → P.64

INFORMATION

ハブ駅ペン・ステーションに新駅舎が誕生！

郊外に行く鉄道が乗り入れるターミナル駅、ペンシルバニア・ステーションに新駅舎のモイニハン・トレイン・ホールが誕生！ 1914年完成の中央郵便局の内部を改装したもので、外観からは想像がつかない空間が広がっている。全面ガラス張りの高い天窓が特徴。

モイニハン・トレイン・ホール → P.181

このOMNYカードリーダーにタッチするだけ。改札やバスの乗車口付近にある

OMNY → P.180

おさえておくべき！ 地下鉄＆バスの新システム、OMNY

NYの地下鉄とバスでも非接触型決済が可能に。クレジットカードやスマホなど、手持ちのスマートデバイスを使って改札にかざせばOK。もちろん今までのメトロカードも使えるが、2024年中に廃止される予定。

1.2500枚以上のガラスで構成された天窓が美しい！
2.構内には人気店が集結したフードホールもあり便利

ニューヨーク4泊6日 aruco的 究極プラン

プチぼうけん しちゃうぞ!

定番スポットも行きたいけど、ちょっと違うこともして、みんなに自慢もしたい。
「あれも!これも!」そんなよくばり女子のために、
arucoがひと味違うニューヨーク満喫プランをご紹介。

Day 1 ニューヨーク到着! さっそく出かけちゃおう

到着日はゆっくりホテルで、なんてもったいない!
NYのパワーを感じに街へ繰り出そう♪

エアトレイン&ロングアイランド・レイルロード 30分

`10:00` ニューヨークJFK国際空港到着 P.178

`13:00` **ジャックス・ワイフ・フリーダ**でランチ P.60

地下鉄 15分

`15:00` **サミット**の鏡張りキラキラ空間で 映え写真を撮ろう♪ P.21

徒歩 5分

`16:30` 映画やテレビにも登場する **ニューヨーク公共図書館**へ P.45,114,139

徒歩 1分

`17:00` **ブライアントパーク**でちょっと休憩 P.139

全米一美しいといわれるトイレも

地下鉄 15分

`18:00` 話題のファストカジュアル店**DIG**で サクッとごはん P.81

地下鉄 15分

`19:00` **ホールフーズ**や**ターゲット**でショッピング P.34,35

徒歩 5分

`21:30` **ルーフトップバー**でNYの夜を満喫! P.160

Day2 自由の女神に美術館、王道観光をおさえよう！

朝早く起きて自由の女神様に会おう！
王道のNY観光をたっぷり楽しまなきゃね。

8:00 早起きをして**自由の女神**に挨拶 P.148

地下鉄 30分 🚇

13:30 **ゼイバース**で
ランチを
ゲット♪
P.32

徒歩 10分 🚶

14:00 **セントラルパーク**でのんびりピクニック P.29

バス 10分 ＋ 徒歩 3分 🚌

15:30 **メトロポリタン
美術館** P.152

バス 10分 🚌

ティファニー本店が
ある**5番街**を散策♡
P.26、138

Photo：Francesco Sapienza,
Thomas Schauer

徒歩や 下鉄

18:30 一度ホテルに戻って
着替えたら
**スターシェフ
のレストランで**
ディナー P.82

憧れのお店で
思い出
つくろ〜

徒歩や 下鉄

21:30 **タイムズ
スクエア**で
ニューヨークを
感じる
P.150

Day3 NYガールズの休日を体験♥ 話題のブルックリンへGo！

壁画を見たり、おしゃれなエリアに出かけたり、
のんびり住んでいるように過ごすのもありだね！

8:30 **NY**に来たからには**萌え断ベーグル**を食べる
P.92

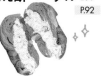

徒歩 ＋ 地下鉄 30分 🚇

10:00 ブルックリンのアート聖地、
ブッシュウィックで壁画を観る P.50

たくさんの
壁画に圧倒
されちゃうね

地下鉄 20分 🚇

11:30 おしゃれなお店がたくさん！
グリーンポイント
にも行こう！ P.133

徒歩 20分 🚶

14:00 進化中の
**ウイリアムズ
バーグ**を散策！
P.132

徒歩 30分 🚶

17:00 **ピーター・ルーガー**
でステーキディナー P.85

地下鉄 15分 🚇

20:00 一度ホテルに戻って
荷物を置いたら**ジャズ**に
酔いしれにいこう P.54 ♪♫

カンパイ！

Day 4 ブルックリンブリッジにブロードウェイもやりたいことを全部やる!

観光に美術鑑賞にミュージカルも!
そろそろラストスパートかけなきゃね。

9:30 ブルックリンブリッジを歩いて渡る。ダンボへ P.24

徒歩30分

10:30 ダンボの街を散策。ついでにフードコートでランチ P.91、135

地下鉄20分

13:30 地下鉄でマンハッタンへ戻る。ユニオンスクエア周辺で
オフプライスショップなどでお買い物 P.102

周辺はスーパーもあるよ

バス20分

16:30 チェルシー・マーケットで
ひと休みしたり
おみやげも買っちゃおう! P.117

徒歩5分

17:30 ハイラインを歩いて
ミッドタウンへ。
途中リトル・アイランドに
立ち寄ろう P.137

徒歩30分

18:30 ハドソンヤーズで
ショッピング!
ごはんもココで! P.137

バス15分

20:00 夜はもちろんここで決まり!
ブロードウエイでミュージカル観賞 P.46

©Joan Marcus

Day 5 帰国日のラストスパート!
最後の最後までNYを満喫しよう!

朝食は大人気のベーカリーで巨大クッキーをいただき、
スーパーでフードやコスメのおみやげを買いあさろう!

8:30 人気のルヴァン・ベーカリーで朝ごはん! P.95

徒歩10分

9:30 トレーダー・ジョーズ
おみやげをまとめ買い P.35

お手頃価格がうれしい♡

地下鉄10分

あと半日あったら

まだ帰りたくない♪

11:00 気になった
ハンバーガーで
ラストランチ! P.70

徒歩や地下鉄

12:30 時間があれば
ニューヨーク近代美術館(MoMA)へ P.156

Photo Courtesy Museum of Modern Art

徒歩10分

14:30 最後にコスメをまとめ買い P.124

🐸 **曜日別アレンジのヒント**

美術館の開館日をチェック!
遅くまで開館する日や、無料または任意払いの日があるので
チェックしておきたい。だいたいが木曜と金曜に集中するので、
その日は美術館を見学するプランにしてもいいかも。

週末ショッピングの営業時間
土・日曜は営業時間が遅く始まったり早く終わったりと、平日と
違うことが多い。特にデパートや路面店などは注意。一方、タイ
ムズスクエア周辺のお店は観光客向けとあってあまり変わらない。

大きな祝日には注意!
元日、メモリアル・デイ、独立記念日、レイバー・デイ、クリス
マス・デイ、サンクスギビング・デイなどの大きな祝日は、ショ
ップ、レストランなどクローズになる店もあるので注意。

こんな遊び方
あったんだ！

ディープに楽しむ
プチぼうけんで
素顔のNYにダイブ！

初めてでも、何度訪れても、新しい発見があるニューヨーク。
定番もいいけど、みんなとはちょっと違う "何か" も体験したい！
そんなアナタにぴったりの、aruco厳選プチぼうけんプラン。
とことん遊べば……ほ〜ら、ニンマリ顔が見えてきた！

L E T'S G O !

眺めもスリルもケタ違い！
初体験が待っている話題の展望台へ

NYは空前の高層ビル建築ラッシュ。それにともない今までにないユニークな展望台も新オープン！
新旧あわせて、NY観光として大注目されている。空からNYを見下ろす非日常体験で特別な時間を過ごして！

見どころ遊びどころを
コンプリートしましょ♡

摩天楼の街、ニューヨーク。王道スポットからニューオープンの展望台まで、天国のような空からの絶景を楽しんで、特別な思い出をつくっちゃおう！

天空に浮かぶ三角形の屋外展望台

↳展望台はコチラ！

高さ約335m

天空のNYに感動

高い所からNYを体感する

TOTAL 1〜2時間

| オススメ時間 | 午前中またはサンセット | 予算 | $36〜 |

ⓘ 事前に予約がおすすめ
スムーズに入場できたり、割引されたりすることもあるので事前ネット予約がおすすめ。シティ・パス（→P.166）で入場できる所でも予約は必要。

POINT ① レストランで食事すれば入場無料！

101階にあるレストランPeakはモダン・アメリカン料理を提供する天空の極上空間。エッジの料金も込みなので、食事後に展望台に向かえば入場無料で楽しめる！

POINT ② スリル満点の床

三角形の展望台の床の一部はガラス張りになっていて眼下を見下ろすことも。ガラス張り部分の上に立てばスリル満点！

POINT ③ ビルの外壁を登るアトラクションも

100階の展望台からビルの外壁にある階段を登るシティ・クライムも要チェック。専用スーツとギアを装着し161段を上がると、地上395mからの絶景と最高の達成感を味わえる！

POINT ④ 大型ショッピングモール内にあり便利

低層階は人気ショップやレストランが集結したモール、The Shops & Restaurants at Hudson Yards。展望台前後にショッピングや食事もできちゃう。

POINT ⑤ ビジュよしの写真も撮れる

三角形の頂点の部分やガラス張りの床部分に立って、摩天楼をバックに記念写真をパチリ。思わずみんなに見せたくなる！

空に浮いてるみたい！

Amazing

THE EDGE

CHECK!
いろんなイベントも開催！

2023年は展望台でのヨガイベントを開催。2024年はニューヨーク近代美術館とのコラボで割引チケットを販売。隣接するアートセンター「シェッドThe Shed」でもイベントが多数開催される。

エッジ　The Edge

NYの新名所ハドソンヤーズのビル群のひとつ、西半球で最も高い展望台がエッジ。ビルの100階部分に浮かぶ三角形の空間からマンハッタンの摩天楼を一望できる。

Map 別冊P.14-B2 ミッドタウン・ウエスト

🏠 30 Hudson Yards ☎ 1-332-204-8500 🕐 月〜木9:00〜22:00、金〜日9:00〜24:00 💰 大人$36〜、6〜12歳$31〜、62歳以上$34（オンライン販売のみ） Card A.D.J.M.V. 🚇 地下鉄⑦線34 St-Hudson Yardsより徒歩約2分 URL www.edgenyc.com

Photos：Edge, City Climb, Francis Dzikowski for Related-Oxford

異次元空間の浮遊感がたまらない♪

プチぼうけん1

初体験が待っている話題の展望台へ

高さ 約427m

展望台はコチラ！

POINT 1 近未来そのもの！

ガラスと鏡に囲まれたキラキラの異次元空間は、まさに近未来的世界。空中に浮かんでいるかのような圧倒的浮遊感と開放感を体験できる！

Beautiful!

キラキラすぎる〜

POINT 3 SNSでバズりそう！

エンパイアの上にON！

POINT 2 アート鑑賞もできる

無数の風船が浮かぶ91階の Affinity など、世界的アーティストのケンゾー・デジタルが手がけたアートや、草間彌生のアート Reflect もチェック！

360度ガラス張りで、摩天楼の絶景をパノラマで楽しむことができ、どこを撮影しても圧巻。マジカルな空間をカメラに収めよう

POINT 4 空中遊泳を体験できる

全面ガラス張りのスポット Levitation（浮遊という意味）では、足下にマディソン・アベニューなどミッドタウン・イースト周辺のビル群が広がり、まさに空中に浮かんでいる気分！

足下がまる見え

SUMMIT ONE VANDERBILT

CHECK! センスよしのギフトショップ

93階には「ブティック」というギフトショップがあり、オリジナルのTシャツや帽子、マグカップなどの雑貨が見つかる。下はビルの名前と形をモチーフにしたキーチェーン。

サミット・ワン・ヴァンダービルト
SUMMIT One Vanderbilt

グランド・セントラル・ステーション横にある超高層ビル、ワン・ヴァンダービルトの91〜93階部分にある。ガラスと鏡に囲まれた異次元空間は浮遊感が楽しめると話題に。

Map 別冊 P.16-A1 ミッドタウン・イースト

🏠45 E. 42nd St.（ワン・ヴァンダービルトの展望台）☎1-877-682-1401 ⏰9:00〜24:00（入場は1時間前まで）💰S42〜、6〜12歳$36〜、5歳以下無料 Card A.D.J.M.V. 🚇地下鉄④⑤⑥⑦Ⓢ線Grand Central-42 Stより徒歩約2分 URLsummitov.com

Photos：Summit

21

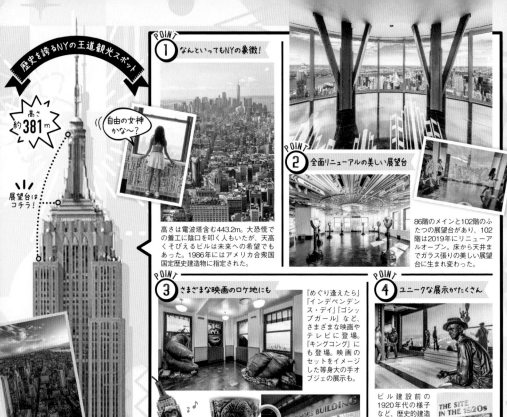

高さ 約381m

自由の女神かな～？

展望台はコチラ！

サンセットは格別だね♡

POINT ① なんといってもNYの象徴！

高さは電波塔含む443.2m。大恐慌での着工に陰口を叩く人もいたが、天高くそびえるビルは未来への希望でもあった。1986年にはアメリカ合衆国国定歴史建造物に指定された。

POINT ② 全面リニューアルの美しい展望台

86階のメインと102階のふたつの展望台があり、102階は2019年にリニューアルオープン。床から天井までガラス張りの美しい展望台に生まれ変わった。

POINT ③ さまざまな映画のロケ地にも

『めぐり逢えたら』『インデペンデンス・デイ』『ゴシップガール』など、さまざまな映画やテレビに登場。『キングコング』にも登場。映画のセットをイメージした等身大の手オブジェの展示も。

POINT ④ ユニークな展示がたくさん

ビル建設前の1920年代の様子など、歴史的建造物にまつわるストーリーを紹介するユニークな展示が盛りだくさん！

THE SITE IN THE 1920s

THE EMPIRE STATE BUILDING

POINT ⑤ 街を照らすライトアップがすてき

すべての光に意味がある！

So cool!

イベントごとに色が変わる最上部のイルミネーションも有名。LED照明の導入により、1600万色の美しいライトアップでニューヨークの街を毎晩照らしている。

いろんな色があるんだね～

CHECK! スタバにも立ち寄って！

1階と地階には、スターバックス・リザーブがある。タンブラーなどの限定アイテムもあり、店内もゆったりしているので、休憩に立ち寄りたい。地階はカクテルやウイスキーが楽しめる。

限定ボトルをGET！

エンパイア・ステート・ビル
The Empire State Building

1931年の完成からNYの象徴として君臨するビル。新しい展望台が次々とオープンするが、NY州の愛称「エンパイア・ステート」を冠した歴史的ビルの展望台に一度は訪れたい。

Map 別冊P.16-A2 ミッドタウン・ウエスト

🏠350 5th Ave.(bet. 33rd & 34th Sts.)
📞1-212-736-3100 🕘9:00～23:00（季節により異なる）💲$44～、62歳以上$42～、6～12歳$38～ **Card**A.D.J.M.V. 🚇地下鉄ⒷⒹⒻⓂⓃⓆⓇⓌ線34 St-Herald Sqより徒歩約4分
🔗esbnyc.com

Photos：The Empire State Building

展望は
コチラ！

高さ
約260m

Wow!

この写真を
再現できる！

69階の「ザ・ビーム」は摩天楼の上で建設作業員たちがランチをする1932年の有名な写真を再現できるアトラクション。鋼鉄の横桁が回転しながら約4m上昇する。追加料金$25（写真付き）。

POINT ② 新アトラクションも登場予定

2024年中に70階に展望台の「スカイリフト」と球形の灯台「ビーコン」が登場予定。円形のガラス張り展望台「スカイリフト」は、乗ると支柱が9m上空まで伸び上がる仕組み。

POINT ③ セントラルパークをまるっと一望

50丁目にある展望台からは、59丁目から110丁目に広がるセントラルパークをまるっと一望できる。四季折々の景色を楽しもう。

エンパイアが
目の前！

POINT ④ 5番街近くの好ロケーション

どこも
映える！

高級ブランドのブティックやデパートが立ち並ぶ5番街近くなので、ショッピングの合い間にもいい

TOP OF THE ROCK

トップ・オブ・ザ・ロック
Top of the Rock

ロックフェラー・センターの中心に立つコムキャスト・ビル（旧GMビル）の展望台は、67・69・70階の3層からなる。どの階でも南側にエンパイアが見えるのがポイント。69・70階は屋外なので開放感抜群！

Map 別冊P.20-A3　ミッドタウン・ウエスト

🏠30 Rockefeller Plaza (bet. 5th & 6th Aves.)　☎1-212-698-2000
🕘9:00～24:00　💰$40～、6～12歳$34～、62歳以上$38～
💳A.D.J.M.V.　🚇地下鉄BDFM線47-50 Sts-Rockefeller Ctr駅より徒歩約2分　🌐topoftherocknyc.com

CHECK! 展望台の下にはバーが！

展望台の下、65階には高級レストランのRainbow RoomとBar SixtyFive at Rainbow Roomというバーがある。ゆっくり食事もよいし、展望デッキでカクテル片手にNYを感じるのもいい！

プチ
ぼうけん②

NYを感じるすてきアイコン♡
ブルックリン・ブリッジを歩いて渡ろう

映画やテレビでもおなじみのNYの象徴的存在ブルックリン・ブリッジ。
摩天楼をバックにマンハッタンからブルックリンまで歩いて行ってみよう‼

心地よい風に吹かれて
片道徒歩約30分の旅

ブルックリン・ブリッジの長さは約
1.8kmで、歩いて渡ると片道約30分。
イースト・リバーからの心地よい風
に吹かれながらお散歩気分でレッツ・
ゴー!

歴史を
感じるね!

知ってる?

HISTORY
ブルックリン・ブリッジの歴史

ドイツ出身の土木技術者ジョン・A・ローブリ
ングが1867年に設計に着手。彼は1869年の
建設開始直後に死去したが息子が引き継ぎ14
年の歳月をかけ
て1883年に完成
した。鋼鉄のワ
イヤーを使った
世界初のつり橋。

ネオ・ゴシック様式の美しい橋
ブルックリン・ブリッジ
Brooklyn Bridge

1883年に開通した全米最古のつり橋の
ひとつ。上層は歩道、下層は自転車道
と車道。鋼鉄製のワイヤーが特徴で、
数々の映画にも登場するNYのアイコン。

Map 別冊P.7-D1 ロウアー・マンハッタン

マンハッタン側アクセス:図地下鉄④⑤⑥線
Brooklyn Bridge-City Hallより徒歩すぐ
ブルックリン側アクセス:
Cadman Palaza E.沿
いの高架下にある階段
(Washing ton St.&
Prospect St.)まで
図地下鉄F線York St
より徒歩約4分、AC
線High Stより徒歩約
5分。

HOW TO GO THERE

愛犬の散歩
もgood

どうやって行くの?

マンハッタンからは、地下鉄④
⑤⑥線Brooklyn Bridge-City Hall
駅または①②線Chambers St駅
で下車し、Center Stの東側に
ある入口に行こう。橋に向
かっていく人の流れに沿って
いけばOK。夏場は特に水を
持っていくのを忘れずに。

ブルックリン・ブリッジを渡る

TOTAL 約30分

オススメ時間 午前中〜or夕方　**予算** 無料

🌅 **サンセットもおすすめ**
午前中なら観光客も比較的少なく、通勤で利用するローカルたちに交じってニューヨーカー気分を味わえる。摩天楼の夜景が楽しめるサンセットもおすすめ。

START
Brooklyn Bridge →

プチ ぼうけん 2
ブルックリンブリッジを歩いて渡ろう！

マンハッタン側からスタート
ここが目印！
右側におみやげを売る露店が見えてきたら、そこがスタート地点。歩きやすいスニーカーを履くのがおすすめ。

演奏する人たちも♪

夏だと道沿いに露店がずら〜り
夏場は特に道沿いに露店がずらりと立ち並ぶ。NYモチーフの激安みやげも手に入るのでチェック！

こんな場所も見つけたよ

歩行者専用道を流れにのって歩こう
右が歩道、左は自転車道で、途中から木製になる。狭いので流れにのるのがベター。

I ♥ NY

ブルックリンに到着
ふたつ目の橋塔を過ぎたらゴールはすぐそこ。到着したら細い階段を下りて道路に出て、ダンボ散策に出かけよう。

GOAL

ここまで来たらそろそろ中心！
写真を撮ったり、ジャンプしたり♪
橋塔が近づいてきたら間もなく中間地点。イースト・リバーに浮かぶ橋の上で、いろんなポーズで写真をパチリ！

摩天楼にうっとり

周辺の景色を楽しむためちょっと休憩
マンハッタンの摩天楼を背景に、向こう岸のブルックリン、左側のマンハッタン・ブリッジなど、絶景を楽しもう！

こんなの撮ったよ〜

25

本店リニューアルでますます注目
ティファニーの魅力、再発見！

ティファニーは永遠の憧れ。いつかは身に着けたい
ブランドのひとつ。そんなティファニーの製品が、
NYのいろんなところに使用されているって知ってた？

ティファニーでぼうけんを

オススメ 時間	10:00 〜12:00	予算 見るだけ なら0円

TOTAL 1時間

🚶 ティファニーを再発見する旅
日本にあるとはいえ、やっぱり行ってみ
たい5番街の本店。せっかくだから、シル
バーのカジュアルラインだけでなく宝
飾品や革製品などもじっくり見ちゃお！

ティファニーといえば
オードリーでしょ♪

映画『ティファニーで朝食
を』で両者の人気は不動の
ものに。オードリーが亡く
なったとき、ティファニー
は全世界の店舗のショーウ
インドーに「われらがハッ
クルベリー・フレンド（苦
楽をともにする友達）」と追
悼広告を出したほど。

ティファニーで
朝食が食べ
ちゃうのよ♪

Floor MAP

気になる本店の
フロアプラン！

Private Club
10F
ランドマークの最上階は、VIPの
ための予約された特別スペース。
招待客のみアクセスできるプライ
ベートなダイニングルームもあるよ。

Culture of Creativity
8〜9F
専用の博物館や展示スペースがあ
る。オフィシャルサイトで要予約（無
料）。

『ティファニーで朝食を』
ニューヨークのア
パートで名のないネ
コと暮らす高級娼婦
ホリーと、駆け出しの
小説家ポールへと生まれ変わった。3〜8
しだいに引かれ合っ
ていくラブ・ストー
リー。物語の冒頭や劇中でティファ
ニーが登場する。

ティファニーで朝食を 製作50周年記念リストア版 ブルー
レイ・コレクターズ・エディション［初回生産限定］
価格：5524円（税別）発売元：パラマウント ジャパン

オードリー扮するホリーが
デニッシュを食べながらウ
インドーを眺めるシーン。
まさにそこが5番街と57丁
目の角にあるティファニー
本店。キラキラまばゆい光
を放つ豪華な世界に引き込
まれちゃう☆

吹き抜けの
階段も
おしゃれ〜

Savoir Faire Beyond Compare
7F
イエローダイヤモンドがあしらわ
れたデザインやジェムストーンの
ときめくティファニーのハイ
ジュエリーがきらめく☆

The Art of Living
6F
何気ない日常を特別な空間にして
くれる優美なコレクションがずら
り！ カフェもこのフロアにある。

Silver Statements
5F
ネックレスやブレスレット、リ
ングなど、おなじみスターリン
グシルバーを使ったジュエリー
がずらり。メンズや小さな革小
物、チャームバーもあるよ。

やっぱり本店！
ティファニーNY本店
Tiffany Landmark

時を超え世界中の女性に愛され
続けている超一流ブランド。
2023年に創業以来初のリニュー
アル。10フロアからなるきらめく
空間へと生まれ変わった。3〜8
階にある吹き抜けの階段は圧巻。

All About Love
3F
いちばん人気が高いフロア。ダ
イヤにこだわるスタッフが予算
や指に合うものをじっくり探し
てくれる。品揃えが豊富すぎてどれにするか悩む〜。

Welcome to Tiffany
1F
高さ約6.7mのアートインスタ
レーション「ダイヤモンド・
スカイライト」を楽しみながら
ティファニーの人気コレ
クションにうっとり〜。

Map 別冊P.20-A2 ミッドタウン・イースト

🏠 727 5th Ave. (at 57th St.)
☎ 1-212-755-8000 🗓月〜土
10:00〜20:00、日11:00〜19:00
💳 A.D.J.M.V. 🚇地下鉄N(R)W
線5 Av/59 Stより徒歩約3分
🌐 www.tiffany.com

カフェは
6階よ！

ラグジュアリー感たっぷりの優雅な空間

The Blue Box Café by Daniel Boulud

映画『ティファニーで朝食』を現実にするカフェが本店6階にミシュラン・シェフのダニエル・ブールーが手がける。

MENU

BREAKFAST AT TIFFANY $32
クロワッサン
アプリコット・デニッシュ
マドレーヌ
パルフェ
パイナップル・ロザス
スクランブルエッグ、キャビア添え
など

クロワッサンとジャム、飲み物がセットのHolly's Favorite$34や、アフタヌーンティーセットのTea at Tiffany's$98などもある。

予約方法

1 URL resy.comで登録を。アプリもある。
2 毎日NY時間の9:00から30日後の予約を受け付け。時期になったら URL resy.com/cities/ny/blue-box-cafe-by-daniel-bouludにアクセス。
3 予約できなくても、キャンセル待ちをしておくと、空きが出たら連絡がくる。

NYってこ～んなにティファニーがたくさん！

さすがは本店があるNY。駅や美術館、ヤンキースなど、いろんな場所で本物のティファニー製品が見られちゃう！

Controller Handle

1904年の地下鉄開業時にNY市長が使った制御器

5番街の時計
5th Avenue Clock

フラットアイアン・ビルのそばにも

1909年、当時この近くに本店があったことから時計を設置。1981年にはNY市のランドマークにも指定された。

Map 別冊P.15-D3 グラマシー

アメリカに行ったら誰もが手にする$1札に印刷されているティファニー。この国章のデザインも、実はティファニー。このデザインをもとに、NY市警、ヤンキースのロゴなどがデザインされたとか。

Trumpet Creeper Lamp

オレンジの花がかわいいアメリカノウゼンカズラの柄

ニューヨーク歴史協会
New York Historical Society

ティファニーコレクションが充実

1804年設立のNY最古の美術館。ティファニー製ランプ132点を展示。明かりがともされた状態での展示なので色鮮やかな模様を堪能できる。

Map 別冊P.23-C2　アッパー・ウエスト・サイド

🏠 170 Central Park West（bet. 76th & 77th Sts.）
☎ 1-212-873-3400
🕐 火～日11:00～17:00（金～20:00）
🚫 月・祝　Card A.D.J.M.V.　🚇 地下鉄
Ⓑ Ⓒ 線81 St - Museum of Natural Historyより徒歩約4分
URL www.nyhistory.org

ティファニーの歴史

1837	ブロードウエイ259番地にオープン。初日の売上は$4.98だったそう
1851	アメリカでシルバーの純度基準を最初に設定した
1880	ティファニー セッティング ダイヤモンドエンゲージメントリングを発表。今も婚約指輪の定番
1940	現在の、57丁目と5番街の角に本店が移転オープン
1961	オードリー・ヘプバーン主演の『ティファニーで朝食を』が公開
1970	オープンハートが大流行。現在も世界中の人に愛されている
1980	大胆なデザインで知られるパロマ・ピカソのコレクションがティファニーより発表される
2023	1940年以来の全面改装再オープン

マークのデザインも！

ニューヨーク・ヤンキースのロゴマークも！

これもティファニー！

グランド・セントラル・ターミナルの時計
Grand Central Terminal

実はここにもティファニーが！

42丁目沿いの正面玄関の上にある時計は世界最大級のティファニー製ステンドグラス。周りにあるヘラクレスなどの彫刻は仏人彫刻家が制作。

Map 別冊P.16-A1 ミッドタウン・イースト

NYとティファニーのふか～い関係

あのヤンキースのロゴをデザインしたのもティファニー。もともとはNY市警への名誉勲章に使われたものだそう。メトロポリタン美術館にもステンドグラスなど多くの作品が展示されている。

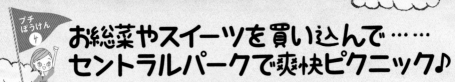

お総菜やスイーツを買い込んで……
セントラルパークで爽快ピクニック♪

ニューヨーカーの憩いの場所、緑あふれるセントラルパーク。都会のオアシスで、
ショッピングや観光とはひと味違ったリアルなニューヨークの休日を楽しもう！

のんびり
過ごそう～

うまく
キャッチ
できるかな？

アクティブに！

まずは公園近くのスーパーで
必須アイテムを調達！

おすすめのテイクアウトグルメ

ピクニック
には
必須だよ

あると便利！

日焼け
対策も！

※1lb（ポンド）＝約453g

フォークはレジを出たところでもらえる。
左手前から時計回りに、カリフォルニア
ロール$9.90、カットフルーツ$6.49、
ドリンク$3.69～。中央はDIG（→P.29）
から$13.09、その右横もDIG$11.48。

1. NYティーブランド、
ハーネー＆サンズのオ
レンジマンゴージュース
$4.49 2. シートタイ
プのハンドサニタイ
ザー$3.49 3. 敏感肌
でも使えて水で洗い流
せる日焼け止め$17.50

食べ物はここでゲット！
ホールフーズ・マーケット
Whole Foods Market

食料品ばかりでなく、
ピクニック向けのアイ
テムも入手できるナチ
ュラルスーパー。

Map 別冊P.19-C1・2 アッパー・ウエスト・サイド

🏠 10 Columbus Circle （bet. 58th & 60th Sts.）
☎ 1-212-823-9600 ⏰ 7:00～22:00
Card A.D.J.M.V. 🚇地下鉄 A B C D 1 線59
St - Columbus Circleより徒歩すぐ
URL www.wholefoodsmarket.com

のんびり派？　アクティブ派？　NYピクニックの楽しみ方

セントラルパークでピクニック

TOTAL 2時間

オススメ時間
7〜8月10:00〜13:00
5〜6月、9月11:00〜15:00

◆のんびりしよう♪
7〜8月の週末は大混雑なので、平日の午前中が狙いどき。飲食OK、ただしアルコール飲料の持ち込みはダメ。球技、楽器は基本的に禁止だが、構わない人もちらほら……。日陰を見つけて座ろう。

セントラルパークで爽快ピクニック♪

心も体もリフレッシュできる
セントラルパーク（シープ・メドウ）
Central Park（Sheep Meadow）

公園内で人気のピクニックエリア。1934年まで羊の放牧場として使われていた。木々と摩天楼を眺めつつ、芝生にごろんとできる。

Map 別冊P.23-C3 セントラルパーク

🏠西側66th〜69th Sts.　⏰オープンしている時期は5月中旬〜10月中旬　🚇地下鉄ⒶⒷⒸⒹ①線59 St-Columbus Circleより徒歩約10分　URL www.centralparknyc.org

ここでの楽しみ方は人それぞれ。本を読んだり、楽器を演奏したり、日光浴をしたり、都会の狭い部屋では日頃できないことを、思う存分楽しむのがニューヨーク流！

遊び道具の調達は……？
フリスビーやバドミントンなどをお探しなら、チェルシーにあるスポーツ総合店、パラゴン・スポーツへ。
Map 別冊P.11-D1 チェルシー

のんびりするのもいいなぁ

憩いの場よ☆

近くにあるNYの人気店のフードもいろいろ調達して、ピクニックに彩りを添えよう！

ほかにもここで手に入れよう！

スターシェフのデリ
エピセリー・ブールー
Épicerie Boulud

NYのスターシェフ、ダニエル・ブールー氏が手がけるデリ。サンドイッチや総菜など、カジュアルな軽食が楽しめる。

Map 別冊P.19-C1
アッパー・ウエスト・サイド

🏠1900 Broadway (at 64th St.)
☎1-212-595-9606
⏰7:30〜20:00（木〜21:00、金・土〜22:00）
Card A.D.J.M.V.
🚇地下鉄①線66 St -Lincoln Centerより徒歩約1分
URL www.epicerieboulud.com

注目のファストカジュアル店
ディグ DIG
提携農家から仕入れる旬の食材を使った総菜メニューがファストフードスタイルで楽しめる。お弁当のようにあれこれバランスよく食べられるのが魅力。

DATA→P.81

ヘルシーな野菜をたくさん食べよう

パーク内で調達するなら
公園内には、ホットドッグやプレッツェル、ドリンクなどを売る屋台があちこちに出ている。アイスキャンディもおすすめ。

ホットドッグ

プレッツェル

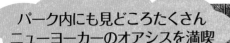

パーク内にも見どころたくさん
ニューヨーカーのオアシスを満喫

セントラルパークさんぽ

TOTAL 2〜3時間

オススメ時間 10:00〜16:00

予算 歩くだけなら0円

こんな方法も！
広大な園内は馬車（最初の20分 $57.47〜＋チップ）と人力車（1分約$3〜4）で回ることも可能。レンタルサイクルもある。

1年中いつ行っても、さまざまなシーンを見せてくれるのがセントラルパークの魅力。四季折々の景色を楽しみながら、園内の人気スポットを回ってみよう。

夏は遊園地、冬はスケートリンク

10月末から4月初めまでオープンするアイススケート場。夏期は遊園地「Victorian Gardens」になる。

Woolman rink
ウールマン・リンク

Map 別冊 P.19-D1

似てるかな〜？！

2 Alice in Wonderland
不思議の国のアリス

子供に人気の銅像

名作児童小説のキャラクターをモチーフにした銅像。ジャングルジムのように登って遊べるので子供たちに人気。

Map 別冊 P.23-D2

59 St-Columbus Circle駅

72 St駅

86 S

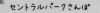

Central Park

4

5

3

2

1

W. 59 th St.

65 th St. Transverse

Terrace Drive

79th St. Transverse

メトロポリタン美術館 →P.152

ウサギさん、コンニチハ！

3 Bethesda Fountain
ベセスダの噴水

Map 別冊 P.23-D3

公園のランドマーク

中央に天使の像が立つ噴水。周辺の広場ベセスダテラスとともに、多くの映画の撮影地として使われてきた名所。

ワイルドマンとエコツアー！
ワイルドマンことスティーブ・ブリルさんと公園内の野草を採取するツアー。ハーブや果実など、その場で試食もできて楽しい！

今日の夕食は野草サラダ♪

ワイルド・フード・ツアー●72nd St. & Central Park Westに集合
Map 別冊 P.23-C3 ●1-914-835-2153 ●ツアーは3月上旬〜12月上旬。日程はウェブで確認 ●大人$20、12歳未満$10の寄付（当日に現金で支払う）●要最低24時間前までに予約が必要。また、天候などによりツアーが中止になることもあるので、前日夜までに予約確認の電話をすること ●地下鉄Ⓑ Ⓒ線72 Stより徒歩すぐ URL www.wildmansteveBrill.com

セントラルパークで爽快ピクニック♪

\ 1時間で回るなら! /
■ モデルコース
① ウールマン・リンク
② 不思議の国のアリス
③ ベセスダの噴水
④ ストロベリー・フィールズ
⑤ ボウ・ブリッジ
⑥ ジャクリーン・ケネディ・
　オナシス貯水池

夏のお楽しみ!
イベント情報

フリーイベントもたくさん
音楽やダンスなどの「サマーステージ」や本格的舞台「シェイクスピア・イン・ザ・パーク」など、無料イベントも盛りだくさん!

4 Strawberry Fields ストロベリー・フィールズ

オノ・ヨーコがデザイン

ジョン・レノンが住んでいたダコタ・アパート前の広場にある記念碑。中央にはIMAGINEと書かれている。**Map 別冊P.23-C3**

シャボン玉
やるよ～♪

セントラルパークと映画

これまでに300本以上の映画に登場。そのうちのいくつかをご紹介!

『ホーム・アローン2』(1992年)、『恋人たちの予感』(1989年)、『セレンディピティ』(2001年)、『魔法にかけられて』(2007年)など。どの作品もシープ・メドウやベセスダの噴水、貯水池などが使われている。巨匠ウディ・アレンの作品でもたびたび登場するが『世界中がアイ・ラヴ・ユー』(1996年)では四季折々の公園の景色が楽しめる。

Central Park West

96 St駅

85th St. Transverse

97th St. Transverse

Central Park North (110th St.)

5th Ave.

5 Bow Bridge

ボウ・ブリッジ

プロポーズの定番スポット

複雑な渦巻き模様が美しい鋳鉄製の橋。池のボートに乗りこの橋を見ながらプロポーズするのがニューヨーカーの定番だとか。

6 Jacqueline Kennedy Onassis Reservoir

ジャクリーン・ケネディ・オナシス貯水池

ジョギング中のセレブに遭遇!?

ジョン・F・ケネディ元大統領夫人の名前がついた池。彼女以外にも多くのセレブのジョギングコースとして有名。**Map 別冊P.23-D1**

デートするなら
セントラルパーク
だよね?

地元の暮らしを体感したい！
ニューヨーカー御用達スーパー巡り

スーパーマーケットには、地元の人たちが日頃使っている食材や
日用品がいっぱい。人気のスーパーを巡って、おみやげを探しながら
ニューヨーカー気分を味わってみよう！

ローカル気分でお買い物

TOTAL 1時間

オススメ時間 10:30
～11:30

予算 $10～

⏰ 午前中ならゆっくりできる
平日の17:00頃からは仕事帰りのローカ
ルたちで混雑するので、ゆっくり買い物
したいなら午前中がおすすめ。お総菜
やサンドイッチを購入して、近くの公園
でピクニックランチをしても♪

見るだけでも楽しい！
NYの地元密着型スーパー

どれにしますか？

地元住人の台所的存在！

ZABAR'S
ゼイバーズ

80年以上の歴史を誇る
老舗グルメスーパー。
チーズやお惣菜、コー
ヒーなど対面式販売カ
ウンターが多く、ローカ
ルたちの熱気でいっぱ
い。2階にある生活雑貨
コーナーも要チェック！

カットフルーツを
買ってホテルで
食べよ♪

Map 別冊P.22-B1 アッパー・ウエスト・サイド

🏠 2245 Broadway（at 80th St.）
☎ 1-212-787-2000 🕐月～土8:00～19:30、
日9:00～17:00 💳A.D.J.M.V.
🚇地下鉄①線79th Stより徒歩約1分
🔗www.zabars.com

ちょっと面倒なレジでの支払い方法教えます！

**1. レジで並ぶ
レーンを決める**

レジは目的別で分けら
れていることが多い。
購入点数が少ない（店
により異なるがだいた
い10個以下）人専用の
Express、現金支払い専
用のCash Onlyなど。

**2. 自分でカゴから
商品を出す**

キャッシャーでは、自分
でカゴから商品を取り出
して置く。ベルトコンベ
ヤーのようになっている
場合、次の人との切れ目
がわかるよう商品のあと
に仕切り棒を置く。

3. 支払いをする

クレジットカード（Credit
またはチャージCharge
ということも）か現金
（Cash）を選ぶ。カード
の場合、ICチップリー
ダーに差し込むかタッ
チ決済になる。

サラダバーも使えるよ！

NYではグルメストアを中心に街角のデ
リなどでよく見かけるのがサラダバー。
サラダやフルーツを集めたコールド・セ
クションと、肉や魚、パスタ、カレー、
チャーハンなど温かいものを集めたホッ
ト・セクションとあるところが多い。

①

ビュッフェスタイルが基本

②

容器を選んだら好きなお惣菜を盛る

③

料金は取った分だけチャージされる

サラダバーのあるグルメストア ▶ ホールフーズ、フェアウェイ、イーライズ、グルメガレージ、シタレラ（店舗により異なる）

ゼイバーズのココがすごい！
充実の品揃え**5**選

1 *cheese* チーズ

試食どうぞ！

フランス産の羊乳
チーズのキャラも
いろよ

世界中のチーズ100種類以上
が大集合！

試食もさせてくれるので
気軽にトライ！

2 *deli* お総菜

量り売りもOK！

TAKE NUMBER
HERE

1. レディメイドのサラダもよりどり
みどり！ 2. 左側の矢印の下のチ
ケットを取って順番を待つ 3. レッ
ドスナッパーやサーモンなど魚系も
人気 4. 量り売りコーナーではカウ
ンター越しに好きなものを選んで

3 *coffee* 自家焙煎コーヒー

自家焙煎のコー
ヒー豆を量り売り
で販売。豆をグラ
インドしてもらう
こともできる

4 *smoked fish* スモークフィッシュ

おいしいよ！

Thanks!!

肉厚のスモークサーモンはゼイバーズの看板
商品。Sturgeon（チョウザメ）もおすすめ！

5 *housewares* 雑貨

2階にはキュート
な生活雑貨が
いっぱい！

1. アメリカン＆ポッ
プなベーキングカッ
プも！ 2. 店のロゴ
入りマグは
$5.98、それ
以外のマグ
は$9.98〜

プチ
ぼうけん⑤

ニューヨーカー御用達スーパー巡り

MUENSTER
Its mild, pleasant
flavor makes it a fine
choice for snacking or
melting.
$4.98/LB

Pepper Jack

MONTERY JACK
This cheese pleases just about
everyone. Mild, creamy, and a
little nutty. Enjoy as is, or put it
on a sandwich - it melts very well.
$4.98/lb

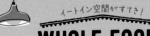

WHOLE FOODS MARKET (BRYANT PARK)
ホールフーズ・マーケット

イートイン空間がすてき！

全米展開するオーガニックスーパー。なかでもブライアントパーク店は2階のフードホールが充実。サラダバーやベーカリーもあり、正面の公園を見ながら食事が楽しめる！

Map 別冊P.15-D1 ミッドタウン・ウエスト

🏠 1095 6th Ave.（bet 41st & 42nd Sts.）
☎ 1-917-728-5700 🕗 8:00〜21:00
💳 A.D.J.M.V. 🚇 地下鉄ⒷⒹⒻⓂ線42
St-Bryant Pkより徒歩約1分
URL www.wholefoodsmarket.com/stores/bryantpark

ブライアントパークの目の前に！

たくさんありすぎて迷っちゃう！

ホールフーズ・マーケットのレジの並び方

1 レーンを選ぶ
購入数が少ない場合は Express（急行）レーンへ。それ以外の場合は通常レーンに並ぶ。

2 列に沿って並ぶ
レーンは矢印で色分けされている。そのうち一番短いレーンの列の最後尾に並んで。

3 頭上モニターの色をチェック
自分が並んでいるレーンの色と前面頭上にあるテレビモニターの色をチェックする。

4 指示されたレジへ向かう
レーンの最前列まできたら自分のレーンの色と同じ色の所に表示された番号のレジへ。

ホット＆サラダバーコーナー

温かいフードのHot Barと野菜やフルーツなどのSalad Barの2種類がある。

量り売りで1パウンド（約454g）$13.99。自分の好きなものを好きなだけボックスの中に入れて。

フードを入れるのはペーパーボックスで、大きさは3種類（2種類の店も）。温かいものと冷たいものをふたつに分けてもよい。

ライスやヌードルからサラダ、おかず類まで種類豊富。スープコーナーもある。スープはコーナーの横にある紙カップに入れる。

マイボックスが完成したらレジで支払い。フォークやナプキンは無料でもらえる。支払い後はテイクアウトしてもイートインしてもOK！

いただきまーす

aruco スタッフ マジ買いおみやげ

古代雑穀入りのピタクラッカー$3.99

オリジナル商品のピンク・レモネード$1.99

朝食のお供にいいアーモンドバター$9.49

ミニサイズがうれしいチョコレートブラウニー$2.79

ビタミンCとアセロラのサプリ$11.99

低GIで話題のナッツバーの品揃えは抜群。KINDの大量パックもある。$10.49〜

食べきりサイズがうれしいミニサイズのプリングルス。9個入りで$5.99

マスコットのブルズアイ

ハイセンスな激安スーパー

TARGET
ターゲット

ターゲットのカートと商品がセットになったおもちゃ。ドリンクホルダーまで付いている！

真っ赤な丸いロゴが目印。生鮮食料品からお菓子、雑貨やコスメまでオールマイティな品揃えが人気。注目は毎年変わる有名ブランドとのコラボアイテムで、2024年はダイアン・フォン・ファステンバーグ。

ヨーグルトもいっぱい♡

Map 別冊 P.15-D2 ミッドタウン・ウエスト

🏠 112 W. 34th St. (near 6th Ave.)
☎ 1-646-968-4739　⏰ 8:00〜23:00
💳 A.D.J.M.V.　Ⓜ 地下鉄 ⒷⒹⒻⓂⓃⓆⓇ
Ⓦ線 34 St-Herald Sqより徒歩約1分
🔗 www.target.com

トレジョの愛称でおなじみ！

TRADER JOE'S
トレーダー・ジョーズ

西海岸発の全米チェーン。ほとんどの商品が自社ブランドでプチプラ価格なのが魅力。デザインセンスも抜群で、バケ買い必至！

グラインダー付きのピンクソルト$1.99

aruco スタッフ
マジ買いおみやげ

クマさんのボトル入りハチミツ$3.99

Map 別冊 P.22-B3
アッパー・ウエスト・サイド

🏠 2073 Broadway (at 72nd St.)　☎ 1-212-799-0028
⏰ 8:00〜21:00
💳 A.D.J.M.V.
Ⓜ 地下鉄①②③線72 Stより徒歩約2分
🔗 www.traderjoes.com

アーモンドをヨーグルトでコーティング。$4.99

シナモン風味のオートミールクッキー$2.99

そのまま卓上に置けてかわいい！

35

aruco スタッフ
マジ買い
おみやげ！

pukka
relax

ドクターブロナーのリップバーム $3.99

pukka
turmeric glow

matcha LOVE
JAPANESE MATCHA + APPLE + GINGER

イギリス発のパッカのティーバッグ $6.99

抹茶＋リンゴ＋ジンジャーのお茶 $5.75

自然派の顔用日焼け止めクリーム $24.99

MadHippie
Luminizing

できたてをめしあがれ！

スムージーとフレッシュジュースも楽しめる

ヘルシー派ならココ

ELM WELLNESS
エルム・ウェルネス

Map 別冊 P.11-C2

グリニッチ・ビレッジ

🏠 56 7th Ave.（bet.13th & 14th Sts.）　📞 1-212-255-6300
🕗 8:30～20:00（土・日10:00～）
💳 A.D.J.M.V.　🚇 地下鉄①②③線 14 Stより徒歩約1分
🔗 www.elmdrugs.com

野菜やフルーツなどオーガニック食材のほか、併設のドラッグストアではサプリメントや自然派化粧品も販売。ジュースバーも人気！

FAIRWAY
LIKE NO OTHER MARKET®

The fluffiest
PANCAKES
you've ever tasted

Classic

パンケーキミックス（クラシック） $4.49

薄いパンケーキにおすすめ

aruco スタッフ
マジ買い
おみやげ！

Sarabeth's
Hot Chocolate Parisienne

サラベスのホットチョコレート・パウダー $26.99

お得プライスの庶民派スーパー

FAIRWAY
フェアウェイ

Map 別冊 P.22-B2　アッパー・ウエスト・サイド

🏠 2131 Broadway（bet. 74th & 75th Sts.）　📞 1-718-569-4500
🕗 7:00～24:00　💳 A.D.J.M.V.
🚇 地下鉄①②③線72 Stより徒歩約2分
📷 @fairwaymarket

圧倒的な品揃えを誇るグルメスーパーはプライベートブランド商品も充実。2階はオーガニック食材とコスメ＆サプリコーナー。

NYのイラストが描かれたチョコ。各 $3.99

FRUIT & NUTS
FAIRWAY

CARAMEL
FAIRWAY

FAIRWAY
Lemon & Dill

FAIRWAY
Crushed Chili Peppers

レモンとディル、チリのスパイス。各 $2.99

野菜・果物が山積み！

BUTTERFIELD MARKET
バターフィールド・マーケット

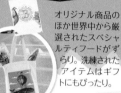

オリジナル商品のほか世界中から厳選されたスペシャルティフードがずらり。洗練されたアイテムはギフトにもぴったり。

Map 別冊P.24-A1 アッパー・イースト・サイド

🏠1150 Madison Ave. (at 85th St.)
📞1-212-758-2800
🕐7:00～20:00、土・日8:00～19:00
Card A.D.J.M.V.
🚇地下鉄④⑤⑥線86 St.より徒歩約6分
URL www.butterfieldmarket.com

*aruco*スタッフ
マジ買い
おみやげ!

トートバッグかわいい!
センス抜群、オリジナルのキャンバストート$14.99

バーモント州の有名ブランドLake Champlainのヘーゼルナッツチョコ$4.99

キッズ向けのウォーターボトルもオリジナル。$35.99

チェルシーにあるCHOCOLAT MODERNEのチョコバーLemon-Up$12

オーガニックのコールドプレスジュース$2.99

プライベートブランド品も充実!

マック＆チーズフレーバーのスナック$1.29

オリジナル商品のローストピーナッツ$2.99

*aruco*スタッフ
マジ買い
おみやげ!

ドライフルーツのアプリコット$6.99

プチぼうけん 5

ニューヨーカー御用達スーパー巡り

全米一大きいスーパー

WEGMANS
ウェグマンズ

NY州を中心に全米100以上の店舗を展開しており、こちらはマンハッタンの初店舗。広い店舗にはすぐに食べられるサラダやお総菜などがずらり。

Map 別冊P.12-A2 イースト・ビレッジ

🏠499 Lafayette St. (at E. 8th St.)
📞1-646-225-9300
🕐7:00～22:00
Card A.D.J.M.V.
🚇地下鉄⑥線Astor Plより徒歩すぐ URL www.wegmans.com

ココもおすすめ more!

ゼイバーズの姉妹店
イーライズ・マーケット
Eli's Market

ゼイバーズ創業者の息子さんの店。ベーカリーとお総菜が人気。隣には系列のレストランもある。

Map 別冊P.24-B2 アッパー・イースト・サイド

おみやげには、かわいいオリジナルブランドのチョコレート$20～がおすすめ

どれも抜群のおいしさ
シタレラ
Citarella

イタリア系高級マーケット。シーフードからスイーツまでハイクオリティなグルメが充実。

Map 別冊P.22-B2 アッパー・ウエスト・サイド

オーナーがイタリア人とあって、イタリア食材も豊富

ソーホーのご近所スーパー
グルメ・ガレージ
Gourmet Garage

赤いキャノピーが目印の1981年創業の老舗店。リンカーンセンターの近くにも支店あり。

Map 別冊P.8-B2 ソーホー

自家焙煎のコーヒー$8.99も人気商品

ブルックリンに5店舗
ユニオン・マーケット
Union Market

ブルックリン住人御用達スーパー。マンハッタンにも進出。品揃えとクオリティのよさには定評がある。

Map 別冊P.9-D1 ロウアー・イースト・サイド

ユニオン・マーケットのオリジナルコーヒー。ブルックリンのエリア名がつけられている

SATC新章『AJLT』の世界へ
キャリーの気分でロケ地へGO!

U-NEXTにて見放題で独占配信中のドラマ『AND JUST LIKE THAT…/セックス・アンド・ザ・シティ新章』。50代になった主人公たちを描いた物語は『SATC』同様NYロケ地多数なので、その一部をご紹介!

ドラマのロケ地を巡る

TOTAL 3時間

オススメ時間 10:00〜16:00
予算 歩くだけなら 0円

街歩きを楽しみながらロケ地巡り1日ですべて巡るは厳しい。ダウンタウン1日、アップタウン半日、余裕があればブルックリンなどがおすすめ。主人公たちの家周辺は住宅地なので注意。

感動のシーンがあちこちに!
NY代表ドラマの舞台

『SATC』シリーズの約20年後を描いたドラマ。シーズン2まで放映済みで、シーズン3の制作も決定している。ドラマ&映画同様にNYでこの世界に浸っちゃおう!

Hello Lovers♡

DOWNTOWN

DOWNTOWN

『SATC』時代から、キャリーの家をはじめ多くのロケ地あり。まずはここからスタート!

忘れられない数々のシーンが誕生

マンハッタンからブルックリンまで、どこも立派なNY観光のスポットなのでおトクな気分♪

Carrie's Old Apartment　キャリーの家

ドラマシリーズからおなじみの場所。アッパー・イースト・サイドという設定だが、実際にあるのはグリニッチ・ビレッジ。

Map 別冊P.11-C2 グリニッチ・ビレッジ

🏠66 Perry St.（bet. Bleecker & W. 4th St.）🚇地下鉄①線Christopher St.-Sheridan Stより徒歩約6分

登場人物おさらい!

仕事仲間　キャリー
チェ

親友

夫婦　親友　夫婦

スティーブ　ミランダ　シャーロット　ハリー

大学教授　ママ友

ブレディ　ローズ（ロック）　リリー

ナヤ　リサ

キャリーすてき♡

スターシェフのお店だよ♡

ナターシャを追跡した通り

Nolita ノリータ

[S1E3]でキャリーたちがナターシャを追跡して途中逃げしたのは、ノリータのCrosby St.にある壁画のあたり。そのあと立ち寄ったスタバは近くのソーホー店。

Map 別冊P8-B1 ノリータ

Ⓜ地下鉄ⓇⓌ線Prince Stより徒歩約2分

ビッグのお兄さんと食事した

Perry St ペリー・ストリート

[S1E10] ビッグのお兄さんからお墓の話を切り出されるレストラン。人気店なので予約がベター。ランチは週末のみ!

Map 別冊P.10-B3 グリニッチ・ビレッジ

🏠176 Perry St. (near West St.) ☎1-212-352-1900
🕐17:00～22:00 (土・日12:00～15:00、17:00～22:00)
CardA.D.J.M.V. Ⓜ地下鉄①線Christopher St-Sheridan Sqより徒歩約2分 **URL**perrysrestaurant.com

女子会のあとブラウニーを買った

Chelsea Market チェルシー・マーケット

[S1E8] でキャリーたちはチェルシー・マーケット内のLobster Placeで食事をして、Fat Witch Bakeryで買い物する。「スープの店がなくなった」というセリフがあるがこれも事実。

1. Lobster Placeはクラムチャウダーも人気 2、3. キャリーの自宅の下階に住むリゼットに買ったのはFat Witch Bakeryのブラウニー

DATA→ P.117

チェがライブをした

Webster Hall ウェブスターホール

[S1E3] ミランダはステージに立つチェに心奪われてしまい、ランボーと名乗り打ち上げに参加する。NYでも人気の老舗大型ライブハウスを使用。

Map 別冊P.12-B2 イースト・ビレッジ

チェのショー!

🏠125 E. 11th St. (near Essex St.) ☎非公開
🕐12:00～22:00 (木～土・翌4:00) **Card**A.D.J.M.V.
Ⓜ地下鉄⑥線Astor Plより徒歩約5分 **URL**www.websterhall.com

エイダンとの新居を構える?

Gramercy グラマシー

[S2E9] エイダンとの新生活にキャリーが選んだアパートはこちら。目の前にあるグラマシーパークは住人専用の鍵がないと入れない。ここから新たに生活を始めようとしたが……。

Map 別冊P.12-A1 グラマシー

🏠2 Gramercy Park, W. (bet. 20th & 21st Sts.)

リリーが洋服を売ってしまった

The RealReal リアルリアル

[S2E2] お金を得るために、リリーが自分のドレスやバッグなどを売却したお店。ハイエンドブランドを再販するECサイトの旗艦店。洋服、バッグ、シューズなどが売買できる。

1. セレブも通うブランド再販のセレクトショップ 2. ディオールのサドルバッグも

DATA→ P.105

Photos：Ricky Rhodes, The RealReal

いつもの女子会をしたカフェ

Lafayette ラファイエット

[S1E9] 冒頭で3人がランチをしたベーカリーカフェ。最近はシュプリームクロワッサンが話題で行列も!

DATA→ P.95

Photo：Paul Wagtouicz

S＝シーズン、E＝エピソードとして省略して表記しています。

MIDTOWN & UPTOWN

キャリーとシャーロットが住む
アップタウンでは、街歩きや
カフェでのガールズトークの
シーンも！

コロンビア大学の設定

本物の
大学みたい！

リリーとローズの学校

歴史ある
重厚な建物

★ UPTOWN
★ MIDTOWN

Museum of the City of New York
ニューヨーク
市立博物館

[S2E7] 子供の成長に合わせて学校の
シーンも。こちらはドラマ「ゴシップ
ガール」の学校としても登場。実際は
NY市の博物館で、展示も見どころ満載。

Map 別冊P.5 　アッパー・イースト・サイド

🏠1220 5th Ave. (bet. 103rd & 104th Sts.) 　☎1-212-534-1672
🕐月・木・金10:00〜17:00（土・日〜18:00）　休火・水　CardA.D.J.M.V.
🚇地下鉄⑥線103 Stより徒歩約8分　URLwww.mcny.org

本当の
コロンビア大学はコチラ

General Grant National Memorial
グラント将軍の墓

[S1E2] ミランダが通う大
学。アメリカのアイビー・
リーグのひとつ

[S1E3] でキャリーがマンハッタンを歩き回り、コロンビア大学にいるミラ
ンダにあいさつに行く。キャンパス内にいるように見えるが実際はここ。

Map 別冊P.5 　モーニングサイド・ハイツ

🏠W. 122nd St. & Riverside Dr. 　🕐10:00〜16:00 　休月・火 　🚇地
下鉄ⒶⒷⒸⒹ線125 Stより徒歩約10分 　URLwww.nps.gov/gegr

キャリーがナヤたちと過ごしたバー

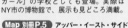

fabulous!!

1. ホテル内のグランドサロンではアフ
タヌーンティーも楽しめる　2. 大きくて
美しいバカラのシャンデリアが輝く
3. 宿泊していなくても気軽に楽しめる

The Bar at Baccarat Hotel & Residences
ザ・バー・アット・バカラ・ホテル&レジデンス

[S2E5] シーマが出会いを求めるな
らここだと、キャリーとナヤを連れて
いく場所。スタイリッシュなバーでカ
クテル片手に見知らぬ人と会話を弾
ませる。おしゃれして出かけたい。

Map 別冊P.19-D2 　ミッドタウン・
ウエスト

🏠28 W. 53rd St. (bet. 5th & 6th Aves.) 　☎1-212-790-8800
（ホテル代表）　🕐16:00〜翌1:00（月〜24:00、日〜23:00）
URLwww.baccarathotels.com

Chalait　チャラテ

アッパー・ウエスト・サイドにあ
るカフェ。ナターシャと偶然再
会。手にやけどを負ったキャリー
にナターシャが氷を差し出す。

Map 別冊P.22-B1
アッパー・ウエスト・サイド

🏠461 Amsterdam Ave. (at 82nd St.)
☎1-646-590-3133 　🕐7:30〜17:00
（土・日8:30〜18:00）　CardA.D.J.M.V.
🚇地下鉄ⒷⒸ線86 Stより徒歩約8分
URLwww.chalait.com

1,2. オーガニックの抹茶ドリン
クが有名。マッチャラテ$5.50

S1E3でキャリーがラテをこぼした

ハリーと子供たちと住む

Charlotte's Home
シャーロットの家

超高級住宅地アッパー・
イースト・サイドのなかでも
特にリッチな人々が住むパー
ク街にある。雪のなかリリー
のため薬局を探し回ったのも
この周辺。

Map 別冊P.24-A2
アッパー・イースト・サイド

🏠930 Park Ave. (at 81st
St.) 　🚇地下鉄⑥線77 Stよ
り徒歩約7分

Hudson Yards ハドソンヤーズ

[S2E4] 開発プロジェクトによる近未来空間が広がる最新スポット。チェの住まいだけでなくキャリーとエイダンが週末の仮住まいとした場所でもある。

DATA → P.137

新名所もロケ地に！

チェが住むことになるタワマン

シャーロットとリリーが食事した

La Grande Boucherie ラ・グランデ・ブーシェリー

[S1E8] シャーロットがリリーとランチに訪れるフレンチレストラン。ミッドタウンのビル街のなかにいると思えないほど開放感があるすてきな場所。

Map 別冊 P.19-C2 ミッドタウン・ウエスト

🏠145 W. 53rd St. (bet. 6th & 7th Aves.) ☎1-212-510-7714 ⏰8:00〜24:00 (土・日9:00〜) Card A.D.J.M.V. 🚇地下鉄BDE線7Avより徒歩約4分 URL www.boucherieus.com

ミランダが暴漢に遭う116丁目駅 (Bowery駅)

[S1E2] ミランダをナヤを暴漢から助けたのは地下鉄①線116 St駅という設定だが、実際撮影されたのはロウアー・イースト・サイドのバワリー駅。

BROOKLYN

今シリーズではブルックリンも多くのロケ地に！

スティーブが新しくバーを開く場所

中心部から地下鉄で

BROOKLYN

Cony Island コニーアイランド

[S2E10] スティーブがホットドッグ屋さんをオープンする予定の場所は、ビーチにあるホットドッグ屋さん Paul's Daughter。海沿いでレトロな雰囲気が楽しめる。

Map 別冊 P.4-B3 コニーアイランド

Paul's Daughter・🏠1001 Riegelmann Boardwalk ☎1-718-449-4252 ⏰11:00〜23:00 Card A.D.J.M.V. 🚇地下鉄FQ線W 8 St-New York Aquariumより徒歩約6分

観覧車にも乗りたい

ブルックリンの高級住宅地にある

Miranda's Home ミランダの家

ブルックリンを嫌っていたミランダがブルックリンに家を買ったのは大正解だったとスティーブに話すシーンが印象的。

Map 別冊 P.26-B3 プロスペクト・ハイツ

ブルックリン・ハイツに住んでいる設定だが、撮影場所はプロスペクト・ハイツ

S1E9 アリサが颯爽と登場！

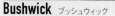

Bushwick ブッシュウィック

ブルックリンのなかでも巨大壁画などアートの街として近年注目されているエリア。ロケ地も元ギャラリーを使用。

DATA → P.50

ドラマ見返したくなった？

Story Continues...

U-NEXTにて見放題で独占配信中
「AND JUST LIKE THAT…／セックス・アンド・ザ・シティ新章」

ONLY ON U-NEXT

シーズン2

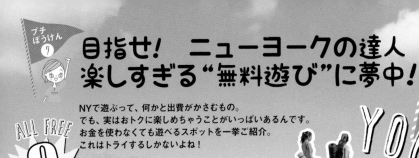

プチぼうけん⑦

目指せ！ ニューヨークの達人
楽しすぎる "無料遊び" に夢中！

NYで遊ぶって、何かと出費がかさむもの。
でも、実はおトクに楽しめちゃうことがいっぱいあるんです。
お金を使わなくても遊べるスポットを一挙ご紹介。
これはトライするしかないよね！

ALL FREE $0

すべて無料で
NYを満喫！

YOGA

$0

摩天楼を楽しみながら無料でヨガしちゃおう！

旅行者でも気軽に参加できるのが公園で開催されるヨガ。以下の3つの公園では春から秋にかけてヨガクラスを開催！ ウオークイン（予約なし）で受け付けてくれる場合もあるが、基本は事前にオンライン登録が必要なので注意。

摩天楼を眺めながら
ヨガ・オン・ザ・ウオーターフロント
Yoga on the Watefront

クイーンズのロングアイランド・シティ（LIC）のハンターズ・ポイント・サウスパークという川沿いの公園で開催。自然と人工が融合した美しい公園からはマンハッタンの東側が一望できる。事前の登録がベター。フェリーでのアクセスがおすすめ！

NYで無料ヨガ
TOTAL 1時間

オススメ時間 9:00～11:00　　予算 $0

お役立ち情報
早めに行って場所を確保しよう。屋外なので日焼け止め対策を忘れずに。芝生の上で行うことが多いので、マットかバスタオルを持参しよう。

Map 別冊 P.17-D1　ロングアイランド・シティ

🏠 Center Blvd, Long Island City
🕐 5～10月初旬。開催日はサイトで確認　🚇地下鉄⑦線Vernon Blvd-Jackson Avより徒歩約5分
URL www.hunterspointparks.org

マンハッタンのど真ん中
ブライアントパーク・ヨガ
Bryant Park Yoga

夏季に週2回開催。人気ヨガスタジオの先生たちが教えてくれる。当日参加もできるがオンラインで予約したほうが確実。

Map 別冊 P.15-D1　ミッドタウン・ウエスト

🏠 40th & 42nd Sts.と5th & 6th Aves.の間
🕐 5月下旬～9月中旬の火10:00～11:00、木18:00～19:00　🚇地下鉄ⒷⒹⒻⓂ線42 St - Bryant Parkより徒歩すぐ
URL bryantpark.org/activities/yoga

都会でリフレッシュ

ワイルドな自然に囲まれて
ウオーターフロント・ワークアウト
Waterfront Workouts

ブルックリン・ブリッジ・パークのピア6のウオーターフロントで開催。広い空の下、ときおり見える摩天楼に癒やされて心と体がリセットできそう。場所柄地元ブルックリナーが多い印象。

Map 別冊 P.27-C2　ブルックリン・ハイツ

🏠 Brooklyn Bridge Park Pier 6
🕐 6月～8月末まで。開催日はサイトで確認。2024年度は月曜夕方、火曜夕方、水曜夕方など　🚇地下鉄ⒶⒸ線High Stより徒歩約10分
URL brooklynbridgepark.org

楽しすぎる"無料遊び"に夢中！

カヤック体験

TOTAL 2時間

水上から眺める摩天楼は最高
ダウンタウン・ボートハウス
Downtown Boathouse

Map 別冊P.8-A3 トライベッカ

オススメ時間 9:00〜10:00
予算 0円

カヤックの魅力を伝えるため、愛好家や地元のボランティアスタッフによってカヤック体験が実施されている。漕ぎ方のアドバイスもしてくれるので初めてでも安心。

⚑ Pier 26　🕐2023年は5月25日〜10月9日の土・日・祝10:00〜16:00　💰不要
🚇地下鉄①線Franklin Stより徒歩約10分
🔗www.downtownboathouse.org
※ほかに1ヵ所で開催

💡 早めの到着がおすすめ！
予約ナシなので早い者勝ち。天候がよくて暖かい日は、早めに現場に行こう。天候不良の日は催行されないことも。看板が小さいので見逃さないように。

ハドソン・リバーで絶景カヤック体験

川と海に囲まれたNYでは川でのアクティビティが人気。カヤックは簡単に楽しめるのでぜひ挑戦を。摩天楼を見ながらの水遊びなんて、あんまりないよ〜。

事前にチェック！カヤック体験時の注意点

泳げることが必須条件
ライフジャケットを着て、安定性のあるふたり乗りカヤックに乗るが、転覆の可能性もゼロではない。危ない挑戦や勝手な行動はしないこと。ウェイバー（免責書類）の署名は必須で、すべて自己責任ということをお忘れなく。

荷物はコンパクトに
濡れてもOKな服装で。持ち物は、着替え、サングラス、帽子など。日焼け対策もばっちりしておこう。ロッカーも使える。万一のために、貴重品は持って行かないように。

KAYAKING　$0
©Photo by Kevin Hein

パドルの漕ぎ方を教えてください。
Please teach me how to paddle a kayak.

スタテンアイランド・フェリーで海から自由の女神を見る

いらっしゃい♪

自由の女神と一緒に写真を撮ってもらえますか。
Could you take my picture with the Statue of Liberty?

$0
FERRY

自由の女神だ

スタテンアイランド・フェリー体験

TOTAL 1時間

オススメ時間 11:00〜15:00
予算 0円

💡 女神と摩天楼を楽しむなら
バッテリーパークの東、ホワイトホール・ターミナルから出発。フェリー後方部、進行方向の右側に乗り込むのがベスト。右側に女神像、後方に摩天楼が見える。

自由の女神に行くフェリーの長蛇の列に並びたくない＆お金もかけたくない、でも女神像は見たい。そんな人におすすめ。片道25分のプチクルーズで、摩天楼も眺められる。

わずか20分の旅で感動体験
スタテンアイランド・フェリー
Staten Island Ferry

島の住民のための公共交通機関で、なんとタダ。通勤用とはいえ、フェリーで自由の女神の前を通過するので、ちょっとしたクルーズ気分♪

Map 別冊P.7-C3
ロウアー・マンハッタン

⚑ 4 Whitehall St.　🚇地下鉄①線South Ferryより徒歩約1分　フェリーは15〜30分ごとの運航で（日時により異なる）、24時間年中無休。
🔗www.siferry.com

スタテンアイランドって？
NY市を形成する5つの行政区のひとつ。人口約49.5万人の島は豊かな緑に覆われ、島北部にはヤンキースのマイナーリーグ、スタテンアイランド・ヤンキースの本拠地がある。また、ここにNYイチおいしいとうわさのピザ店、Denino's Pizzeria & Tavernがある。

フェリーの航路

リバティアイランド行きフェリーほど女神に接近はしないが、遠くても正面から見ることができる

TRAM
ROOSEVELT ISLAND

$0
※MTA乗り放題の利用で

トラムに乗って空中遊泳気分を楽しむ

マンハッタンとクイーンズの間にある細長い島、ルーズベルト・アイランド。地下鉄でも行けるけど、ここはトラムで約4分の空の旅を楽しんでみては？

通勤にも使われる公共交通機関

ルーズベルトアイランド・トラムウエイ
Roosevelt Island Tramway

ミッドタウン・イースト59丁目とルーズベルト・アイランドをつなぐ2台のトラムが約7〜15分間隔で運行する。地下鉄・バスと同じ片道$2.90がかかるが、OMNYやメトロカードの乗り放題を使えば実質$0に！

ルーズベルトアイランド！

トラムで空中遊泳
TOTAL 30分

オススメ時間 10:00〜16:00 ／ 予算 $0 ($2.90)

Map 別冊P.20-B1 ミッドタウン・イースト

平日のラッシュ時は避けて観光用ではなく通常の公共交通機関なので、朝7:00〜9:00くらい、夕方17:00くらいは利用客で混雑する。時間があれば島内を散策するのもいい。

ミッドタウン・イーストの乗り場：⬆E. 59th St. & 2nd Ave. ◕6:00〜翌2:00（金・土〜翌3:30） ◉地下鉄④⑤⑥線59 Stより徒歩約2分 URL rioc.ny.gov/302/Tram

---

このワインはベリー系の香りがしますね。
This wine smells like berries.

$0　WINE

たくさん試飲して好みのワインを見つけよう

巨大ワインショップが展開する無料テイスティング。ワインのほか、ウイスキーやブランデー、日本酒などの試飲会も開催。

気になるワインを試しちゃおう

アスターワインズ＆スピリッツ
Astor Wines & Spirits

無料テイスティングの開催時間は、ウェブサイトで確認を。出されたワインは、開催当日に20%オフで購入できる。

ワインテイスティング体験
TOTAL 15分

オススメ時間 決められた時間のみ ／ 予算 0円

Map 別冊P.12-A3 イースト・ビレッジ

⬆399 Lafayette St.（at E. 4th St.） ☎1-212-674-7500 ◕月〜土9:00〜21:00、日12:00〜18:00 ※無料テイスティングは水〜金17:00〜、土15:00〜（時間と曜日はウェブサイトでチェック） Card A.D.J.M.V. ◉地下鉄⑥線Astor Plより徒歩約3分 URL www.astorwines.com

いろんなお酒があるよ

Astor WINES & SPIRITS

NYのストリートでさまざまな音楽を楽しむ

ニューヨークは音楽と切り離せない街。街を歩くだけでいろんな種類の音楽を耳にすることができちゃう！

お気に入りの音楽に出会えるかも！

ストリート・パフォーマンス
Street Performance

ミュージシャンが頻出するのは、ワシントンスクエア・パークやセントラルパーク、そして地下鉄構内。通り過ぎるだけなら必要ないが、しっかり聴いて楽しんだり、心に響く演奏だったらチップを渡したいもの。

STREET PERFORMANCE

$0

街角で音楽を楽しむ
TOTAL 30分

オススメ時間 日中 ／ 予算 0円

©The Museum at FIT

貴重なファッション・コレクションを堪能

ファッション専門の名門大学FITの付属美術館がいつでも無料! 特に靴やランジェリーなど、さまざまなテーマをフィーチャーする特別展は必見。

美術館鑑賞体験	TOTAL 1時間
オススメ時間 13:00〜16:00	予算 0円

FASHION

$0

ファッションを学ぶなら
ファッション工科大学美術館
Museum at Fashion Institute of Technology

カルバン・クラインやマイケル・コースなど有名デザイナーを多く輩出したFITの美術館。

Map 別冊P.15-C3 チェルシー

⌂227 W. 27th St. (bet. 7th & 8th Aves.) ☎1-212-217-4558 ⊙水〜金12:00〜20:00、土・日10:00〜17:00 ㊡月・火 ⊗地下鉄①線28 Stより徒歩すぐ ⎘www.fitnyc.edu/museum

おみやげも
check!

併設されたショップにはFITのロゴ入りグッズがたくさん

LIBRARY

知的な時間を	TOTAL 1時間
オススメ時間 午前中	予算 0円

$0

数々の映画やTVのロケ地になった美しい図書館をじっくり見学する

ショッピングのついでに立ち寄れる好ロケーション。公共スペースも多く、記録写真や地図、印刷物などを所蔵し、一般に展示をしている。

ブライアントパークの横に堂々と建つ
ニューヨーク公共図書館（本館）
New York Public Library (Main Brunch)

5番街沿い、40〜42丁目のブロックを占める。正面入口のライオン像や外壁は大理石からなりネオクラシシズムを感じさせる。NY公共図書館の本館で総蔵書数は5290点以上とか。

詳細は →P.114

$0

フライデイナイトに近・現代アートを鑑賞する

NYの美術館は、自分の決めた金額で入場できる「任意払い」の日時が設けられていることがあるが、こちらは無料。数量限定で予約制ではあるが、有名なモダンアートに触れるチャンスなので、ハイライン観光ついでにぜひ!

アメリカンアートの宝庫
ホイットニー美術館
Whitney Museum of American Art

アメリカン・モダンアートを牽引している美術館。エドワード・ホッパーやジョージア・オキーフ、ジャクソン・ポロックなどの作品が堪能できる。

詳細は →P.136

夜のアート鑑賞	TOTAL 1時間
オススメ時間 金曜17:00〜22:00、第2日曜	予算 0円

ART

$0

景色も楽しめるよ

ほかにもこんなに

エム博物館 Mmuseum
かつてのエレベーターシャフトにある。ガラクタのようなユニークな展示が話題。金〜日のみ。

Map 別冊P.8-B2 トライベッカ

え〜?こんなものも?

ギャラリーのオープニング
NYに多数あるギャラリーでは、展覧会の初日に小さなパーティが開催されることがある。ワインやおつまみを楽しみながらアーティスト本人に会えるのでおすすめ。

ブルックリン美術館 Brooklyn Museum
2月から8月、10月の第1土曜17:00〜23:00は入館料無料。First Saturdayとしてライブや映画なども楽しめる。事前登録が必要。

Map 別冊P.26-B3 プロスペクトパーク

初心者もリピーターも人気ミュージカルを100倍楽しんじゃおう!

NYに来たからには、やっぱり本場のミュージカルを観なきゃ! ここではチケットの入手法から当日の流れ、人気の演目までを一挙にご紹介。知ってから行けば楽しさが倍増すること間違いなし!

ミュージカルを観賞しよう　TOTAL **4時間**

オススメ時間 19:00～23:00　予算 $50～

昼の公演(マチネ)もあり
ミュージカルの夜の公演は19:00または20:00開始が多く上演時間は約3時間。週に2～3回は昼の公演もあり(14:00または15:00開始が多い)。チケットが入手しやすい場合もあるのでチェック!

わくわくドキドキのミュージカル体験♡

最近は映画をミュージカル化することが多いので、事前にDVDなどで物語を予習していくとより楽しめるはず。英語が不安ならオフ・ブロードウェイのショーへ!

Photo : Matthew Murphy

NYのミュージカルってどんなの?
世界最高峰のパフォーマーとクリエイターによる究極のエンタメ。20年以上続く「シカゴ」「ライオン・キング」などロングラン作品も多い。最近では「MJ」や「バック・トゥ・ザ・フューチャー」なども話題。

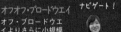
マイケル・ジャクソンの半生を描く「MJ ザ・ミュージカル」

おすすめ!
観劇までの流れ

チケット入手
右ページのようにチケット入手方法はさまざま。予算に合わせてチケットをゲット!

いざ観劇
服装はスマートカジュアルでOK。食事は観賞前に済ませ約20分前には劇場に到着。

出待ち
終演約10分後にはステージドアから出演者たちが出てきてサインに応じてくれる。

ブロードウェイ・イン・ブライアントパーク
ブロードウェイの出演者たちによる週替わりの無料コンサート。7月上旬～8月中旬の木曜12:30～13:30にブライアントパークで開催。

ミュージカル(ステージ)

ミュージカル大好き!
NYリピーターのかえでさんがナビゲート!

私がご案内します!

ブロードウェイ
タイムズスクエア周辺の500席以上の劇場で行われるミュージカルと演劇。ほとんどの劇場が1000席を超える。
代表作:「ライオン・キング」「シカゴ」

オフ・ブロードウェイ
おもにダウンタウンにある499席以下の劇場で行われる。前衛的、実験的なパフォーマンスが多い。
代表作:「ブルーマン・グループ」

オフオフ・ブロードウェイ
オフ・ブロードウェイよりさらに小規模な100席未満の劇場で行われる。上演場所には教会やカフェ、ロフトなど劇場以外の場所も含まれる。

イマーシブ・シアター
観客が没入(イマーシブ)体験しながら楽しむ新感覚のステージ。

バーレスク・ショー
ワイルドで刺激的なパフォーマンスを展開するオトナのエンタメ。ブッシュウィックやロウアー・イースト・サイドに劇場あり。

いろいろあるのね～

1

チケット入手

ミュージカルのチケットを
入手するには、以下のような方法がある。
予算に合わせて選んでみて。

確実によい席を確保したいならウェブで事前購入がベスト。時間があるならロックリーに挑戦してみても！

HIGH $

人気ミュージカルを100倍楽しんじゃおう！

各公演のオフィシャルサイト

日程と座席を選んで購入。受け取りはGo Mobile（携帯）で二次元バーコードが主流。以下は『MJ』の場合。

Broadway Ticketsのカレンダーのなかから日にちと時間を選ぶとBROADWAY DIRECTのサイトに入る。

表示される座席表で座席をクリックすると料金が見られる。座席が決まったらクリックして次の画面へ。

選んだ日程と座席、料金が表示されるので、内容を確認しOKならNextをクリック。

基本チケットはeメール受け取り。カード情報を入れて内容を確認したら支払い。

Playbill

右のサイトの作品名をクリックすると購入時に使える割引コードが表示される。Sign Upすれば（Zip Codeは99999でOK）割引情報が届く。
(URL) www.playbill.com/discount

TKTS（チケッツ）

当日券を20〜50%オフで購入できるブース。手数料は1枚$6。アプリもありマンハッタン内2ヵ所のブースの販売状況がわかる。

TodayTix

約1ヵ月先までのチケットが60〜30%オフで購入できるディスカウントサイト。携帯用アプリもあり。手数料は1枚$12.50。
(URL) www.todaytix.com

チケットが安く買える！
ブロードウエイ・ウイーク

毎年冬（1月後半〜2月上旬の3週間）と夏（9月の最初の2週間）にあり、2-for-1チケット（1枚分の値段で2枚）が買える！
(URL) www.nycgo.com/broadway-week

立ち見席

英語ではStanding Roomという。チケットが完売になった場合のみ立ち見席を売り劇場が多く、当日ボックスオフィスで先着順に購入できる。例えば『シカゴ』の立ち見席は$39。

当日割引

当日に限り割引されるチケットはラッシュチケット（Rush Ticket）と呼ばれる。料金は劇場によって異なり$25〜40くらい。先着、抽選、学生用の3つのタイプがあり、通常2枚限定で支払いは現金のみ。詳細は各演目の公式サイトで。

LOW $

知っておきたい用語

耳慣れないけれど劇場ではよく使われる基本的な用語をご紹介。知っていると便利！

Tony Award

トニー賞。ブロードウエイ作品が対象。ミュージカルと演劇部門があり演劇界のアカデミー賞ともいわれる。授賞式は6月。

Preview

初日の前に行われる試験公演。期間は2週間〜1ヵ月ほどで、この間に観客の反応を見ながら演出や脚本を変更していく。

Premium Ticket

1階オーケストラ席の中央前方など劇場内で最も観やすい席（Premium Seating）のチケット。料金も最も高額。

Resale Ticket

購入後に行けなくなった人が再販するチケット。チケットマスターの座席表ではピンクの丸で表示され、料金は変動する。

Rush Ticket

割引チケットのことで、先着順（General Rush）、抽選（Lottery）、学生用（Student Rush）の3種類がある。

Understudy

普段はアンサンブルで出演し主役クラスが出演できないとき代役を務める。代役時のみ出演するのはStandby（スタンバイ）。

Will Call

事前にネットで購入したチケットを窓口で受け取ること。ネットでの購入時DeliveryページでWill CallかGo Mobileを選べる。

チケット入手困難な『ハミルトン』
Photo: ©Joan Marcus

2 start!

当日の流れ

48

いざ観賞！

約3時間の公演中に
おなかがすかないように食事は事前に済ませて。
終演後は出待ちにも挑戦しちゃおう！

> ここも
> おすすめ！
> 46th St. 沿い（bet. 8th & 9th Aves.）の Restaurant Row には3コースのプレシアターメニューを提供している店が多い。

18:00-19:00　食事を済ませる

ジュニアズ
Junior's

濃厚チーズケーキが有名なダイナーはパストラミサンドやステーキバーガーも人気。45th St.（bet. Broadway & 8th Ave.）にも支店あり。

Map 別冊P.19-C3　ミッドタウン・ウエスト

🏠1626 Broadway (at 49th St.)
☎1-212-365-5900
🕐7:00〜24:00（金・土〜翌1:00）
Card A.D.J.M.V.　⊙地下鉄 N・R・W 線
49 St より徒歩約1分

ニューヨーク限定商品！

スターバックス・コーヒー
Starbucks Coffee

劇場街周辺にはいくつもスタバがあるけれど、こちらの店舗が広くておすすめ。タイムズスクエア限定のロゴ入り商品も買える！

Map 別冊P.19-C3　ミッドタウン・ウエスト

🏠1585 Broadway (at 47th St.)
☎1-212-541-7515
🕐5:00〜24:00
Card A.D.J.M.V.　⊙地下鉄 N・R・W 線 49 St より徒歩約1分

20:00　公演スタート

グッズも忘れずに♪
ロビーには売店があり、パンフレットをはじめTシャツやトレーナー、帽子などのロゴグッズがGetできちゃうよ！

22:00-23:00　公演終了

日本と違うノリのよさ！
自分がよいと感じたらとことん盛り上げ、割れんばかりの拍手と声援で称賛するのがNY流。エンディングはもちろん、拍手がすごすぎて上演中にショー・ストップになることも。

パチッ！　パチッ！
パチッ！　パチッ！　パチッ！

22:20-23:20

Waiting for your favorite performers

3

出待ちにGo！

終演後は劇場入口の横にあるステージドアの前でスタンバイ！
約10分後には出演者たちが出てくるよ〜。

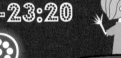

"出待ち"でサインをもらっちゃおー！

終演約10分後には出演者がステージドアから出てきて、気軽にサインしたり一緒に写真を撮ってくれる（ただし大物は別の出口から帰ってしまう……）。ペンを持参するのを忘れずに！

> 劇場で手渡される「Playbill」はパンフレットみたいなもの。これにサインをおねだりするのがツウ。

PLAYBILL
WICKED

使える！英会話

サインしてもらえますか？
May I have your autograph?

すごく感動しました！
I'm so impressed by your performance.

finished

どんな演目があるの？

BROADWAYからは女子に人気の3作品、
OFF BROADWAYからは英語力がなくてもOKな作品をご紹介！

ふたりの魔女は両者とも魅力的。彼女たちが恋するフィエロもイケメンでホレボレ。舞台や衣装も豪華！

人気ミュージカルを100倍楽しんじゃおう！

MJ ザ・ミュージカル
MJ THE MUSICAL

Photo by Matthew Murphy

Hooo〜！

マイケルの半生を歌と踊りで構成。名曲25曲以上が圧巻のダンスシーンとともに楽しめる。ライブとはまったく異なる舞台を体感！

キング・オブ・ポップとして50歳でこの世を去ったマイケル・ジャクソンの半生を描く話題作。ジャクソン5の結成からスーパースターへと登り詰めていくまでの苦悩や葛藤をおなじみのヒット曲で綴る。

ニール・サイモン・シアター
Neil Simon Theatre
Map 別冊P.19-C2　ミッドタウン・ウエスト

🏠250 W. 52nd St.（bet. Broadway & 8th Ave.）⏰19:00〜（水・金・土20:00〜）🚫月 Ⓜ地下鉄ⒸⒺ線50 Stより徒歩約2分 [URL]mjthemusical.com

ウィキッド：
オズの魔法使いの知られざる物語
WICKED : THE UNTOLD STORY OF THE WITCHES OF OZ

©Joan Marcus

これぞミュージカルの王道！『オズの魔法使い』の悪い魔女エルファバと、よい魔女グリンダの知られざる友情を描く。魔女っ子も好きなら必ずハマるワクワクの展開。

ガーシュイン・シアター
Gershwin Theatre
Map 別冊P.19-C3　ミッドタウン・ウエスト

🏠222 W. 51st St.（bet. Broadway & 8th Ave.）🚫$30（In-Person Lottery）〜252 Ⓜ地下鉄ⒸⒺ線50 Stより徒歩約2分 [URL]www.wickedthemusical.com

グリンダ

マジ…⁈

エルファバ

ホウキだけどね！

ライオン・キング
THE LION KING

Photo : Joan Marcus, 2010.　©Disney Theatrical Productions

ジュリー・テイモアの演出が光る一大舞台芸術。叔父に父親を殺されたライオンの王の子シンバ。偶然再会した幼なじみのナラに説得され、王国を再び取り戻す決心をする。

ミンスコフ・シアター
Minskoff Theatre
Map 別冊P.19-C3　ミッドタウン・ウエスト

🏠200 W. 45th St.（near 7th Ave.）🚫$157〜277 Ⓜ地下鉄ⓃⓆⓇⓈⓌ①②③⑦線Times Sq〜42 Stより徒歩約1分 [URL]www.lionking.com

シンバ

心配ないさ〜！

サバンナを忠実に再現した舞台美術は、天才のなせる業。10年以上前から人気が衰えないのもナットク〜。

ブルーマン・グループ
BLUE MAN GROUP

Photo: DARBE ROTACH©BMP

全身青塗りの3人組が繰り広げる奇天烈で独特、ユーモアたっぷりのパフォーマンス。約30年前から上演中で、今や世界中で観られるけど、NYでの公演はやっぱりひと味違う！

アスター・プレース・シアター
Astor Place Theatre
Map 別冊P.12-A3　イースト・ビレッジ

🏠434 Lafayette St.（near Astor Pl.）🚫$44.50〜120 Ⓜ地下鉄Ⓡ線Astor Plより徒歩約1分 [URL]www.blueman.com

観客とつくり上げていく舞台は予測不可能なハプニングが満載で、何回観ても笑っちゃうし、オモシロイ！

街全体がギャラリー!?
ブッシュウィックでストリート散策

WiSH
you
were
beer

ブルックリンの流行発信地、ウイリアムズバーグの東に位置するのがブッシュウィック。家賃高騰によるアーティストの流入でギャラリーも増え、今やブルックリンの芸術基地になっている。アートを感じながら撮影してSNSにポストしよう!

ストリートアート散策

TOTAL
1時間

オススメ時間 日中　予算 無料

☞ 早朝と深夜の見学は控えて！もとは工業地帯で治安が悪いとされていたブッシュウィック。中心地から外れると昼間でも閑散とした場所があるので、散策するときには注意を。

ブッシュウィック・コレクティブで圧巻の巨大壁画を楽しもう!

ブッシュウィックの荒れた街を再生しようと、地元で生まれ育ったアーティスト、ジョセフさんがキュレーターとして2012年にスタートしたプロジェクトがブッシュウィック・コレクティブ。地元アーティストによって描かれた巨大壁画群は映えスポットとしても人気。

ちょっと
Coolに!

Let's go!

アート大好きのHanaさん

街中にグラフィティがあふれるので歩いているだけでワクワクする

❤1 💬 ◁ ドア部分も含めて引いて見て楽しめる壁画。へこんだブルーの壁に立って、誰かと向かい合って撮るのもいいね！

MAKE
ART!

既成概念にとらわれない斬新な作品に出合えそう！

ブッシュウィックの一角にある巨大壁画群

ストリートアートのメッカ

Bushwick ブッシュウィック

工業地帯に新進アーティストたちが移り住みギャラリーが増加。今やすっかりアートの街に。無骨ながらも個性的でおしゃれなコミュニティがクリエイトされている注目エリア。

ワクワクするね〜

地下鉄Jefferson St駅から散策をスタートしよう

❤2 ◁ ストリート系のクールな壁画にテンションUP！

街にいる人々もアーティストが多くおしゃれな雰囲気♪

こんなの見つけたよ！

Map 別冊 P.28-A1・2 ブッシュウィック

┉┉┉┉┉┉┉┉┉┉┉┉┉┉
◎ブッシュウィック・コレクティブ：地下鉄Ⓛ線Jefferson
Stより徒歩約3分、ロベルタスとスワロウ・カフェ：地下
鉄Ⓛ線Morgan Avより徒歩約3分

❤3 💬 ◁ このあたりがブッシュウィック・コレクティブの中心。記念に撮影を

Morgan Av
Jefferson St
スワロウ・カフェ
ロベルタズ

❤ 4 ◯ ✈ 🔖 見ているだけで元気がでそうなポップなハート。企業とのコラボ多数の有名アーティスト、ジェイソン・ネイラーの作品

同じポーズでお祈りしちゃお

「House of Yes」の外観（上）やお店の壁（左）もこんなにアーティスティック

❤ 5 ◯ ✈ 🔖 お祈りポーズをした人間がだんだんスケルトンに透けていく。きれいな色彩でありながら迫力の作品

制作中のアーティストに遭遇したよ

❤ 6 ◯ ✈ 🔖 黄色の文字は何を意味する？ 扉に描かれたユニークなグラフィティ

リアルさがすごい！

❤ 7 ◯ ✈ 🔖 コレクティブの常連、ロスク・ロステ作、目が印象的な男の子の壁画

Goal!

❤ 8 ◯ ✈ 🔖 シブロスの作品。男の子がドーナツの海を泳いでいる

ハートがたくさん！

寄り道 SPOT

Roberta's ロベルタズ

わざわざ食べにくるファンも

窯で焼き上げられる薄焼きピザは、NYベストピザに選ばれたこともある。どのメニューもハズレがなく、マンハッタンからここまでわざわざ食べに来るファンも。

Map 別冊P.28-A1 ブッシュウィック

🏠261 Moore St. (near Bogart St.), Brooklyn ☎1-718-417-1118 ⏰12:00〜21:00(土・日11:00〜、金・土〜23:00) Card A.D.J.M.V. 🚇地下鉄Ⓛ線Morgan Avより徒歩約2分 URL www.robertaspizza.com

Swallow Café スワロウ・カフェ

ブッシュウィックのアイコン的カフェ

エントランスに描かれた巨大なツバメの壁画が目印。地元アーティストたちの憩いの場。アットホームな空間でまったりとした時間を過ごせそう。

Map 別冊P.28-A1 ブッシュウィック

🏠49 Bogart St. (at Seigel St.), Brooklyn ☎1-718-381-1944 ⏰7:00〜19:00(土・日8:00〜) Card A.D.J.M.V. 🚇地下鉄Ⓛ線Morgan Avより徒歩約1分 URL www.swallowcafe.nyc

盛り上がるMLBをライブ体感！
ヤンキースタジアムの楽しみ方

アメリカ、そしてニューヨークへ行くなら、一度は体験してみたいのがMLB（メジャーリーグ）観戦。野球をふだん見ない初心者でもきっと楽しめるはず！

開放感あふれるスタジアムで
本場のベースボールを満喫！

アメリカで安定して人気のプロスポーツ。最近はガチファンだけでなく、明るいノリを楽しむライトなファンも急増中！身軽な服装で楽しんじゃえ！

ワールドシリーズ常連の名門
NEW YORK YANKEES
ニューヨーク・ヤンキース

リーグ優勝40回、ワールドシリーズ制覇27回を誇る名門。松井秀喜やイチローなど数々のスーパースターがプレーした。

Map 別冊P.4-B2 ブロンクス

ヤンキースタジアム：🏠1 E. 161st St. (bet. Jerome & River Aves.), Bronx ⚓地下鉄④⑧⑩線161 St-Yankee Stadiumより徒歩すぐ（マンハッタン中心部から徒歩25分）URL mlb.com/yankees

ヤンキースタジアムで野球観戦

TOTAL 3時間〜

オススメ時間 19:00〜22:00　予算 $20〜

🛍 持ち物の注意
スタジアムにバッグは持ち込めない（40cm四方の薄いものはOK）。自撮り棒もNG。ボトルの水は未開封のみ。球場内では現金使用不可。クレジットカード、アップルペイ、球場内で購入したプリペイドカードを利用。

マンハッタンの北、ブロンクスにある

すごいデカい！

今回案内してくれたのは…

Tanaka Yumiさん
子供の頃から野球好き。ヤンキースファン歴20年以上。毎年シーズンチケットを保持して観戦。

チケット入手方法
デジタルチケットで入場。オフィシャルサイトまたはMLB Ballparkのアプリを活用して購入しよう。

今いちばん人気なのは背番号99番のアーロン・ジャッジ。選手の名前も思いきりコールを！

楽しみ方 **1**

ルールがわからなくてもOK
いざ観戦！
試合中は音楽ガンガンでライブさながらの盛り上がり

6回終了時のグラウンド整備「YMCA」の曲に合わせてキーパーたちが踊りだす。

プレイボール！

この日は帽子もらったよ！

チケットに記されているゲートへ。スポンサー企業がグッズをプレゼントしてくれるプロモーションデイは早めに到着を。

試合開始前にはアメリカ国家『The Star Spangled Banner』が流れる。脱帽、起立で国旗を見つめよう。試合中の基本のかけ声は「Let's go Yankees!」。

YMCA

Let's go Yankees!

ヤンキースタジアムの楽しみ方

楽しみ方3
こんなものまであるの？

注目グッズ

グッズは試合開始前に買って身に着けよう！

これは
おすすめ！

ヤンキースのロゴが入ったビーズのブレスレット$24.99

普段使いにもできそうな花柄のキャップ$34.99

実は
この柄…

野球のボールをモチーフにしたトレーナー$160

髪をまとめるならもちろんのシュシュで。$14.99

これぞ
アメリカ！

クリームたっぷりのミルクシェイク$17.99。プラスティックの容器は持ち帰りOK

楽しみ方2
青空の下でおいしさ倍増

限定フードも！

食べ物はいたるところにカウンターがあるよ！

絶対
ウマいよ！

アーロン・ジャッジにちなんだ$19.99で限定販売のバーガー

これも
食べちゃう？

ヤンキースのユニフォームや帽子を着用して応援すると盛り上がること間違いナシ。

7回表が
終わって

Take me out to the Ball Game

7回表のあとは『Take me out to the Ball Game』に続いて『God Bless America』を斉唱。これぞメジャーリーグ。

中心にストローをさせば省スペースで便利なGrub Tub $21.99

上はチキン
下はソーダ

53

プチ
ぼうけん
11

ニューヨークでSwingしちゃお～
初めてでも楽しめるジャズ入門！

本格的な音楽に触れたい！ それならNYでデビューしちゃおう。
初心者でも大丈夫。ジャズの楽しみ方をお教えいたします！！

ニューヨークでジャズを聴こう

TOTAL
3時間

オススメ
時間　20:00
　　　～24:00

予算　$20～

💡 お役立ち情報
スケジュールは各店のウェブサイトで確認。情報サイト『Time Out』、『Village Voice』や新聞とサイトの『ニューヨーク・タイムズ』などでもチェックできる。

NY流に気軽に
ジャズを楽しむ！

ジャズは敷居が高いと思われがち。でも日本よりずっと気軽に、手頃な料金でジャズが聴けるのがNY！

かっこよくて
おしゃれ♪

米国内きっての人気トランペッター、クリス・ボッティのパフォーマンス

本場の演奏は迫力満点。あのスティングもここの舞台で演奏した

NYジャズとは
ジャズ発祥地ニューオリンズからシカゴを経て、NYのハーレムで発展。1940年代にはビバップ、50年代にはクールジャズやフリージャズなどのスタイルが確立。最近は実験的な演奏も人気。

ジャマイカ生まれの名ピアニスト、モンティ・アレキサンダーの演奏

ジャズといえばまずはここ
ブルーノート
Blue Note

1981年オープンの定番店。日本にも支店があるが、本家はやっぱり特別。アットホームな雰囲気で演奏を間近で見られるのがうれしい。2階にはギフトショップもある。

Map 別冊P.11-D3 グリニッチ・ビレッジ

🏠131 W. 3rd St. (bet. 6th Ave. & MacDougal St.) ☎1-212-475-8592
⏰ライブ：毎日20:00、22:30。サンテイブランチ不定期 休不定休
Card A.D.J.M.V. 🚇地下鉄ⒶⒷⒸⒹ
ⒺⒻⓂ線W. 4 St - Wash-Sqより徒歩約3分 URL www.bluenotejazz.com/newyork

Photos : Dino Perrucci

ジャズクラブに行く前に知っておきたい♪

※この情報は一般的なものです。システムは店によって違います。

当日の流れ

プレイ開始45分前に

演奏開始とドアオープンの時間はウェブでチェックを。入れ替え制の場合、2セット目のドアオープンは1セット目終了後。

⬇

カバー（ミュージック）チャージを払う

飲食代とともに演奏後に支払いをすることが多いが、入店前に払う必要があるところも。

⬇

着席する

予約をしても座席指定はなし。よい席で見たいなら早めに行くこと。大きな荷物やコートはクロークに預けて（ないところも）。

⬇

フード、ドリンクをオーダー

スタッフが注文を取りにくる。小さな店のバーカウンターで見る場合は、好きな飲み物をバーテンダーにオーダー。

⬇

音楽を楽しむ

演奏が始まったらステージに集中、それぞれの楽器の音色を聴き、全体の音を体で感じてみて。考えるのではなく感じるのがジャズ。

⬇

カバー（ミュージック）チャージと飲食費を支払う

演奏終了間近になると伝票が渡されるので、座席で支払う。チップは飲食代の18〜20%を目安に。Taxの2倍の額にすると簡単。遅い時間に終わった場合、帰りはタクシーを使いたいが、終演後すぐは客が集中してなかなかつかまらないので注意。

Point 1 — ひとりでも平気？
もちろんOK！ なかには日曜ブランチなどのセッションもあり、夜より行きやすいかも。年齢確認のための身分証明書も忘れずに。

Point 2 — フードは食べられる？
ほとんどが食べられる。バーガーやフライドチキンのような料理が中心。メニューは事前にウェブで確認を。

Point 3 — 料金は高い？
出演者およびテーブルカバーかで料金は異なる。飲み物だけでもOKだったり、飲食代の最低額（ミニマム）を決めているところも。

Point 4 — 店内は禁煙？
NYではバーやクラブは大小問わず完全禁煙。どこも喫煙はできないので入店する前に済ませておいて。

Point 5 — 録音、写真は？
基本的に演奏中の録音はNG。写真撮影はフラッシュを使わなければOKだが、事前に確認をしよう。

Point 6 — グッズだってあるよ！
ブルーノートなど有名店ではTシャツやCDを販売していたりする。小さなクラブにはたいていない。

オーダーしたいカクテル

コスモポリタン / Cosmopolitan
ウオッカ＋クランベリージュースなど。SATCのキャリーが愛飲。

グリーンアップル・マティーニ / Green Apple Martini
青リンゴの甘酸っぱい香りとさわやかな口当たり。見た目もきれい。

チョコレート・マティーニ / Chocolate Martini
チョコレートリキュール入りの大人な味。食後のデザート感覚で。

マンハッタン / Manhattan
ウイスキー＋ベルモットなど。カクテルの女王と呼ばれている。

モヒート / Mojito
ラム＋ライム＋ミントの葉など。すっきりした味で、のど越し◎。

ハーレムのビール SUGAR HILL

ブラジリアンジャズも人気

まったり系の
くつろぎサウンドで癒やされる♪

ブラジリアンジャズはボサノバの優しい浮遊感とジャジーなサウンドを融合させた心地よさが人気。

ジョイス
「Tudo」
ブラジルの歌姫ジョイスの透明感あふれる歌声で綴るアルバム。

シコ・ピニェイロ
「THERE'S A STORM INSIDE」
シコが大御所ミュージシャンと共演した上質なボサノバを満喫。

エリオ・アルヴェス
「Musica」
ブラジル出身で現在NYで活躍中のピアニスト、アルヴェスの代表作。

セッションって何？
複数のミュージシャンが集まって即興で演奏すること。ジャムセッションともいう。ディジーズでは、最終セット終了後 Late night session を見ることができる（月曜を除く）。

夜景もステキ！
ディジーズ・クラブ
Dizzy's Club

セントラルパークと摩天楼をバックに一流ミュージシャンの演奏を堪能！ 洗練された雰囲気のなか、セレブ気分を味わえるかも。夏なら20:30頃、夕焼けに照らされた摩天楼が最高にロマンティック。

Map 別冊P.19-C1
アッパー・ウエスト・サイド
🏠 10 Columbus Cir. (at Broadway) ドイツ銀行センター（旧タイムワーナー・センター）5F ☎1-212-258-9595 ⏰ライブ：月〜土19:00〜、21:00〜、日17:00〜、19:30〜 💰チャージ$20〜45、Late Night Session $15 Card A.D.J.M.V. 🚇地下鉄ⒶⒷⒸⒹ①線59 St - Columbus Circleより徒歩約1分 URL www.jazz.org/dizzys

Photo : Frank Stewart

フードもおいしいよ！

1. 2日間の公演が大盛況だったブラジルのジョイス
2. 前方席に座れば間近で演奏を見ることができる
3. バックに摩天楼を楽しめるのは、ここならでは！
4. フードとオリジナルカクテルもおいしいと評判

ジャズのスタイル
形式にとらわれないフリージャズ、さまざまな音楽を融合したフュージョン、イージーリスニング系のスムースジャズ、イギリス発のアシッドジャズなどがある。

ほかにもこんなジャズクラブがあるよ！

激戦区にある伝説のクラブ
スモールズ
Smalls

地下の狭いスペースで、大御所から若手まで躍動感のある演奏が繰り広げられる。ここで録音されたオリジナルCDはおみやげにおすすめ。料理の提供はない。

予約不可なので早めに行こう！

Map 別冊P.11-C3 グリニッチ・ビレッジ

⌂183 W. 10th St. (bet. 7th Ave. & 4th St.) ☎1-646-476-4346 ⏰ライブ月〜金19:30、21:00、翌1:00。土・日15:00、19:30、22:30 💰$35〜+1ドリンク Card A.D.J.M.V. Ⓜ地下鉄①線 Christopher St - Sheridan Sqより徒歩約2分 URLwww.smallslive.com

老舗ジャズクラブ！
ビレッジ・バンガード
Village Vanguard

歴史を感じる内装にも注目したい

1935年創業、数々の有名プレイヤーが出演してきた伝説的クラブ。特に1966年から毎週月曜に演奏している専属ビッグバンドのステージは見逃せない！

Map 別冊P.11-C2 グリニッチ・ビレッジ

⌂178 7th Ave. S. (bet. Perry & W.11th Sts.) ☎1-212-255-4037 ⏰ライブ：毎日20:00、22:00。ドアオープン19:00、21:30 💰$40〜+1ドリンク ($5〜16) Card A.D.J.M.V. Ⓜ地下鉄①②③線14 Stより徒歩約3分 URLvillagevanguard.com

地元ファンも多い
スモーク
Smoke

コージー＆フレンドリーな雰囲気

こぢんまりした心地よい店内でエネルギッシュな演奏を楽しめる。日曜から木曜はカバーチャージがないのもうれしい。女性シェフによるフードも評判。

Map 別冊P.5 アッパー・ウエスト・サイド

⌂2751 Broadway (bet. 105 th & 106th Sts.) ☎1-212-864-6662 ⏰ラウンジ：水〜日17:00〜23:00。リスニングルーム：17:00〜24:00 ⏰月・火 💰チャージ$30〜65+1st Set 1アントレ、2nd〜ミニマム$20 Card A.D.J.M.V. Ⓜ地下鉄①線103 Stより徒歩約3分 URLwww.smokejazz.com

名門ならではのラインアップ
バードランド
Birdland

店名はサックス奏者チャーリー・パーカーの愛称が由来。大御所がメインに充実のラインアップが魅力。フードメニューはケイジャンなど南部料理が中心。

落ち着いた店内で名演を堪能！

Map 別冊P.15-C1 ミッドタウン・ウエスト

⌂315 W. 44th St. (bet. 8th & 9th Aves.) ☎1-212-581-3080 ⏰ライブ：毎日17:30、19:00、20:30、21:30 (日によって異なる) 💰チャージ$25〜50+ミニマム$20 Card A.D.J.M.V. Ⓜ地下鉄ⒶⒸⒺ線42 St - Port Authority Bus Terminalより徒歩約3分 URL www.birdlandjazz.com

初心者でも聴きやすい定番ジャズ

「My Favorite Things」
マイ・フェイヴァリット・シングス
ジョン・コルトレーン

「サウンド・オブ・ミュージック」の挿入歌のタイトル曲をはじめ、ガーシュインら名作曲家のスタンダードナンバーをカバー。

「Kind of Blue」
カインド・オブ・ブルー
マイルス・デイビス

モダンジャズの最高傑作ともいわれる一枚。ジョン・コルトレーン（サックス）やビル・エバンス（ピアノ）らも参加。

「Maiden voyage」
処女航海
ハービー・ハンコック

ピアニスト、ハンコックが海をテーマに作った、彼の代表作でもある一枚。フレディ・ハバード（トランペット）らも参加。

「waltz for Debby」
ワルツ・フォー・デビイ
ビル・エバンス

ピアニスト、ビル・エバンスによる美しい演奏に聞き惚れる。1961年に名門ビレッジ・バンガードでのライブが収録されたアルバム。

風が気持ちいい〜！

LET'S RIDE A BIKE

自転車道が整備された

グリーンウェイに挑戦！

Start!

RENT A BIKE

1〜2ブロックごとにステーションがあるので、好きな場所で借りよう。今回借りたのは、W. 14 St & The High Line. **Map 別冊 P.10-B2**

借りる自転車の数、日数を選ぶ。アナウンスに従って進むと、Ride Codeが出るので、プリントする。アプリでも操作可能。

意外とカンタン！

ONE WAY

ロック解除できたら、自転車を引く。

Ride Codeはここに入力

準備OK!!

気分はニューヨーカー♪

シティバイクで NYを かけぬけよう

自転車に乗り慣れていない人は右端へ寄ろう。

BIKE ROUTE

地元の人に交じってサイクリングすれば、いつもと違う景色がきっと見つかる！

時間に気を付けて！

シティバイクのレンタル料を無料ですませたいなら、30分で切り上げよう

ロウアー・マンハッタン目指してずんずんと！

寄り道しながらバッテリー・パークへ。30分を超えてしまったので、$32 かかった。

Goal!

自由の女神

普段乗っていない私でも、快適、安心、マイペースにのんびり走れましたよ♪

右側がギア（変速機）

左側がベル（警音器）

こんなにいっぱい！

乗車前に気をつけたいこと
アプリで目的地近くのステーションの場所と駐車の空き状況を調べておこう。基本は車道を通行。歩行者優先なことも忘れずに！

citi bike

ステーションの場所は、専用アプリ「citibike」（左）で確認できる。

借りたところ

Greenway

半分で約30分

返したところ

ステーションも増設中！

シティバイク citibike

24時間利用できるレンタサイクル。ステーションは1500以上あり、どこで借りても返してもOK。時間のない旅行者の強い味方！

⏱24時間　🗓無休　💰30分以内の利用は無料。シングルライド$4.79（追加チャージは1分ごとに30¢）、1日（24時間）パス$19（1日パスとはいえ、1回のライドに30分以上通して乗車すると追加料金がかかるので注意）
🔗www.citibikenyc.com

Second Ave

トレンドグルメも
王道フードも！

ニューヨーカーも絶賛！
おいしくってコスパ◎な
ハッピーグルメ

この街はな〜んでも揃う、世界のキッチン。
食べる物には困らないけど、アタリ・ハズレはあるんです。
だからarucoスタッフ行きつけの、おいしいところ教えちゃう！
たくさん食べて、お気に入りの味を見つけてね♪

GOURMET

こだわり空間×メニューで選ぶ
真っ先に行くべき 最旬ときめきカフェ

レトロだったり、変わったメニューがあったり、世界旅行気分を味わえ
そうだったり……。NYのカフェは日々進化中！　さてどこに行く？

居心地のよい空間で朝食からディナーまで
しめるオールデイダイニング

#のんびりブランチ

明るく華やかな店内やテラスで
色とりどりのメニューをいただきます♪

キヌアやケール、トマト、アボ
カドが入ったマヤズ・ブレック
ファースト・ボウル$24

Point

● 見た目もかわいくて
ヘルシーなメニューの数々

● おしゃれなのに
アットホームな雰囲気

楽しくて美しい
料理がたくさん

Jack's Wife Freda

ジャックス・ワイフ・
フリーダ

オーナー夫妻のルーツを反映
した「南アフリカのユダヤ系の
おばあちゃんが作る伝統料理」
がコンセプト。オールデイダイ
ニングだが、明るい店内やテ
ラス席でのブランチがおすす
め。NY市内に全5店展開。

Map 別冊P.11-C1　チェルシー

🏠 116 8th Ave. (bet. 15th & 16th
Sts.) ☎ 1-646-454-9045 ⏰ 8:30～
22:00（月～土＝23:00、日＝21:00）
休 A.D.J.M.V ⊖地下鉄A・C・E線
14 St／8 Av駅徒歩約1分
🌐 jackswifefreda.com

上はベリーとヨーグルトがトッピングさ
れたローズウォーター・ワッフル$17。下
はお店のイメージカラーに合わせてグリ
ーントマトを使用したシャクシュカ$16

✉ ジャックス・ワイフ・フリーダはテーブルに置かれているお砂糖もかわいい。チェックして！（神奈川県・Hano）

週末ブランチがおすすめ

Banter NYC
バンターNYC

オーストラリア人オーナーの「Your Local」を合言葉に、アボカドトーストや卵料理、サンドイッチなど、野菜たっぷりのヘルシーメニューを提供。ラテはコーヒーのほか、抹茶、ゴールデン、チャイの種類がある。

スモークサーモン・トースト$19はオプションでポーチドエッグ$3.50を付けてもいい

#ラテが自慢
デリシャス×ヘルシーがテーマ
ビレッジ住民の気分で訪れたい！

Map 別冊 P.11-D3　グリニッチ・ビレッジ

🏠 169 Sullivan St. (near Houston St.)
☎ 非公開　🕐 8:00〜15:00（土・日）〜16:00　Card A.D.J.M.　地下鉄Ⓒ Ⓔ線 Spring Stより徒歩約6分
URL www.banternyc.com

グリニッチ・ビレッジの街並みにフィットするカフェ

真っ先に行くべき最旬ときめきカフェ

こだわり
Point
● ユニークなラテの種類
● 朝食&ブランチメニューが充実

毎日ブランチOKのハッピー空間

#ブルックリンの休日
スペシャルなパンケーキをほお張れば
あったかくて幸せな気分になりそう♡

スモア・ソフト・サーブ$9、サンデーサンデー$12

デザートはいかが？

Sunday in Brooklyn
サンデイ・イン・ブルックリン

感度高めのローカルたちが集まるウイリアムズバーグにある人気スポット。モルテッド・パンケーキなど斬新なアイデアのフードが話題。週末だけでなく平日10:00〜16:00にブランチが楽しめるのもいい。

Map 別冊 P.29-D1　ウイリアムズバーグ

野菜たっぷりのウオーム・グレイン・ボウル$19

こだわり
Point
● ミシュラン店出身シェフの個性あふれるフードが楽しめる
● 話題のエリア、ウイリアムズバーグにある

3階建てで広々とした空間でゆったり食事しよう

🏠 348 Wythe Ave. (near S. 2nd St.)
☎ 1-347-222-6722　🕐 8:00〜22:00（土・日9:30〜）　Card A.D.J.M.V.　地下鉄Ⓛ線 Bedford Avより徒歩約13分
URL www.sundayinbrooklyn.com

ヘーゼルナッツとプラリネを使用したソースがインパクトの名物サンデイ・パンケーキ$25

バンターの隠れたおすすめメニューはBowl of Sweet Potato Fries$9。スパイシーマヨのソースを付けていただくとヤミツキに。

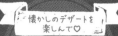

Brooklyn Farmacy & Soda Fountain

ブルックリン・ファーマシー＆
ソーダ・ファウンテン

1920年代に薬局だった場所を改装。タイムトリップ感満載のダイナー。メニューもサンデーやアイスクリームフロートなどのアメリカンな懐かしい味がずらり。そのメニューの多さに、何度でも足を運びたくなりそう。

Map 別冊P.27-D3　ポコカ

🏠 513 Henry St. (at Sackett St.)
☎ 1-718-522-6260 ⏰ 14.00～
22.00 💳 A.D.J.M.V. 🚇 地下鉄 F線
Carroll St.駅より徒歩3分 🌐 www.
brooklynfarmacyandsodafountain.com

Point こだわり
● 古い薬局を改装したレトロな店内
● ザ・アメリカンなかわいくて甘いスイーツたち

#レトロダイナー

ブルックリナーに愛されている
ノスタルジックなアメリカンダイナー

左はソーダにアイスクリームをのせたアイスクリームフロート$8.75、右はストロベリーのミルクシェイク$9.50、ホイップ添えプラス95¢

青のスプリンクルがオン！
クッキーモンスター$13

リッチでコクのある
ワームブラウニー$14

アメリカを感じてね

Tシャツやマグなどのオリジナルグッズも販売

ブルックリン薬科大学を卒業した初のアフリカ系アメリカ人、アンナ・ルイス・ジェームズの伝記も

  ブルックリン・ファーマシー＆ソーダ・ファウンテンがお気に入り！　住宅地のなかにあっって地元民の憩いの場という雰囲気。(東京都・K☆T)

#インテリア推し

アンティークに囲まれた
クラシカルなベーカリーカフェ

こだわり **Point**
- フローラルプリントの壁紙&アンティーク調のインテリア
- 北欧仕込みの焼き菓子の数々は必食

真っ先に行くべき最旬ときめきカフェ

居心地満点の店内でくつろごう

バケリ

ラテ$4.50〜にぴったりの焼き菓子も$5〜豊富に見つかる

シグネチャーメニューのアップルサイダー・フラワー$6

ブリー&アップルのバゲットサンド$12

ノルウェー人女性オーナーのカフェには焼きたてパンやサラダなどフレッシュなメニューが勢揃い。ウイリアムズバーグにもあるが、店内が広いので足を延ばせるならこちらグリーンポイント店がおすすめ。

Map 別冊P.28-A2 グリーンポイント

- 105 Freeman St.(bet. Franklin St. & Manhattan Ave.) 1-718-349-1542 7:00〜18:00（土・日8:00〜） A.D.J.M.V. 地下鉄⑥線Greenpoint Av.より徒歩約6分 www.bakeribrooklyn.com

1 ビーガンのコーヒーケーキマフィン$5
2 ベーグル各種$3は週末限定の人気商品

バケリはこちらのほかウイリアムズバーグ **Map** 別冊P.29-C2 にも店舗あり。2024年〜25年冬にクイーンズにもオープン予定。

Plants & Flower Cafés

花や植物に囲まれた空間が急増中！
いま注目のグリーンなカフェ4選

コロナ禍で増えたのが、フラワーショップに併設されたカフェやグリーンが
たっぷり置かれたカフェ。アクティブでクールなNYの街角に
ひょっこりあるので、街歩きに疲れたらぜひ立ち寄ってみて！

住宅街に
ひっそりとたたずむ

Rosecrans
ローズクランズ

グリニッチ・ビレッジにある
キュートなご近所カフェ。花と植
物がいっぱいのフラワーショップ
内にあるオアシス空間で、トース
トやイングリッシュマフィン、グ
ラノーラなどが楽しめる。

Map 別冊 P.11-C2 グリニッチ・ビレッジ

🏠 7 Greenwich Ave. (bet. 10th &
Christopher Sts.) ☎ 1-646-504-6864
🕐 8:00～20:00 Card A.D.J.M.V. 🚇 地
下鉄ⒶⒷⒸⒹⒺⒻⓂ線 W 4 St-Wash Sq
より徒歩約4分 URL www.rosecrans.nyc

ラブリーな花の香りに包まれて
ホッと落ち着くリラックス空間♡

1. 付近住民たちの憩いの場 2. カフェと花
屋さんが見事に融合 3. アイスラテ$4.50、
ドーナツとマッチャケーキ各$4 4. クマの形
の焼き菓子も人気。サンドイッチや卵料理な
ども提供する 5. すてきなフラワーアレンジメ
ントに囲まれてリラックスできる。ワインもある

✉ ローズクランズは、スタッフがフレンドリーで気配り上手！ ていねいに接客してくれた。(NY在住・ST)

Acre
エーカー

光がたっぷり差し込むバックヤードで、いただきま～す♪

居心地のよいインテリアと緑豊かな裏庭が人気のカフェ。自家製のペイストリーと、発酵と酵素にフォーカスしたヘルシーな和テイストのフードもチェック！

Map 別冊P.28-B2 グリーンポイント

🏠64 Meserole Ave. (bet. Dobbin & Guernsey Sts.) ☎1-718-954-9074 ⏰8:00～17:00 Card A.D.J.M.V. Ⓖ地下鉄Ⓖ線Nassau Avより徒歩約5分 URL www.acrenyc.com

お待ちしています～

1. カップケーキ$4.25、チョコレートクロワッサン$4.50 2. 麹入りの自家製ドレッシングも販売する 3. パンはグルテンフリーで毎朝焼き上げられる 4. ゆったりした店内。奥に緑たっぷりのバックヤードがある 5. 火～日曜10:00～15:00限定の人気メニューBento Box各$16

いま注目のグリーンなカフェ4選

NYのこだわり抹茶カフェでほっこりエナジーチャージ

抹茶に魅せられたアメリカ人女性が創業したカフェは「侘び寂び」がテーマ。抹茶に植物ベースの食材をミックスし機能的健康効果のあるドリンクを提供。NY市内に全6店ある。

Map 別冊P.11-C3 グリニッチ・ビレッジ

🏠87 Christopher St. (at 7th Ave.) ☎1-585-986-4358 ⏰8:30～18:00 Card A.D.J.M.V. Ⓖ地下鉄①線Christopher St-Sheridan Sqより徒歩約2分 URL bematchaful.com

Matchaful
マッチャフル

ヘルシードリンクを提供

1. 白を貴重とした清潔感あふれる店内 2. 夏季限定メニュー、マッチャ&ストロベリー$8 3. 観葉植物がアクセント 4. 高品質のオーガニックの抹茶を静岡から仕入れている

Maman
ママン

インテリアと食器もすてき

1. アーモンドクロワッサン$6。店内飲食だと温めてくれる 2. パーティの盛りつけ。焼き菓子は$4～ 3. 都会のくつろぎ空間

NY市内に20店展開する人気ベーカリーカフェ。なかでもこちらのトライベッカ店は緑あふれる店内が評判。オリジナルデザインの食器を楽しみながら、焼き菓子とドリンクを堪能しよう。

Map 別冊P.8-A2 トライベッカ

🏠375 Hudson St.（bet. King & Houston Sts.）☎1-786-918-7583 ⏰7:30～18:00（土・日8:00～）Card A.D.J.M.V. Ⓖ地下鉄①線Houston Stより徒歩約2分 URL mamannyc.com

Photos：Arianna Tettamanzi

グリーンに包まれてテンションUP♪のフレンチベーカリーカフェ

3

ママンはこちらのほかソーホー（→P.141）などにもある。インテリアが違うので要チェック！

中も外も
ビジュよし♡

$4

Beignet Dream ベニエ・ドリーム
ピンクの粉砂糖で包まれたフランス版揚げドーナツ「ベニエ」の中にオレオクッキー！ E

Special Mango Juice Sago & Pomelo
スペシャル・マンゴージュース・サゴ＆ポメロ
マンゴー＋サゴヤシからできるタピオカ風サゴ+柑橘類ポメロの最強の組み合わせ C

3個 $8 A

CAKE TRUFFLES ケーキ・トリュフ
人気のホールケーキが丸いトリュフチョコ状のひと口サイズに！

$21

$10.25

$7

A **Gluwein** グリューワイン
グリューワインとカシスのコーティングにメレンゲとブラウンバターアーモンドをトッピング B

YUMMY

A **milk**

Cereal Milk® シリアル ミルク
ミルクバーの定番メニュー。シリアル風味のソフトクリーム。クリーミーで甘さ控えめ。コーンフレークのトッピングは$1.50

甘いものLOVEなニューヨーカーのお墨付き
ユニーク素材も注目のトレンドスイーツ

ニューヨーカーは甘いものと新しいものが大好き♡　最近では、とことん素材にこだわったものやユニークな新感覚の組み合わせなど、NYらしい個性的なスイーツがたくさんお目見え！そんな、かわいくておいしいとっておきをご紹介！

ナチュラル素材を使用！

$4

Grapefruit Sliced Tea グレープフルーツ・スライス・ティー
スライスしたグレープフルーツがぎっしり入ったアイスティーは、さわやかな飲み心地 C

$6

$5.50

A Butterfly Pea Limon
バタフライ・ピー・リモン
鮮やかな青色が特徴のマメ科の植物バタフライピー（蝶豆）＋レモンの甘酸っぱい味わい。 B

$6

夏にぴったり！

Miso Cherry ミソ チェリー
白味噌ペーストのアイス×砂糖漬けのチェリーが意外にもマッチ！ F

Soft Serve ソフトサーブ（小）
甘酸っぱいハイビスカスラズベリーのソフトクリーム。カップもキュート！ D

A

セレブシェフが手がけた人気店

Milk Bar ミルク・バー

看板メニューはソフトクリームとクッキー。断面が美しいホールケーキも人気で一見の価値あり！

Welcome!

Map 別冊 P.15-D3
チェルシー

⌂1196 Broadway (at 29th St.) ☎1-347-974-4975
⏰9:00〜翌1:00（木〜土〜24:00）Card A.D.J.M.V. 🚇地下鉄Ⓡ線28 St.より徒歩約1分
URL milkbarstore.com

B

女性シェフならではのアイデア！

Fan-Fan Doughnuts ファンファン・ドーナツ

人気店「ドウ」のもとパティシエによるドーナツ専門店。アート作品のような見た目と繊細な味わいが特徴。

Map 別冊 P.26-B2　ベッドフォード・スタイ

⌂448 Lafayette Ave. (at Franklin Ave.), Brooklyn ☎1- 347-533-7544
⏰月〜水8:00〜16:00、木・金〜18:00、土・日9:00〜18:00 Card A.D.J.M.V.
🚇地下鉄Ⓖ線 Classon Av.より徒歩約2分
URL fan-fandoughnuts.com

C

ほっとするアジアンテイスト

Mango Mango Dessert マンゴーマンゴー・デザート

伝統的な台湾スタイルにモダンさを加えたスイーツショップ。新鮮なマンゴーを使ったスイーツは絶品！

Map 別冊 P.12-B2　イースト・ビレッジ

⌂23 St. Marks Pl. (bet. 2nd & 3rd Aves.) ☎1-917-261-5353 ⏰14:00〜23:00（金・土 13:00〜 24:00、日13:00〜）Card A.D.J.M.V.
🚇地下鉄Ⓡ線Astor Pl.より徒歩約2分
URL www.mangomangodessert.com

D

フランス発のジェラート店

Amorino アモリーノ

すべてのフレーバーがヴィーガン食材100%の店。最高級の素材を使ったフレッシュなイタリアンジェラートが人気。

Map 別冊 P.12-A2　イースト・ビレッジ

⌂60 University Pl. (bet. 10th & 11th Sts.) ☎1-212-253-5599 ⏰11:00〜23:00（土10:00〜）Card A.D.J.M.V.
🚇地下鉄Ⓡ線 St- NYUより徒歩約5分
URL www.amorino.com/en

✉ ファンファン・ドーナツのドーナツはどれを選んでもおいしい！　日曜の開店時間に行ったところ行列ができていた。（兵庫県・あゆ）

Mango Mille Crepe Cake
マンゴー・ミルクレープ・ケーキ

マンゴーのトロピカルさとクリームのミルキーさが絶妙！ 甘さ控えめのモチモチ食感

C

$10.50

D

Italian gelato
イタリアン・ジェラート

バラの花をモチーフにした芸術的なジェラートにマカロンをトッピング！

$5.25〜

Cookie & Mint Sprinkles Coffee Crunch
クッキー＆ミント スプリンクルズ コーヒークランチ

お店の6つのクラシックコレクション（定番商品）のうちの3つ。食べ比べてみて♪

各$12.50

F

$12.50

リピーター続出中！

Passionfruit Apricot Pistachio
パッションフルーツ・アプリコット・ピスタチオ

すっきりした甘酸っぱさとクランチーなピスタチオがクセになる人気フレーバー

F

Pb&J Chocolate
Pb&Jチョコレート

アメリカの定番ピーナッツバター＆ジェリー（ジャム）にチョコをプラスして甘さを強調

$7

F

Taiyaki with Ice Cream
タイヤキ・ウィズ・アイスクリーム

たい焼きの口からユニコーン形のソフトクリームが！ 中身はカスタードかあんこを選べる

たい焼きからユニコーンが！

$7.75

G

UBElicios Donuts
ウベリシャス・ドーナツ

紫山芋のウベを使ったドーナツは濃厚＆まろやかで、懐かしい味わい

B

Guava & Cheese Fan-Fan
グアバ＆チーズ・ファンファン

表面はグアバ味で中にはクリームチーズがたっぷり。砕いたクルミのクッキーもポイント

$5

B

$14

注目のトレンドスイーツ

I Scream for Ice Cream Cupcake
アイ・スクリーム・フォー・アイスクリーム・カップケーキ

キャロットケーキ＆クリームチーズのカップケーキの上にアイスクリームコーンが！

E

$12

B'DAY CAKE ビーズデイケーキ

B'DAYは誕生日のこと。虹色のスプリンクルがハッピー気分を盛り上げる！

A

1スライス
$11

E

ホテルの屋上でスイーツ！
Magic Hour Rooftop Bar & Lounge
マジックアワー・ルーフトップ・バー＆ラウンジ

ルーフトップ・バーのブランチではピンクのかわいいスイーツが提供される。フォトジェニックならおまかせ。

Map 別冊P.15-C2 ▶ ミッドタウン・ウエスト

⌂485 7th Ave, 18F (36th & 37th Sts.) モクシーNYCタイムズスクエア内 ☎1-212-268-0188 ◷15:00〜24:00（土日15:30〜24:00、B11:30〜）ブランチは土・日11:30〜15:30 Card A.D.J.M.V. ⊖地下鉄®®®®®®®®線34 St-Herald Sq より徒歩約3分

Photos : Milk Bar, Tao Group Hospitality, OddFellows Ice Cream

---

F

斬新な組み合わせのアイス
OddFellows Ice Cream
オッドフェローズ・アイスクリーム

元ペイストリーシェフが友人と共同でブルックリンにオープン。味噌など個性的なフレーバーが充実しているのも特徴。

Map 別冊P.29-D1 ▶ ウイリアムズバーグ

⌂40 River St. (bet. Grand & S. 1st Sts.) ☎1-718-387-4676 ◷13:00〜21:00 Card A.D.J.M.V. ⊖地下鉄®線Bedford Avより徒歩約13分 URL www.oddfellowsnyc.com

---

G

おなじみの味の進化系
Taiyaki NYC
タイヤキ NYC

日本のたい焼きから生まれたニューヨーク生まれのスイーツ。店内で焼かれたたい焼き形ワッフルにソフトクリームをオン！

Map 別冊P.29-D2 ▶ ウイリアムズバーグ

⌂294 Bedford Ave. (near Grand St.) ☎1-917-909-1856 ◷13:00〜22:00（土・日12:00〜）Card A.D.J.M.V. ⊖地下鉄®線Bedford Avより徒歩約6分 URL taiyakinyc.com

---

食べ歩きのポイント！

ニューヨークのスイーツ店には紙ナプキンはもちろん常備してあるものの、食べるときに手がベトベトになることもあるので日本からウエットティッシュを持っていくと便利。また、最近の店では現金不可のところも多いので、スマホからクレジットカードで支払おう。

ブラックベリー
付き！

生地の中にも
ブルーベリーが
入ってる

Ⓓ レモン＆リコッタパンケーキ
サラベスが誇る定番パンケー
キ。レモンの風味が強く、
すっきりした味わい。

$28

Ⓐ ブルーベリー・パンケーキ
トッピングだけでなく、生地
にもブルーベリーがぎっしり
練り込まれている。温かい
メープルバター付き。
$18

トッピングも楽しみ

PANCAKES

フルーツも
いっぱい！

パンケーキ？
NY2大

NYの定番朝
パンケーキ
人気店のシグネチャ

**Ⓒ ステラとミックスベリーの
パンケーキ**

ホイップは
プラス$3

Ⓑ リコッタ・パンケーキ
トッピングされている
ハニーコームバターが
絶品！ これ目当てに
通うファンも多い。

$20

we♥
パンケーキ！

©Eric Wolfinger

3枚重ねのパンケーキの上にラズベリーなど
のフルーツ、そしてヘーゼルナッツ・スプ
レッドのヌテラとホイップをオン！
$26

Ⓐ
パンケーキといえばココ
**クリントン・ストリート・ベーキング・
カンパニー＆レストラン**
Clinton Street Baking Co. & Restaurant
ニューヨーカー絶賛の人気店。

Map 別冊P.9-D1
ロウアー・イースト・サイド

🏠4 Clinton St. (bet. E. Houston &
Stanton Sts.) ☎1-646-602-6263
🕐ブランチ月〜金9:00〜16:00、ディ
ナー水〜土17:30〜22:00、日9:00
〜16:00 CardA.D.J.M.V. 🚇地下
鉄Ⓕ線2 Avより徒歩約7分 URLclin
tonstreetbaking.com ★パンケーキは
営業時間中いつでもオーダー可

Ⓑ
ブルックリンの有名店
ファイブ・リーブス
Five Leaves
俳優の故ヒース・レジャーが
出資したことで知られる。

Map 別冊P.29-C3
グリーンポイント

🏠18 Bedford Ave. (bet.
Lorimer St. & Nassau Ave.)
☎1-718-383-5345 🕐毎日
8:00〜23:00 CardA.D.J.M.V.
🚇地下鉄Ⓖ線Nassau Avよ
り徒歩約1分 URLfiveleaves
ny.com ★パンケーキは8:00〜
15:30（朝食＆ブランチ）のみ

Ⓒ
人気アメリカンダイナー
バビーズ
Bubby's
卵料理など昔ながらのアメ
リカ家庭料理を提供。

Map 別冊P.8-B2
トライベッカ

🏠120 Hudson St. (at N.
Moore St.) ☎1-212-219-
0666 🕐毎日8:00〜22:00
CardA.D.J.M.V. 🚇地下鉄①
Franklin Stより徒歩約2分
URLwww.bubbys.com
★エッグ・ベネディクトは8:00〜
16:00（朝食＆ブランチ）のみ

Ⓓ
NYの朝食の女王
**サラベス・セントラル
パーク・サウス**
Sarabeth's Central Park South
マンハッタンに6店舗展開。

Map 別冊P.19-D2
ミッドタウン・ウエスト

🏠40 Central Park S. (bet. 5th & 6
th Aves.) ☎1-212-826-5959 🕐
月〜土8:00〜22:00、日8:00〜21:00
CardA.D.J.M.V. 🚇地下鉄NⓇW
線5 Av-59 Stより徒歩約1分 URL
sarabethsrestaurants.com
★エッグ・ベネディクトは8:00〜15:30
（土・日）のみ

Ⓔ
おしゃれな中東料理
カフェ・モガドール
Cafe Mogador
ブルックリンの超人気店。温
室のような裏庭もおしゃれ。

Map 別冊P.29-C2
ウイリアムズバーグ

🏠133 Wythe Ave.(bet. N. 7th &
N. 8th Sts.) ☎1-718-486-9222
🕐10:00〜23:00（金・土）
24:00）CardA.D.J.M.V. 🚇地
下鉄Ⓛ線Bedford Avより徒歩約4
分 URLwww.cafemogador.
com ★エッグ・ベネディクトは土・
日10:00〜16:00のブランチのみ

まん丸でキュート！

こちらもオススメ！

フレンチトースト
朝食の限定メニュー。NY州産メープルシロップを使用。
$16

Ⓔ

Ⓓ
クラシック・エッグ・ベネディクト
半熟卵とオランデーズソースが絶妙なハーモニー。朝食の女王にふさわしい上品な味。
$28

NY発祥の卵料理！

EGGS BENEDICT

エッグベネディクト？
朝食対決！

ニューといえば、ッグベネディクト。ィッシュを食べ比べてみよう！

こちらもオススメ！

Ⓒ
エッグ・ベネディクト
たっぷりのオランデーズソース＋とろとろ半熟卵がクリーミーでまろやか。
$26

Ⓒ
バビーズ・ブレックファスト
卵、ポテト、ベーコン、パンで朝から元気に！
$24

大行列ができる週末の限定メニュー

スタンダードな逸品！

Ⓔ
エッグ・ベネディクト
週末のブランチのみで提供されポテトとサラダ、飲み物付きでこの値段。ピリ辛ソースのモロッコ風もある。
$18

パンケーキ？エッグベネディクト？

ほかにもCHECK！

あのシェイク・シャックに限定朝食メニューが！
シェイク・シャック
Shake Shack
朝食はグランド・セントラル店とJFK店など市内4店で提供。

4店舗限定！

Map 別冊P.20-A3
ミッドタウン・イースト

🏠89 E. 42nd St.,Grand Central Terminal Lower Level Dining Concourse ☎1-646-517-5804
🕐7:30〜23:30 ※朝食メニューは7:30〜12:00（土・日8:00〜）のみ Card A.D.J.M.V. Ⓢ地下鉄
Ⓢ④⑤⑥⑦線Grand Central-42 Stより徒歩すぐ
URLwww.shakeshack.co

ソーセージ・エッグ＆チーズ$.5.29。ドリップ コーヒー$2.49

フレンチトーストもあなどれない！
コミュニティ・フード＆ジュース
Community Food & Juice
ブリオッシュを使うのが特徴。

ほんのり甘い！

Map 別冊P.22-B1
モーニングサイド・ハイツ

🏠2893 Broadway（bet. 112th & 113th Sts）
☎1-212-665-2800
🕐9:00〜15:30、16:00〜21:00
Card A.D.J.M.V. Ⓢ地下鉄①線Cathedral Pkwy（110 St）より徒歩約3分
URLwww.communityrestaurant.com

ブリオッシュのフレンチトーストは温かいメープルバター添え$18

コミュニティ・フード＆ジュースは、クリントン・ストリート・ベーキング〜と系列店なので、こちらでもパンケーキが味わえる。

Photo Courtesy of William Brinson

aruco調査隊が行く!!①

並んでも食べるべき 話題のグルメバーガー！

滞在中一度はかぶりつきたい本場のハンバーガー。取材スタッフがジューシーなこだわりバーガーを実食調査！

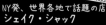

Photo: Peter Mackis

A
NY発、世界各地で話題の店
シェイク・シャック
Shake Shack

スターシェフ、ダニー・メイヤーによる有名ハンバーガー店。デザートのフローズン・カスタードも人気。

Map 別冊P.15-C1 ミッドタウン・ウエスト

🏠691 8th Ave. (bet. 43rd & 44th Sts.)
☎1-646-435-0135 Card A.D.J.M.V. 毎日10:30～24:00 地下鉄Ⓐ©Ⓔ線42 St-Port Authority Bus Terminalより徒歩約2分 URL shakeshack.com

B
穴場！ステーキ専門店の味
ピーター・ルーガー・ステーキ・ハウス
Peter Luger Steakhouse

ブルックリンにある1887年創業の老舗ステーキハウス。ハンバーガーはランチタイム（～15:45）のみの限定メニュー。

DATA → P.85

C
ミルクシェイクだけじゃない！
ブラック・タップ・クラフト・バーガー＆ビア
Black Tap Craft Burgers & Beer

SNS映えなメガ盛りミルクシェイクが大人気のお店。実はダイナーなので、一緒に食べたい！

Map 別冊P.8-B2 ソーホー

🏠529 Broome St. (bet. Sullivan & Thompson Sts.) ☎1-917-639-3089 ⏰11:00～22:00 (金・土～24:00) Card A.D.J.M.V. 地下鉄©Ⓔ線Spring Stより徒歩約3分 URL blacktap.com

D
まさに隠れ家……？
バーガー・ジョイント
Burger Joint

トンプソン・セントラルパーク・ホテルのロビー横にある人気店。ニューヨーカーの間では隠れスポットとして愛されている。

Map 別冊P.19-D2 ミッドタウン・ウエスト

🏠119 W. 56th St. (bet. 6th & 7th Aves.) ☎1-212-708-7414 毎日11:00～22:00 Card A.D.J.M.V. 地下鉄Ⓕ線57 Stより徒歩約3分 URL www.burgerjointny.com

E **ブルックリンが誇る名店**
デュモン・バーガー
DuMont Burger
アメリカ南部の家庭料理がテーマ。話題のバーガーはもちろん、ドーナツとマック（マカロニ）＆チーズもぜひ。
Map 別冊P.29-D1 ウィリアムズバーグ
314 Bedford Ave.(bet. S.1st & S. 2nd Sts.) 1-718-384-6127 日〜木11:30〜23:00、金・土11:30〜翌1:00 Card A.D.J.M.V. 地下鉄Ⓛ線Bedford Av.より徒歩約7分 URL dumontburgerusa.com

F **老舗バーの有名バーガー**
コーナー・ビストロ
Corner Bistro
ニューヨーカーに愛され続けているローカル色たっぷりのお店。ビールとハンバーガーの組み合わせをぜひ！
Map 別冊P.11-C2 グリニッチ・ビレッジ
331 W. 4th St. (bet. Jane & 12th Sts.) 1-212-242-9502 日〜木11:30〜翌2:00、木〜土11:30〜翌4:00 Card A.D.J.M.V. 地下鉄ⒶⒸⒺⓁ線14 St-8 Av.より徒歩約3分 URL www.cornerbistrony.com

G **ロウアー・イーストの人気店**
ホーリー・カウ
Holy Cow
ハラル（イスラム教に則る食品）のファストフード店。次世代肉のインポッシブルバーガーやビーガンメニューも豊富。
Map 別冊P.9-D2 ロウアー・イースト・サイド
34 Canal St. (near Division St.) 1-212-774-9446 11:00〜翌1:00（金〜翌2:00、土12:00〜翌2:00、日12:00〜）Card A.D.J.M.V. 地下鉄Ⓕ線East Broadwayより徒歩約1分 URL www.holycow.nyc

H **肉汁あふれる大迫力**
ファイブ・ナプキン・バーガー
5 Napkin Burger
「ナプキンが5枚必要なくらい肉汁たっぷりでジューシー」というのが店名の由来。ボリューム満点のバーガー類がある。
Map 別冊P.14-B1 ミッドタウン・ウエスト
630 9th Ave. (at 45th St.) 1-212-757-2277 10:00〜23:30（日〜火〜22:30）Card A.D.J.M.V. 地下鉄ⒶⒸⒺ線42 St-Port Authority Bus terminalより徒歩約1分 URL www.5napkinburger.com

シェイク・シャックは、ダンボ Map 別冊P.27-C1 アッパー・ウエスト・サイド Map 別冊P.22-B2 などにも支店あり。

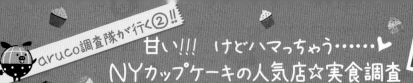

甘い!!! けどハマっちゃう……♥
NYカップケーキの人気店☆実食調査

スイーツ大好き編集女子たちがNYで評判のカップケーキを実食☆
ガチ甘バトルに勝った、最強のおすすめカップケーキはこれ!

わたしはバニラ派かな

西海岸発のチェーン店
スプリンクルス Sprinkles
全米展開するカップケーキ店。24時間カップケーキが購入できるATMを併設しているのも話題。

Map 別冊P.20-B1 アッパー・イースト・サイド

🏠780 Lexington Ave. (bet. 60th & 61st Sts.)
☎1-212-207-8375 ⏰10:00〜20:00 (金・土〜21:00)
Card A.D.J.M.V. 🚇地下鉄④⑤⑥線59 Stより徒歩約3分
URL sprinkles.com

1位
レッド・ベルベット
Red Velvet

ふわふわ生地にほどよい甘味の
アイシングがマッチ。
$5

ダーク・チョコレート
Dark Chocolate

チョコレート生地の上に
ベルギー産のリッチなチョコをのせて。
$5

クリーム・ブリュレ
Crème brûlée

カップケーキの中には
とろ〜リカスタードクリームがイン☆
$3.90

2位
ピーチ・コブラー・カップケーキ
Peach Cobbler Cupcake

甘いホイップと、上にのった黄桃の
甘酸っぱさがマッチ!
$3.90

店内もかわいらしい☆
モリーズ・カップケイクス
Molly's Cupcakes
シカゴ発のカップケーキ・カフェ。フィリング入りのケーキは食べてからのお楽しみ。

Map 別冊P.11-C3 グリニッチ・ビレッジ

🏠228 Bleecker St. (bet. Carmine & Downing Sts.)
☎1-212-414-2253 ⏰10:00〜21:00
Card A.D.J.M.V. 🚇地下鉄ABCDEFM線W 4 Stより
徒歩約4分 **URL** www.mollyscupcakes.com

ビーガンのために手作りする
エリン・マッケンナズベーカリー
Erin Mckenna's Bakery
卵やバターなど動物性素材を使わずに作られたビーガン向け。素朴な甘味を味わって。

Map 別冊P.9-D1 ロウアー・イースト・サイド

🏠248 Broome St. (bet. Orchard & Ludlow Sts.)
☎1-212-677-5047 ⏰日〜火10:00〜18:00、水〜土
10:00〜20:00 **Card** A.D.J.M.V. 🚇地下鉄線FJMZ
線Delancey St/Essex Stより徒歩約3分
URL www.erinmckennasbakery.com

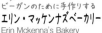

スペルト・レモン・カップケーキ
Spelt Lemon Cupcake

フレッシュレモンの
さわやかな酸味が新鮮な味わい。
$6.95

3位
スペルト・キャロット・カップケーキ
Spelt Carrot Cupcake

ニンジン入りスペルト粉の生地が
優しい甘味で食べやすい。
$6.95

✉ マグノリア・ベーカリーはデパートのブルーミングデールズ **Map** 別冊P.20-B1 にもあるので買い物ついでに寄れる!（大阪府・梨里）

チョコレート
Chocolate

チョコ生地のスポンジにリッチなダークチョコをのせて。チョコ好きにおすすめ♪
$4.50

チョコレート・ミントチップ・
Chocolate Mint Chip

チョコレートにミントフレーバーのクリームが奏でるハーモニーを楽しんで！
$5

チェルシーのかわいいベーカリー
ビリーズ・ベーカリー
Billy's Bakery

ていねいに作られた美しいカップケーキが特徴。他店にはないフレーバーも人気の秘訣。

Map 別冊P.10-B1 チェルシー

🏠184 9th Ave.（bet. 21st & 22nd Sts.）
☎1-212- 647-9406 🕘9:00～23:00（日・月～21:00、火・水～22:00）Card A.D.J.M.V. 🚇地下鉄Ⓐ©Ⓔ線23 Stより徒歩約4分
URL billysbakerynyc.com

NYカップケーキの人気店☆実食調査

シーズン限定ケーキが人気
ベイクド・バイ・メリッサ
Baked by Melissa

直径3cmほどのプチサイズのカップケーキが並ぶ専門店。どれもカラフルでかわいくて選べないほど！

Map 別冊P.11-D2 イースト・ビレッジ

🏠7 E. 14th St.（bet. University Pl. & 5th Ave.）
☎1-212-842-0220 🕘月～水・日11:00～21:00、木～土10:00～21:00 Card A.D.J.M.V. 🚇地下鉄ⒷⓃⓆⓇⓌ④⑤⑥線14St-Union Sqより徒歩約2分 URL www.bakedbymelissa.com

ミント・クッキー
Mint Cookie

ミントのケーキにミントクッキー＆クリームのアイシングとミントづくし！
$2

レッド・ベルベット
Red Velvet

ニューヨーカーに一番人気のレッドベルベット。クリームチーズと赤いシュガーがマッチ。
$2

ベリー・バニラ
Very Vanilla

バニラケーキにバニラメレンゲバターのクリームをかわいくオン！
$4.25

ソルテッド・キャラメル
Salted Caramel

大人味のビターなガナッシュに塩キャラメルがおいしい。
$4.25

濃厚な味を求めるならここ
エンパイア・ケーキ
Empire Cake

アメリカンな焼き菓子が堪能できるベーカリー。クッキーやブラウニーも要チェック！

Map 別冊P.11-C1 チェルシー

🏠112 8th Ave.（bet. 15th & 16th Sts.）☎1-212-242-5858
🕘月～水9:00～21:00、木・金9:00～22:00、土10:00～22:00、日11:00～21:00 Card A.D.J.M.V. 🚇地下鉄線Ⓐ©Ⓔ線14 St-8 Avより徒歩すぐ URL www.empirecake.com

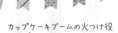

カップケーキブームの火つけ役
マグノリア・ベーカリー
Magnolia Bakery

人気ドラマ『SATC』に登場で一大ブームに。NY＝カップケーキというイメージを発信した。

Map 別冊P.11-C2 グリニッチ・ビレッジ

🏠401 Bleecker St.（at 11th St.）☎1-212-462-2572
🕘9:30～22:00（金・土～23:00）Card A.D.J.M.V.
🚇地下鉄線①線Christpher St-Sheridan Sqより徒歩約6分
URL www.magnoliabakery.com

チョコケーキ＋チョコ・フロスティング
Chocolate Cake with Chocolate Frosting

チョコレートが濃厚まったりで食べ応えバッチリ。
$4.15

バニラケーキ＋バニラ・フロスティング
Vanilla Cake with Vanilla Frosting

正統派のクラシック・フレーバーは糖度300%!?の爆発感！
$4.15

メニューでよく見る「レッド・ベルベット」は、ココアなどで赤く着色したスポンジのこと。白いクリームチーズと合わせるのが一般的。

ニューヨークのうまうまチーズケーキ

濃厚でボリューミーなのが特徴的なNYスタイルのチーズケーキ。
名店もたくさんあり、どこも個性的でスタイルや味わいは異なるもの。
そこで、編集スタッフがそれぞれを食べ比べ！　どこがお気に入りかな？

チーズケーキ
最高！

あっさりな味わい
食感はまるでシフォンケーキ！

シングルサイズがうれしい
ニューヨーカーのお気に入り！

直径 7 cm

シュワシュワ感が
いい感じ！

高さ
5.5
cm

$4.95

プレーン・チーズケーキ

直径 7 cm

1度は
食べなきゃ

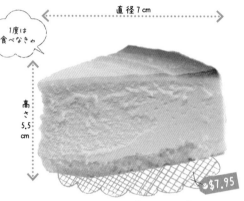

高さ
5.5
cm

$7.95

アワ・フェイマスNo.1オリジナル・チーズケーキ

---

cheesecake data

濃厚さ……★★

チーズの味わい
あっさりめの味わい。基本のクリームチーズのほか、リコッタチーズが多め。

イートイン…… ok

口の中でプシュ〜ッとはじける軽やかさがクセになる。後味もさっぱり、思わずふたつめに手が伸びそうな軽い食感がいい。

ノリータのチーズケーキ専門店
アイリーンズ・スペシャル・チーズケーキ
Eileen's Special Cheesecake

1976年以来、アイリーンさん夫婦が経営する小さな店。NYでは珍しい独特の軽い食感で一躍有名に。

Map 別冊P.9-C1　ノリータ

🏠17 Cleveland Pl. (near Kenmare St.)　☎1-212-966-5585
🕐11:00〜19:00（金・土〜20:00）
💰$4〜　**Card** A.D.J.M.V.　🚇地下鉄⑥線Spring Stより徒歩約1分
URLwww.eileenscheesecake.com

---

cheesecake data

濃厚さ……★★★★

チーズの味わい
クリーミーでコクのあるチーズ味。もったり＆しっかり感がまさにNYスタイル。

イートイン…… ok

ずっしりと重みを感じる見た目にワクワク♡濃厚ながらも甘さ控えめで食べやすい！量が多いのでシェアか持ち帰りがベター。

NYチーズケーキの代名詞？
ジュニアズ
Junior's

ブルックリンが本店の人気ダイナー。チーズケーキが有名でストロベリーやチョコなど、フレーバーも豊富。

Map 別冊P.19-C3　ミッドタウン・ウエスト

🏠1626 Broadway (at 49th St.)　☎1-212-365-5900
🕐7:00〜23:00（火〜木〜24:00、金・土〜翌1:00）
Card A.D.J.M.V.　🚇地下鉄ⓃⓇⓌ線49 Stより徒歩約3分
URLwww.juniorscheesecake.com

  ジュニアズのFresh Strawberry Cheese Pieもおいしいよ。試してみて！（静岡県・かおり）

コーヒーと相性バツグン！

どこのチーズケーキが好き？

オレはね…

ニューヨークでチーズケーキが名物になったワケ

1920年頃ヨーロッパ系移民により広まったというチーズケーキ。なぜその風味になったのかは不明だけど、濃厚なベイクドスタイルがNY流。どこがオリジナルかという論争は尽きることなく、その独自のおいしさが長い間人々を惹きつけています！

人気4店のイチオシを食べ比べ！

ニューヨークのうまうまチーズケーキ

スムース&クリーミー！かわいくて上質なケーキ

パンチの効いた生地に根強いファンが多い老舗の味

直径6.5cm

上にフロスティングがオン♪

高さ3.8cm

小ぶりだけど味は横綱級！

直径6.8cm

高さ4cm

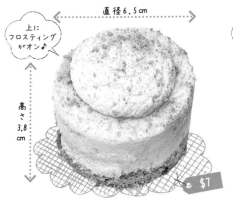

$7

CHEESECAKE

$6

チーズケーキ

NYスタイル・チーズケーキ

cheesecake data

濃厚さ……★★

チーズの味わい
リコッタとサワークリームが多めで、濃厚ながらまろやかな味わい。

イートイン **ok**

こっくりとしたクリームチーズのコクが生食感で口の中いっぱいに広がる。マグノリアらしく見た目もかわいい！

カップケーキでおなじみのベーカリー

マグノリア・ベーカリー
Magnolia Bakery

カップケーキで有名なアメリカン・スイーツのお店。チーズケーキも隠れた人気メニューであなどれないおいしさ。NY市内に多数支店あり。

DATA → P.73

cheesecake data

濃厚さ……★★★★★

チーズの味わい
バターっぽいコクとどっしり感が共存。これぞ間違いなくチーズ比率50%強！

イートイン **ok**

どっしりとした生地がまさにアメリカン・スイーツ。パンチの効いた甘さと濃厚なチーズ風味を楽しみたい人におすすめ。

イースト・ビレッジの老舗

ベニーロズ
Veniero's

創業1894年の老舗イタリアン・カフェ。持ち帰るなら、レジそばのチケットをもらってから列に並ぼう。

Map 別冊P.12-B2 イースト・ビレッジ

🏠342 E. 11th St. (bet. 1st & 2nd Aves.) ☎1-212-674-7264
🕐日〜木8:00〜22:00、金・土8:00〜23:00
💲$4〜 Card A.D.J.M.V. 🚇地下鉄1線1 Avより徒歩約4分
URL venieros.com

お好みの量を選べるよ

サラダバーは希少価値大！

Whole Foods Market

量り売りのサラダバー（1パウンド＝約453gで$13.99）は旅行者の強い味方。温かいもの、冷たいもの、肉も野菜もあり、食べたいものを好きなだけ食べられる。　→P.34

menu

① Mac'n Cheese
Roasted Sweet Potatos
Baby Leaf Saladなど
$19.15（量り売り）

② Mushroom Barley
Soup $4.99

③ Strawberry Peach Mint
Kombucha $2.79

① サラダバーから好きなだけ盛りつける

マッシュルームと大麦が入ったスープ。自分で注ぐのでたっぷりと！ ②

オーガニックのコンブチャ（発酵ドリンク） ③

カトラリー・コーナーに置かれている無料のケチャップ、マスタード、マヨネーズ！

TOTAL $26.93

コスパ優秀でひとりごはんにもおすすめ！
スーパーのグルメなお総菜大集合！

外食が高いニューヨークでは、スーパーやグルメストアで気になるお総菜を買い込んで、お部屋でまったり過ごすのもいいね！

PB商品はコスパ最高！

Trader Joe's

温かいお総菜はないがサラダならパック売りあり。冷凍食品が豊富なので温められる環境ならぜひ。スナックや飲み物も手に入れよう。　→P.35

ホウレンソウやトマトなどが入ったビーガン対応のサラダ ①

ベーグルでおなじみのEverythingシーズニングのチップス ⑤

③ 個包装になっているから便利に使えるチーズ

レーズンがいいアクセント

menu

① Super Spinach
Salad $3.99

② Strawberry Cider $1.84

③ Babybel Cheese $3.69

④ Shot Juice 各$1.99

⑤ Potato Chips$1.84

かわいいパッケージのアルコール飲料、サイダー ②

美容と健康にいいショットジュースは朝食に！ ④

TOTAL $13.35

ひとりのとき、よくホールフーズのサラダバーを利用します。取りすぎるとけっこう割高です！（東京都・りん）

ゼイバーズ

Zabar's

コーシャーフードを多く扱うグルメストア。あらかじめパックされたサラダやパスタがおすすめ。ショーケースの量り売りのお総菜もお忘れなく。 →P.32

ひよこ豆のコロッケサラダ。① パンに挟んで食べるのも◎

コーシャーフードの代表ともいえるベーグル ②

③ 量り売りのスモークサーモンはクオーター(1/4)パウンドをオーダー

スーパーのグルメなお総菜大集合!

Check! 商品を買うと15¢で購入できるバッグ

menu
① Falafel Salad $7.99
② Plain Bagel 95¢
③ Smoke Salmon $6.99
④ Bottled Water $1.49
⑤ Pickles $1.85
　（1本購入）

TOTAL $17.42

パック詰めフードが豊富

④ NYでポピュラーな水Poland Springをチョイス

ピクルスも量り売り!この量で$12.98 ⑤

トマトソースのペンネ。トマトが染みわたって美味 ①

ボリュームがあって満足感あり!

ひよこ豆など3種類の豆がミックスされたサラダ。ほくほくした食感 ②

旅行中はビタミン不足になりがち。イチゴで補給して ③

老舗スーパーのお惣菜

フェアウェイ

Fairway

野菜や肉&魚をはじめ生鮮食品が中心のスーパー。奥に量り売りのサラダバーがあり、持ち帰り可能。 →P.36

menu
① Penne Pasta $15.46
② Beans Salad $7.75
③ Strawberry $3.75

TOTAL $26.96

ターゲット

Target

生鮮食料品の取り扱いは少ないスーパーだが、フルーツやヨーグルトなら手に入る。 →P.35

menu
① Mexican Salad $4.69
② Chobani Yogurt $1.59
③ Banana 87¢
④ Apple 69¢

TOTAL $7.84

Check! ターゲットのレジ袋。マチがあるので便利。有料

朝食メニューならおまかせ

チョバーニのヨーグルトはピーチをチョイス ②

③

ロメインレタスにコーンやトルティーヤチップスをのせて ①

④

街歩きに疲れたら……
ニューヨーカーを気取って
コーヒーでまった〜り

コーヒー好きが多いNYでは個性派カフェが続々オープン中。街歩きに疲れたらニューヨーカー御用達のとびっきりの空間で、ゆったりまったりくつろいで♪

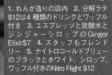

1. れんが造りの店内　2. 分解ラテ $12は4種類のドリンクとワッフル付き　3. エスプレッソと炭酸水とジンジャーシロップの Ginger Elixir$7　4. スタッフもフレンドリー　5. ナイトロコールドブリューのブラックとホワイト、シロップ、ワッフル付きのNitro Flight $12

これが人気の
分解するラテ！

DE-CONSTRUCTED LATTE

① まずエスプレッソ、そしてミルクをひと口ずつ味わう。

② その後、完成形のラテ（いちばん右）を楽しむ。

③ ワッフルを食べ炭酸水でお口直し。これを繰り返す。

MUST!

ユニークな進化系
コーヒーが勢揃い！

COFFEE PROJECT

コーヒープロジェクト

窒素入りの水出しコーヒー、ナイトロコールドブリューや超高級抽出機で入れたコーヒーなど近未来的なメニューが話題。分解ラテはマスト！

Map 別冊 P.12-B3

イースト・ビレッジ

🏠 239 E. 5th St. (near 2nd Ave.)　📞 1-212-228-7888
🕐 月〜金7:30〜17:00、土・日8:00〜17:30　💳 A.D.J.M.V.
🚇 地下鉄⑥線Astor Plより徒歩約6分　🌐 coffeeprojectny.com

まろやかで
クリーミーな味わい！

✉ コーヒープロジェクトはブルックリンのフォートグリーンにも支店があります！（東京都・剛）

倉庫をリノベした
イマドキ空間！

DEVOCIÓN
デヴォシオン

ブルックリンのヒップスターが集うカフェは焙煎所を併設し、コロンビア産の豆を使った絶品コーヒーをサーブ。

フルーツティー
Aromaticaも
試してみて♪

〈MUST!〉

エスプレッソとミルクが絶妙なラテ $5.50

おなじみエスプレッソ系はもちろん、ドリップコーヒーやプアオーバーも楽しめる

Map 別冊P.29-D1
ウイリアムズバーグ

🏠69 Grand St. (at Wythe Ave.) ☎1-718-285-6180 🕐8:00〜19:00 Card A.D.J.M.V. 🚇地下鉄Ⓛ線Bedford Avより徒歩約10分 URL www.devocion.com

プッシュウィック発の
アートなカフェ

VARIETY COFFEE ROASTERS
ヴァラエティ・コーヒー・ロースターズ

アーティストが多く住むエリアでスタートし現在5店舗を展開。メトロポリタン美術館の近くなので寄り道にgood！

Map 別冊P.24-B1　アッパー・イースト・サイド

🏠1269 Lexington Ave. (bet. 85th & 86th Sts.) ☎1-212-289-2104 🕐7:00〜21:00 Card A.D.J.M.V. 🚇地下鉄④⑤⑥線86 Stより徒歩約1分 URL varietycoffeeroasters.com

自家焙煎豆を使っていねいに入れられるラテ $4.50は濃厚な味わい

ハウスコーヒーは $3〜。
クッキーやマフィンも

マグも人気！

MUST!

ニューヨーカーを気取ってコーヒーでまった〜り

HUTCH & WALDO CAFE
ハッチ & ワルド・カフェ

必ずオーダーしたいのがオリジナル焙煎のコーヒー。深い香りと味わいは、コーヒー通をうならせるクオリティ。

MUST!

フレンチブルドッグのシルエットが目印。コーヒーにぴったりな軽食も

Map 別冊P.24-B1
アッパー・イースト・サイド

🏠247 E. 81st St. (near 2nd Ave.) ☎1-347-853-8313 🕐7:00〜16:00 Card A.D.J.M.V. 🚇地下鉄④⑤⑥線86 Stより徒歩約4分 URL hutchandwaldo.com

早く安くが
モットー！

コーヒーは
$3.75〜

BLANK STREET COFFEE
ブランク・ストリート・コーヒー

ニューヨーク大学とコロンビア大学に通うふたりの学生のアイデアから生まれたNY初のコーヒーベンチャー。市内に続々と店舗が増えている。

市内に続々
オープン

学生でもおいしいコーヒーが飲めるようにと価格も抑えている。ラテ $4.25〜

Map 別冊P.8-B1　ソーホー

🏠181 Prince St. (bet. Sullivan & Thompson Sts.) 🕐7:00〜18:00 Card A.D.J.M.V. 🚇地下鉄ⒸⒺSpring Stより徒歩約3分 URL blankstreet.com

MUST!

BLANK STREET

How to order
Sweetgreenの
オーダー方法

お気に入りの具材でサラダをつくるなら、こちらを参考にオーダーを

1 ベースのグリーン野菜を選ぶ

アルグラ（ルッコラ）、メスクラン、ケール、ベビースピナッチ、ロメインレタスなど、基本のグリーンをチョイス。

2 中身（トッピング）を選ぶ

トマトやコーンなど定番の野菜のほか、チキンやアボカド、ゆで卵などさまざま。自分の好きなものを選ぼう。

3 ドレッシングを選ぶ

レモンの絞り汁やオリーブオイル、バルサミックビネガーなどのシンプル系からクリーム系までとにかく多数。

4 お会計

サラダが完成したら会計へ。飲み物などもここでオーダーを。

サッと食べられてボリューム満点。

Salad Bowl

ランチにもディナーにもおすすめ！

Bread
もっちり食感の焼きたてパンをプラスして！

Roasted Chicken
カロリー控えめの胸肉を食べやすくカット

Shredded Kale
β-カロテン豊富なケールをベースに

Tomato
真っ赤な完熟のプチトマトで彩りもばっちり

ここがオススメ すべての素材をまとめるクリーミーなドレッシングがおいしい〜

KALE CAESAR SALAD
クセがなく食べやすいと定番人気のケール・シーザー・サラダ。初心者におすすめ。
$12.95

Shaved Parmesan
粗く削ったざっくりパルミジャーノ・チーズ

Parmesan Crisp
チーズスナックのようなサクサク食感がいい

ヘルシーで、おいしい♡旅の味方。

イートインが可能な店舗がほとんテイクアウトして、宿や公園

こちらもCHECK！ サラダと一緒にレモン・フレスカ$3もオーダーを！

おしゃれなサラダ専門店

Sweetgreen
スイートグリーン

ローカル＆オーガニックの素材を使用。中身が決まったサラダのほか、好きな具をカスタマイズできるMake Your Ownもおすすめ。

Map 別冊P.15-D3　グラマシー

🏠1164 Broadway (at W. 28th St.)　☎1-646-449-8884　🕙10:30〜22:00　Card A.D.J.M.V.　地下鉄Ⓡ Ⓦ線28 Stより徒歩約2分　URL sweetgreen.com

✉ カスタムオーダーが初めてなら、お店のプレートから選んだほうがハズレがないかも！（京都府・ぼーちゃん）

DIG ディグ

提携農家から仕入れる旬な食材を使った惣菜がファストフードスタイルでリーズナブルに楽しめる。カスタムオーダーで自分好みのプレートをつくるもよし、メニューにある組み合わせからチョイスするもよし。

Map 別冊P.20-B2　ミッドタウン・イースト

🏠 709 Lexington Ave. (near 57th St.)
☎ 1-646-905-3166　🕐 11:00～21:00
🚇 地下鉄④⑤⑥線
59 Stより徒歩約3分
🔗 www.diginn.com

DIG.

ソースはガーリックアイオリ

日本のサツマイモのような味のヤムイモ　*Yam*

旅の味方、サラダボウル

ここがオススメ
チキンとブラウンライス、野菜のバランスが絶妙。ソースなしでもOK

Broccoli
グリルされてほんのり香ばしいブロッコリー

ボリューミーで、野菜たっぷりのサラダボウル

野菜不足になりがちな旅行中、どでゆっくり食べるのもいいね！

持ち帰りOKな店舗がほとんどだから便利 季節の野菜とアボカド、サンフラワーシード入りの定番サラダ

$11.48

HOUSE SALAD

ジンジャーレモネードとオープンウオーター

STILL WATER

CLASSIC DIG

カスタムが面倒ならPLATESメニューを選んで。ガーリック・アイオリのソース添え。

$13.09

Roasted Chicken
タンパク質とビタミンが豊富なチキンのロースト

Brown Rice
ベースは玄米かファッロかサラダから選べる

How to order
DIGのオーダー方法

1 メニューをチェック

MAKE YOURE OWN（カスタムオーダー）は、ファッロ（スペルト小麦）、玄米、グリーンサラダなど「BASE」から1品、野菜やマック＆チーズなどの「MARKET SIDE」から2品、肉、魚、トーフなどの「MAIN」から1品選ぶ（または3品目のSIDEでも可）。好みでドレッシングも選ぶ（2種まで料金に込み）。決めるのが面倒ならあらかじめ内容が決まったPLATESやSALADSメニューから選ぼう。

2 列に並ぶ

ミッドタウンなどのオフィス街では12:00前後のランチタイムだと混雑で長蛇の列になることも。

3 オーダーする

口頭や指さしなどで注文。メインによって料金が異なり、2023年11月現在$10.79～14.24。内容は季節により異なる。

4 受け取り＆会計

イートイン（FOR HEREまたはSTAY HERE）なら受け取り、持ち帰り（TO GO）なら袋に入れてもらう。

両店ともそのときどきの旬な素材を使用しているので、季節によりメニューが変更になる。ランチタイムは大混雑！

至福の味をちょっぴりお得に♡
スターシェフが手がける憧れレストラン

NY滞在中、一度くらいはステキなレストランで優雅に食事したいもの。おなじみスターシェフのお店を選べばハズレなし！

これおいし〜

What is スターシェフ
アーティスティックで完成度の高い料理をクリエイトしている一流シェフのこと。そのレストランの顔となる存在。

ダニー・メイヤー
Danny Mayer
シェフではないがレストラン経営者として世界的に有名。Union Square Hospitality Groupの創設者兼会長。シェイクシャックも手がけた。

ニューヨーカー人気No.1
Gramercy Tavern
グラマシー・タバーン

1994年のオープン以来、絶大に支持されている名店。日本とフランスで経験を積んだシェフの絶品モダン・アメリカンが楽しめる。

Map 別冊P.12-A1 グラマシー

🏠 42 E. 20th St. (bet. Park Ave. & Broadway)
📞 1-212-477-0777　⏰ ◎ダイニングルーム：11:30〜14:30、17:00〜21:00 (金・土〜21:30) タバーンエリア：11:30〜22:30　🚇地下鉄⑥⑥23 St.より徒歩約3分
💳 A.D.J.M.V.　URL gramercytavern.com

お得TIP
タバーンエリアなら予約不要。ダイニングルームより価格を抑えて前菜、メイン、デザートがいただける

1. フレッシュな素材を使った料理の数々はワインにもぴったり　2. 野菜がたっぷり入ったズッキーニのサラダ

Photos Courtesy of Francesco Spienza

シンプルなワンピースを1枚持っていると、ハイエンドなレストランに行くことになっても安心！（京都府・きょん）

Photos Courtesy Thomas Shauer, Michael Boni

植物に囲まれた緑豊かなオアシス空間では、シーフードにフォーカスしたメニューを提供。同ビルの1階にはブール一氏のカフェも入っている

緑豊かな都会のオアシス空間

Le Pavillon
ル・パビヨン

お得 TIP
火〜金曜のランチ2コース$78、3コース$95ならディナーよりおトク！

ガラス張りの展望台サミットが話題の超高層ビル、ワン・ヴァンダービルトの2階にフレンチの巨匠ダニエル・ブール一氏の新レストランがオープン。

Map 別冊P.16-A1 ミッドタウン・イースト

🏠One Vanderbilt Ave.（ワン・ヴァンダービルト内）☎1-212-622-1000 ●ランチ月〜金 11:45〜14:00、ディナー17:00〜23:30 🚇地下鉄各線 Grand Central-42 Stより徒歩約2分 💳A.D.J.M.V. 🔗lepavillonnyc.com

ダニエル・ブール
Daniel Boulud

フレンチをベースにニューヨークのエッセンスを盛り込んだ料理でミシュランを獲得。アメリカだけでなくカナダやイギリスなどにも店舗がある。

1. スイーツのシトロン・メイヤー・レモン
2. 彩り鮮やかなグリルド・ブラックシーバス
3. ローストされたビーツ

見た目も美しい菜食レストラン

abcV
エービーシーヴィー

ジャン・ジョルジュ初のベジタリアン・レストランは新鮮野菜にフォーカスしたクリエイティブなメニューが話題。インテリアもすてき。

Map 別冊P.12-A1 グラマシー

🏠38 E. 19th St.（bet. Broadway & Park Ave.）☎1-212-475-5829 ●月〜木8:00〜10:30、12:00〜15:00（土・日11:00〜）、17:00〜22:00（土〜17:30〜）🚇地下鉄ⓇⓌ線23 Stより徒歩約4分 💳A.D.J.M.V. 🔗www.jean-georges.com

ジャン・ジョルジュ
Jean-Georges

ミシュランやNYタイムズなどで星を獲得するフランス人シェフ。アジアのハーブやスパイスなどのエッセンスを加えたユニークな料理を生み出す。

お得 TIP
モダンフレンチの巨匠が手がけるカフェ感覚で気軽に楽しめる。

グリーン・チックピー・ハムス$23（右）とリッチ・ハニーナッツスクワッシュ・ディップ$22（左）
Photos Courtesy of abc V

1. みずみずしく透明感あふれるメロンのサラダ
2. クラウンシャイ・パティメルトのサンドイッチ

お得 TIP
ハッピーアワーを狙えばカクテルもトクに味わえる！だいたい17時〜。

ディナーでもメイン$26〜でミシュラン星獲得の味が味わえる。

モダン空間で絶品ディッシュ

Crown Shy
クラウンシャイ

ジェームズ・ケント
James Kent

イレブン・マディソン・パークなどNYの有名レストランで活躍。2017年にクラウンシャイをオープン。新世代のスターシェフとして注目される。

1932年建造の歴史的アールデコ調ビルの1階。世界中の料理からインスピレーションを得て作られる芸術的なフードはメディアも絶賛！

Map 別冊P.7-C2 ロウアー・マンハッタン

🏠70 Pine St.（bet. William & Pearl Sts.）☎1-212-517-1932 ●17:30〜23:30、土・日11:00〜14:00）🚇地下鉄②③線Wall Stより徒歩約3分 💳A.D.J.M.V. 🔗crownshy.nyc

歴史的建造物のインテリアもよい

Photos Courtesy of Rachel Vanni, Chris Payne, Evan Sung

NYのレストランでは、「すみませ〜ん」と大声でウエイター／ウエイトレスを呼ぶのはマナー違反。挙手するか目を合わせて合図しよう。

肉食女子なら、迷わずガブリ。
魅惑のポーターハウスステーキを食べ尽くす！

What's Porter house Steak?

アメリカに来たなら
一度は食べたいのがステーキ！
なかでも挑戦してみたいのはNYスタイルのポーターハウス。
みんなで一緒にわいわいつけば、
巨大なお肉も怖くない！

いただきまーす

ポーターハウスステーキって？

T字形の骨を境にストリップロイン（サーロイン）とテンダーロイン（ヒレ）の両方が楽しめる部位をTボーンという。このテンダーロインの部位が3分の1以上入っているものをポーターハウスステーキという。

Tボーン T-bone

T字形の骨を境にストリップロイン（サーロイン）とテンダーロイン（ヒレ）の両方を楽しめる部位。日本国内ではなかなかお目にかかれない。

サーロイン sirloin

背中のリブロースからモモに続く部分。きめが細かく軟らかな最高級部位。そのおいしさに、英国王が"サー（ナイト爵）"の称号を与えたとか。

テンダーロイン(ヒレ) tenderloin

腰肉の中央部にある脂肪に包まれたとっても軟らかい棒状の部位。1頭から取れる量がわずかな最高級部位。ヒレ、ヘレ、フィレともいう。

ペロリといけちゃいますよ

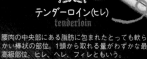

USDAって何？

米国農務省のこと。米国の牛肉はUSDAによって格付けされている。プライムは最上級クラス。

> **USDAプライムビーフ $141.90**
> ステーキ・フォー・トゥー
> 2人前36〜38オンス (1.02〜1.08kg)

アメリカで味わえる「ドライ・エイジド・ビーフ」

肉を適切な温度と湿度で管理して、一定期間（店により異なるが14〜40日間）熟成させたもの。肉の水分が抜け、風味が凝縮される。この香りとうま味はまさに本場の味！

パンもウマイ！

チョココインももらえる！

ピーター・ルーガーでステーキを食べ残したら、ウエーターさんが慣れた手つきで持ち帰り用に詰めてくれた。（東京都・優佳）

→P.70

ピーター・ルーガーを楽しむためのコツ

ランチハンバーガーも美味!

さすがステーキハウスが作るハンバーガー。ジューシーな肉汁がじわっと出て、ほかとはまったく違う。隠れた人気メニュー!
→P.70

残ったらテイクアウトもOK

ポーターハウスは2人前からオーダー可能。女性なら3名でシェアしてちょうど。残ったら持ち帰りしよう。よい肉は冷えてもおいしい♪

平日昼なら予約なしでもOK

ただし、少し早めに行くのが確実。ディナータイムは、マンハッタンからわざわざ専用車でやってくる人もいるので予約がおすすめ。

ウエーターさんに聞いた おすすめサイドメニュー

ウエーター歴7年 ベニーさん

オススメだよ!

スライスド・トマト&オニオンwith自家製ソース

ビーフトマトとタマネギをスライスしただけのシンプルな前菜。自家製ソースがマッチ。

$17.95

$8.95（1枚）

ルーガーズ・シズリング・ベーコン

ファン多数の自慢のシグネチャーメニュー。肉厚のベーコンがスモークされて香ばしい!

牛の形のチョコが トッピング♥

$17.95

クリームド・スピナッチ

たっぷりのほうれん草をクリーミーに仕上げた一品。ステーキのサイドとして活躍。

ルーガーズ・スペシャル"ホーリーカウ"ホットファッジ・サンデー

自家製のドイツ風ホイップクリーム"シュラッグ"がたっぷりトッピングされたサンデー。

$19.95

広々としたダイニングルームは、ランチ&ディナータイムともなるといつも満席に

使える! レストラン英会話

焼き加減はいかがなさいますか?
How would you like your steak cooked?

ミディアム（ミディアムレア、レア、ウェルダン）でお願いします。
I'd like my steak Medium (Medium-rare, Rare, Well-done), please.

創業1887年の老舗ステーキハウス

ピーター・ルーガー・ステーキ・ハウス
Peter Luger Steakhouse

ニューヨークにおけるポーターハウスステーキ・ブームの火つけ役。NYステーキの象徴でもある店。ブルックリンにありながらも多くの客が訪れ、名店として君臨する。

Map 別冊P.29-D1 ウイリアムズバーグ

⬥ 178 Broadway (near Driggs Ave.) ☎1-718-387-7400 🕐月〜木11:45〜21:45、金・土11:45〜22:45、日12:45〜21:45 Card不可 🎩望ましい ⬛カジュアル ⬤150 🚇地下鉄⑧⑩(M)(Z)線Marcy Avより徒歩約7分
URL peterluger.com

ほかにも見つけた!
ポーターハウスステーキのおいしいお店

日本にも上陸した有名店

ウルフギャングス・ステーキハウス・トライベッカ
Wolfgang's Steakhouse Tribeca

ピーター・ルーガーで40年以上ウエーターとして働いたウルフギャング氏がそのレシピを受け継いでオープンさせた。本店はパーク・アベニュー店。

Map 別冊P.8-A2 トライベッカ

⬥ 409 Greenwich St. (bet. Beach & Hubert Sts.) ほかにミッドタウンなど3店舗あり ☎1-212-925-0350 🕐日〜木12:00〜22:00、金・土12:00〜 Card A.D.J.M.V. 🎩ランチ、ディナーとも予約が望ましい ⬛カジュアル ⬤250 🚇地下鉄①線Franklin Stより徒歩約7分
URL wolfgangssteakhouse.net

優雅な時間が流れる

ポーター・ハウス・バー・アンド・グリル
Porter House Bar and Grill

店名のとおり、ポーターハウスステーキがいち押しメニュー。開放感ある空間が心地よい。席によっては、セントラルパークの景色が楽しめる。

Map 別冊P.19-C1 アッパー・ウエスト・サイド

⬥ 10 Columbus Circle, 4F (Time Warner Center内) ☎1-212-823-9500 🕐月17:00〜22:00、火〜土14:00〜14:30、17:00〜22:00、日12:00〜14:30 Card A.D.J.M.V. ⬛ドレスカジュアル ⬤250 🚇地下鉄(A)(B)(C)(D)①線59 St-Columbus Circleより徒歩すぐ URL porterhousenyc.com

---

ステーキハウスは、日本のように野菜などの付け合わせがセットになっていないのが普通。別にオーダーして!

ひとりでも！　みんなとわいわいでも！
NYでクラフトビールを飲んでハッピー♥

全米各地でますます人気のマイクロ・ブリューイング。
小規模生産の手作り地ビールは旅先でのお楽しみ。
NYでも小粒の優良ブリュワリーが増加中。
ぜひともご当地の味をぷは～っと堪能して♪

Beerは
やっぱり生！

ビールトーク
ン（5枚で20
ドル）を買う
とお得

醸造所に
行ってみよう！

Good!

造りたて
が最高

人気
NO.1
ビール

ロゴのデザインは、
I♥NYのミルトン・
グレイザー氏

ビール造りの街、ブルックリン
で創業当時からの人気のメ
ニュー。麦とホップをたっぷり
使用したウィーン・スタイルの
製法。麦芽の苦みとホップの香
りがさわやか。ビールの世界大
会でも金賞を受賞した。$4～

NY CRAFT BEER

NYのアイコン的地ビール
ブルックリン・ブリュワリー
Brooklyn Brewery

左／一般向けのツアーも人気。ビール片手にビール造り
を見学（ネットにて要予約）。右／夏場は特に混雑！

いわずと知れたNYを代表する知名度No.1の
地ビール。1988年に創業、NYにクラフト
ビール文化を浸透させた。まずは、定番銘
柄の「Lager」をどうぞ。

GOOD FOR
ONE BEER

Map 別冊P.29-C2 ウイリアムズバーグ

🏠79 N. 11th St. (bet. Wythe & Berry Sts.)
☎1-718-486-7422 🕐月・水16:00～21:00、
木16:00～22:00、金14:00～23:00、土12:00
～24:00、日12:00～20:00 ※1時間ごとに無料
見学ツアーあり 休火 🚇地下鉄Ⓛ線Bedford
Aveより徒歩約8分 🔗brooklynbrewery.com

部屋飲みにぴったり！
おしゃれなNYのビール

SNS映えするパッケージで
選ぶのも面白い！！

飲み
やすいよ！

香りも
いいよ！

ブルックリン・ブリュワリー ブルックリン・ラガー Brooklyn Brewery Brooklyn Lager	ブルックリン・ブリュワリー サマーエール Brooklyn Brewery Summer Ale	ダッチェス エールズG.B. ペールエール Dutchess Ales G.B. Pale Ale	ブロンクス・ブリュワリー スマイル・マイ・ガイ The Bronx Brewery Smile My Guy	グリム フラワー・リコメンド Grimm Flower Record
ブルックリン・ブ リュワリーで人気 No.1ビール	さっぱりとした夏 限定のビール。暑 い日にピッタリ！	アメリカとイギリ スのホップを使 用。さわやかで飲 みやすい	柑橘系のスッキリ とした香りが口いっ ぱいに広がり、つい 笑顔になる味	トロピカルなフルー ツのまろやかな甘さ が印象的
$2.99	$2.99	$4.59	$3.69	$5.69
ここで買える ホールフーズ、 ターゲットなど	ここで買える ホールフーズ、 ターゲットなど	ここで買える ホールフーズ、 デリなど	ここで買える ホールフーズ、トレー ダー・ジョーズ、デリなど	ここで買える ホールフーズ、ト レーダー・ジョー ズ、デリなど

  ブルックリン・ブリュワリーは基本的には醸造所なので、食べ物は売ってないけど、持ち込み可なので、ピザなどを持参しました♪（千葉県・なっしー）

地ビールが
すすめ！

豊富なセレクションが人気
ブラインド・タイガー Blind Tiger

地ビールをはじめ、豊富なクラフトビールを取り揃えるパブ。日中であれば、女性ひとりでもふらりと入店できる気軽さが魅力。

Map 別冊P.11-C3 グリニッチ・ビレッジ

🏠281 Bleecker St. (bet. Jones & Barrow Sts.)
☎1-212-462-4682 ●月〜金11:30〜16:00、土・日10:00〜16:00 Card A.D.J.M.V.
地下鉄AⒸⒺBⒹFⓂ線W 4 St-Wash Sqより徒歩約4分 URL www.blindtigeralehouse.com

昼夜ともに人通りの多いエリアにあるビレッジの人気パブ。ランチタイムが穴場

グリルドチーズとトマトスープのお供に地ビールを♪

取り扱いクラフトビール
シックス・ポイント、ブルックリン・ラガーなど、欧州のビールもあり

Happy Hour
月〜金11:30〜20:00

しっかり堪能してね！

国外のものであれば、チョコのようなコク深いギネスもオススメ

NYでクラフトビールを飲んでハッピー♡

LET'S GET DRUNK!
こんなところで飲めるよ！

フードホールにある！
トップ ホップス TOP HOPS BEER

ロウアー・イースト・サイドの人気店がエセックス・マーケットにもオープン。アメリカ東海岸のブリュワリーを中心にさまざまなタップビールが楽しめる。

Map 別冊P.9-D1
ロウアー・イースト・サイド

🏠88 Essex St. (at Delancey St.) ☎1-917-261-2561 ●11:00〜22:00（日〜18:00）Card A.D.J.M.V. 地下鉄FⓂⒿⓏ線Delancey St-Essex Stより徒歩すぐ
URL tophops.com

取り扱いクラフトビール
自家製のクラフトビールとカクテルが飲める

どの味がお気に入り？

4種類を飲み比べられるテイスティングセット、フライト$14

NY最古のビアガーデン

取り扱いクラフトビール
チェコやドイツなどの欧州クラフトビールが充実

Happy Hour
月〜金曜17:00〜19:00はピッチャーが$14に

番外編！ チェコ・ビールもうまいんです
ボヘミアン・ホール＆ビア・ガーデン
Bohemian Hall & Beer Garden

人気のクイーンズ区アストリアにあるチェコ・ビール専門の店。食事のおいしさと雰囲気のよさからビールファンのお気に入りに。

Map 別冊P.30-B アストリア

🏠29-19 24th Ave. Astoria, Queens (bet 29 & 31 Sts.) ☎1-718-274-4925 ●水木17:00〜23:00、金17:00〜24:00、土12:00〜翌1:00、日12:00〜22:00 ●月・火 ●ビール$7、ピッチャー$18 Card A.M.V. 地下鉄ⓃⓌ線Astoria-Ditmars Blvdより徒歩約5分 URL www.bohemianhall.com

ビール$7におつまみはソーセージ$9。夏は屋外でビール三昧！

Photos : Bohemian Hall & Beer Garden

LICビアー・プロジェクト
マイルス フロム ノウェア
LIC Beer Project
Miles From Nowhere

メロンとパパイヤの香りを感じる個性的な味。甘みのあるビール

$5.95

ここで買える
トレーダー・ジョーズ、デリなど

スリーズ・ブリューイング
タイニー・モントゴメリー・サマー
Threes Brewing
Tiny Montgomery Summer

アルコールが弱い人に！オススメ！

ハチミツフレーバーのビール。クセがなく優しい味わい

$8

ここで買える
ホールフーズ、トレーダー・ジョーズ、ターゲットなど

スリーズ・ブリューイング
ファクス・パス
Threes Brewing
Faux Pas

ベリー系のさわやかな香りがいい。アルコールが苦手な人におすすめ

$2.99

ここで買える
ホールフーズなど

シェッファーホッファー
グレープフルーツ
Schofferhofer
Grapefruit

グレープフルーツのビール。アルコール度数2.5%とほかより軽め

$3

ここで買える
ホールフーズ、ターゲット、デリなど

1911
ローズ・ハード・サイダー
1911
Rose Hard Cider

ハードはアルコールです！

花の香りとほんのりとしたりんご風味が飲みやすい

$3.59

ここで買える
ホールフーズ、ターゲット、デリなど

コスパもロケーションも抜群！
フードホールでは、
ここでコレを食べよう！

昨今大人気のフードホール。がんばって座席を確保するのもいいけれど、天気がいい日はぜひ景色も楽しめる外へ出てみよう！

スターシェフが手がけた
ティン・
ビルディング
Tin Building

撮影場所 ↘
フルトン・ストリートの前の正面玄関

NYを代表するスターシェフ、ジャン・ジョルジュがプロデュースしたフードホール。イースト・リバー沿いの元魚市場だった場所にあり、店内には約30ものセクションがある。

Map 別冊P.7-D1　ロウアー・マンハッタン

🏠96 South St. (at Fulton St.)
☎1-646-868-6000
🕐月～木・日8:00～22:00、金・土～22:30
💳A.D.J.M.V.
🚇地下鉄②③線Fulton St より徒歩約6分
🔗www.tinbuilding.com

ロゴ入りの カップ♡

Bakery T Cafeのデニッシュ
ボリューム満点、イチゴのペイストリー **$5.75**

Fulton Fish Co.の フライド・ブラック・シーバス
スズキのまるごとフライ。タルタルソースを付けて **時価**

TIN BUILDING

今日の ランチは どこで食べる～？

季節により通りに面してオープンテラスの座席も用意されるので、ここで食べるのもいい

お花コーナーやアイスクリーム販売のカウンターもある

生ガキなどシーフードを食べさせてくれる人気コーナー•Fulton Fish Co.

Fulton Fish Co. のクラブケーキ
カニの身にパン粉や玉ネギなどを混ぜて揚げ焼きにしたもの **$26**

Tin Building

✉ハドソン・イーツは川沿いにあって景色がよいのでお気に入りです♪（京都府・ぼーちゃん）

HUDSON EATS

Mighty Quinn's
のフライドポテト
揚げたて厚切りポテ
トは食べやすいペー
パーカップに **$4.75**

ハドソン・リバー沿いの緑地
帯。ピクニック気分が味わえる

ピンク・
レモネード
ピンク色がかわい
いラズベリー入り
レモネード **$3.50**

Dig Innのコールド
プレス・ジュース
リンゴ、キュウリ、
セロリが入ったさっ
ぱりジュース **$5.50**

フードホールでは、ここでコレを食べよう！

Mighty Quinn'sの
プルド・ポーク
ホロホロ肉とスパイ
スが香り高いBBQ
サンドイッチ **$10.40**

夏季なら
テイクアウトで
いただき！

川沿いがうれしい
ハドソン・イーツ
（ブルックフィールド・プレース）

Hudson Eats
(Brookfield Place)

撮影場所
ブルックフィールド・プ
レースのテラス

ショッピングモールBrookfield
Place内にあり、ハドソン・リ
バーを一望できる屋内外イー
トインスペースが魅力的。川
沿いののびやかな風景ととも
に旬の食事を楽しめる。

Map 別冊P.6-A1

ロウアー・マンハッタン

🏠230 Vesey St. (at West St.)
☎1-212-978-1673 🕐月～土
8:00～21:00（日～19:00）
Card A.D.J.M.V. 🚇地下鉄①②③
線Chambers Stより徒歩約10分
URL bfplny.com/directory/food/
hudson-eats

ほかにも Check!

テイクアウトしやすいメキシカンやペイストリーのほか、1階
Le Districtには着席してきちんと食事を楽しめるレストランも。

1. Dos Toros Taqueriaのタコス
2. 1階Le Barのメイン　3. 4. 同
じくLe Barのコーヒーとパン
5. Black Seed Bagelのベーグル

☂ 雨や冬でも大丈夫 ❄

対岸の
ニュージャー
ジーの景色

フードホール
内2階は、川
側にイートイ
ンスペースが
ある。対岸の
ニュージャー
ジー州を眺め
ながら食事が
楽しめる。

NYのフードホールはココが魅力

決して安いわけではないが、チップが不要
で、街を代表する人気店の本格的な味がカ
ジュアルに楽しめることで近年人気。特にひ
とり旅なら利用価値大。

フードホールのお悩み カスタムプラッター（お好み詰め合わせプレート）の注文方法

ジャーン！

1 店頭メニューを
チェック
通常メニューは店
頭に貼り出されてい
る。希望の品を決
めてから列に並ぶと
慌てずにすむ。

2 列にしっかり
並ぶ
アメリカでの列に
対するマナーは比
較的よいが、混雑
時は割り込みもあ
るので注意。

3 まずはメイン
名を伝える
希望のメイン名を
告げる。通じなけ
れば希望の総菜を
指さすなどして
伝えよう。

4 続いてサイド
を追加する
メインを彩るサイ
ド。メインが肉な
ら、彩りのよい野
菜やおなかがふく
れる穀物を。

5 トゥゴー？
フォーヒア？
完成ミールをどこ
で食べるのかも決
めておこう。テイ
クアウトであれば
袋詰めしてくれる。

フードホールはだいたい12:00～14:00になると付近にお勤めの方で大混雑。そのあとが狙い目！ 💡

おしゃれな
リノベーション

チェルシー地区の
南にある複合ビル

ハイラインのアクセ
スポイントに近いの
で、一緒に訪れたい

Chelsea Market

オススメ！

Los Tacos No.1の
ノパル
メキシカン・レストラン
ではおなじみのサボテン
のタコス、ノパル **$4.75**

メキシカン
ソーダ$4.50
もあるよ！

NYの食トレンドを発信し続ける
チェルシー・
マーケット
Chelsea Market

旧ナビスコ工場を改築
した複合ビルの1階に
あるマーケット。
1997年のオープン以
来、ニューヨークの食
ブームの先駆的存在
であり、館内には最新
のカフェやレストラ
ン、単体のマーケット
が入っている。

Map 別冊P.10-B1・2
チェルシー

🏠75 9th Ave. (bet 15th &
16th Sts.) 🏪店舗により異な
る ⏰7:00〜21:00 💳A.
D.J.M.V. 🚇地下鉄Ⓐ©Ⓔ
Ⓛ線14 St-8 Av より徒歩
約5分 URLwww.chelsea
market.com

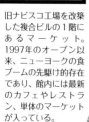

工場の雰囲気が残るマーケット内。カフェや
レストラン、ショップがテナントに

Lobster's Placeの
ロブスターロール・
ピクニック・ボックス
ロブスターロールと
スープとポテトチッ
プスがセット **$30**

Lobster's Placeの
スチームドロブスター
スチームしたロブ
スターに溶かしバ
ターとレモンを添
えて **$44〜79**

エセックス・
マーケット
Essex Market

ロウアー・イースト・
サイドのランドマーク
的なマーケットが、
2019年に移転。肉や
魚、野菜などのグロッ
サリーだけでなく、
ローカルに愛されてい
る名店が揃ったフード
ホールも併設する。

Map 別冊P.9-D1
ロウアー・イースト・サイド

🏠88 Essex St. (at Delancy
St.) ☎1-917-881-7096
⏰8:00〜20:00、日10:00〜
18:00 💳A.D.J.M.V. 🚇
地下鉄ⒻⓂⒿⓏ線 Delancey
St-Essex St より徒歩すぐ
URLwww.essexmarket.nyc

1階がテナント。2階
には開放的なイート
インスペースがある

おいしく
なあれ〜♪

Port Rico
Importing
Co.のラテ
グリニッチ・ビレッジの老舗コーヒー
専門店のカフェがテナントに **$3.60**

Luis Meat Marketでは
フレッシュな肉が手に入る
ディーン＆デルーカを独立後こちらに
出店するルイスさんの精肉店

店内は2フロア
で2階がイート
インスペース

どれに
しようかな

Essex Market

オススメ！

Ni Japanese Deliのお弁当
ヴィーガン＆マクロビの和食も食
べられる。旅行中のおにぎりはあ
りがたい **$16**

✉ いろいろなフードホールがあるけど、店内の雰囲気やテナントのクオリティなどチェルシー・マーケットがお気に入り♡（神奈川県・あや）

アートな雰囲気♡

バックヤードにもイートインスペースがある

Urbanspace Union Square

ユニオンスクエアのすぐ近くにOPEN

アーバンスペース・ユニオンスクエア
Urbanspace Union Square

ユニオンスクエアのすぐそばで待ち合わせにも便利

14丁目のユニオンスクエアという便利なロケーションに、ミッドタウンなどでおなじみのアーバンスペースがオープン。スムージー、タコス、クラフトビール、インド料理などバラエティ豊か。

Map 別冊P.12-A2

イースト・ビレッジ

🏠124 E. 14th St. (bet 3rd & 4th Aves.) ☎1-716-466-2713
🕐7:00〜22:00（金〜23:00）
CardA.D.J.M.V. 🚇地下鉄④⑤⑥
ⓁⓃⓇⓆⓌ線14 St-Union Sq
より徒歩約2分 **URL**www.urbanspacenyc.com/union-square

Mystik Masaalaの
Chana Masalaカレー
ひよこ豆がたっぷり入ったトマト味のヴィーガンカレー。けっこう辛口 **$15.95**

Min Sushi
のお弁当
寿司屋さんで発見した、日本式のチキンカツ弁当。サーモン弁当などもある **$17**

オススメ！

情報誌『Time Out』運営のフードホール

タイム・アウト・マーケット
Time Out Market

ブルックリン・ブリッジのたもと、エンパイア・ストアズ内にあるフードホール。1階と最上階には約20のテナントとバーがある。

Map 別冊P.27-C1 ダンボ

🏠53-83 Water St. (bet. Old Dock & Main Sts) ☎1-917-810-4855 🕐18:00〜22:00（金・土〜23:00）**Card**A.D.J.M.V.
🚇地下鉄Ⓕ線York Stより徒歩約8分
URLwww.timeoutmarket.com/newyork

オススメ！

Forninoのピザ、マルゲリータ

ブルックリンの有名ピザ屋さんは5階の最上階にある。定番のマルゲリータをぜひ **$18**

Time Out Market

最上階の5階は展望も楽しめる

Jacob's Picklesの
ハニーチキン＆ピクルス
バターミルク・フライドチキン＆ビスケットにたっぷりのハチミツとピクルスを添えて **$15**

おしゃれだね〜！

フードホールでは、ここでコレを食べよう！

これでカンペキ！ **フードホールを攻略するためのルール**

1 事前にリサーチを
場所によってはテナントが多数あるので、先に食べたいものを調べておくとよい。

2 混雑時を避けよう
日本と同じでランチタイムは混雑するため、その前後の比較的すいているときに行こう。

3 まずは座席確保
TO GO は別としてイートインするなら必須。場所取りに貴重品は置かないように。

4 オーダーは大きな声で
カウンターを挟んでのやりとりが多く、周りもガヤガヤにぎやか。ひるまず大声で。

5 あれこれ意外と高い
メインと飲み物で$20〜30が相場。味もよくチップ不要と考えればNYではお得。

ほかにもこんなに！

何でもあるよ！

● ゴッサム・ウエスト・マーケット
Gotham West Market
Map 別冊P.18-B3

● イータリー Eataly
Map 別冊P.15-D3

● フード・ギャラリー32
Foog Gallery 32
Map 別冊P.15-D2

イートインスペースが広いのは、ハドソン・イーツ（→P.89）。モール内にあるのでそのスペースも使えて便利！ 💡 **91**

チキンカツとブラックフォレストハムがジューシーで合う！ レタスもシャキシャキで新鮮。

BOCA with bacon on bench ー$7.95

目玉焼き、ホワイトチェダー、アボカド、トマト入りでボリューム満点。朝食におすすめ。Ⓑ

Adam's Choice ー$15.50 Ⓔ

Rainbow Bagel+Birthday Cake Dream Cheese ー$6.50

スプリンクル入りのプレーンクリームチーズがたっぷり！ 生地が色鮮やかだから食べるのも楽しい Ⓐ

aruco 調査隊が行く!!④

ベーグルってそもそもなに？

もともとは東欧系ユダヤ人の食べ物。1880年代、ポーランド系ユダヤ人の移民によりニューヨークに広まったという。

We Love BAGELS

一度は食べなきゃ！なNYフード
進化する萌え断ベーグルに夢中

NYを代表する食べ物といえばやっぱりベーグル。焼きたてをそのまま食べるのもおいしいけど、やっぱりベーグルは具材によって変わる美しい萌え断がたまらない！ フォトジェニックでおいしいマッチングを考えるだけでワクワク♪

THE STELLA ー$12.95

ローストビーフとスイスチーズがぎっしりで腹持ち最高！ サンドライトマトの味も濃い。Ⓒ

Salmon Classic ー$14.95

オニオン＆ケッパーの酸味がスモークサーモンを引き立てる。クリームチーズもなめらか。Ⓑ

Superseed Bagel+ Jerusalem Egg Salad $8.75

ルッコラの香り漂うエッグサラダがたっぷり。スーパーシードがトッピングされていてヘルシー。Ⓕ

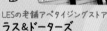

Ⓐ レインボーベーグルならここ！
リバティ・ベーグル
Liberty Bagels

カラフルなレインボーベーグルをはじめ、ユニークなベーグルがいっぱい。季節ごとの限定メニューも要チェック！

Map 別冊P.15-C2 ミッドタウン・ウエスト

🏠260 W. 35th St. (near 8th Ave.)
📞1-212-279-1124 🕐7:00～15:00
🚇地下鉄Ⓐ©Ⓔ線 34 St-Penn Stより徒歩約3分 Card A.D.J.V.M.
URLlibertybagels.com
イートイン可（屋外のみ）

Ⓑ モントリオール風ベーグルが自慢
ブラック・シード・ベーグル
Black Seed Bagels

モントリオール式スタイルのベーグル。ゆでるときにハチミツを入れ、薪のオーブンで焼くのが特徴。やや小ぶりで甘め。

Map 別冊P.9-C1 ノリータ

🏠170 Elizabeth St. (bet. Spring & Kenmare Sts.) 📞1-332-900-3090
🕐8:00～15:00 🚇地下鉄ⒿⓏ線Boweryより徒歩約2分 Card A.D.J.M.V.
URLblackseedbagels.com
イートイン可

Ⓒ ユニークな組み合わせのメニューも
トンプキンズ・スクエア・ベーグル
Tompkins Square Bagels

地元ニューヨーカーに愛されている、行列がたえない人気店。店内には地元のアーティストの作品が飾られている。

Map 別冊P.13-C2 イースト・ビレッジ

🏠184 2nd Ave.(bet. 11th & 12th Sts.) 📞1-917-472-7639
🕐7:00～17:00 🚇地下鉄Ⓛ線3 Avより徒歩約6分 Card A.D.J.M.V.
URLwww.tompkinssquarebagels.com
イートイン可

Ⓓ LESの老舗アペタイジングストア
ラス＆ドーターズ
Russ & Daughters

100年以上の歴史がある老舗アペタイジングストア。ベーグルのほかにもさまざまなジューイッシュフードを楽しめる。

Map 別冊P.14-B2 ミッドタウン・ウエスト

🏠502 W. 34th St. (at 10th Ave.)
📞1-212-475-4880 🕐8:00～16:00
🚇地下鉄⑦線34 St-Hudson Yardsより徒歩約2分 Card A.D.J.M.V.
URLwww.russanddaughters.com
イートイン可

マレーズ・ベーグルのTofuクリームチーズは美味！ 特にストロベリーはおすすめ。（神奈川県・Ai）

定番のロックス。スモークサーモンとクリームチーズの組み合わせは不動のおいしさ。

Classic Bagel & Lox Sandwich $17 Ⓓ

Cinnamon Raisin Bagel with Cream Cheese $4.20

シナモンの香りが食欲をそそるベーグル。クリームチーズのほどよい甘さがマッチする。Ⓑ

できたてのおいしさは格別！

オーダー時のヒント5

① **オーダーは手早くがルール**
長い行列ができるのもざら。並んでいるときに注文を決めておこう。

② **トーストしてくれない店も**
ほとんどの店ではしてくれるが、店によってはしないところも。

③ **フィリングは別容器に**
とにかく量が多い。挟まず容器（コンテナ）に入れてもらうのもよい。

これは絶対はずせない！

Plane Bagel + Scallion Cream Cheese & Nova $17.54 Ⓔ

サーモンとスキャリオン（ネギ）入りのクリームチーズであと口もさっぱりした味わい。

ベーグル オーダー英会話

クリームチーズ入りのプレーンベーグルをひとつください。
Can I have a plain bagel with cream cheese?

ここで食べますか、それとも持ち帰りますか？
For here or to go?

ここで食べます **For here please.**
持ち帰ります **To go please.**

ベーグルをトーストしてもらえますか？
Could you toast the bagel?

クリームチーズ（具）を別容器に入れてもらえますか？
Could you put the cream cheese (spread) in a separate container?

クリームチーズ（具）を別にしてもらえますか？
Could you put the cream cheese (spread) on the side?

できたてホヤホヤはどれですか？
What's fresh and warm?

シナモンレーズンのベーグル+ブルーベリーのクリームチーズはおやつで食べたくなる味。Ⓖ

Cinnamon Raisin with Blueberry Cheese $5.75

クリームチーズの色にちょっとびっくり！砕いたクッキーの食感が楽しい全粒粉のベーグル。Ⓗ

Whole Wheat Bagel + Cookie Monster $9.14

進化する萌え断ベーグルに夢中

Ⓔ
行列ができるベーグルの有名店
マレーズ・ベーグルズ
Murray's Bagels

1996年創業。地下のキッチンではベーグルマイスターが昔ながらの手法で手作りしており、毎日行列ができる有名店。

Map 別冊P.11-D2 グリニッチ・ビレッジ

🏠500 6th Ave. (bet. 12th & 13th Sts.)
☎1-212-462-2830 🕐6:00〜17:00（土・日7:00〜16:00）🚇地下鉄①ⓁⒻⓂ線6 Av/14 Stより徒歩約2分 💳A.D.J.M.V. URLmurraysbagels.com
イートイン可

Ⓕ
グルテンフリーのヘルシー系！
モダン・ブレッド・アンド・ベーグル Modern Bread and Bagel

女性オーナーのこだわりが詰まったグルテンを含まないベーグルでヘルシー好みなローカルたちに大人気！

Map 別冊P.22-B1 アッパー・ウエスト・サイド

🏠472 Columbus Ave. (near 83rd St.)
☎1-646-775-2985 🕐8:00〜21:30 🚇地下鉄Ⓑ◎線 81 St-Museum of Natural Historyより徒歩約5分 💳A.D.J.M.V. URLmodernbreadandbagel.com
イートイン可（屋外のみ）

Ⓖ
ファン多数の人気店
エッサ・ベーグル
Ess-a-Bagels

日本にも上陸したことのある人気店。店内奥ではベーグルを釜ゆでする様子を見ることができる。

Map 別冊P.20-B3 ミッドタウン・イースト

🏠831 3rd Ave. (bet. 50th & 51st Sts.) ☎1-212-980-1010 🕐6:00〜17:00 🚇地下鉄Ⓔ⑥線 51 Stより徒歩約2分 💳A.D.J.M.V. URLwww.ess-a-bagel.com
イートイン可

Ⓗ
ブルックリン発の注目ベーグル店
ベーグルパブ
Bagel Pub

ブルックリン発のベーグル店。フルーツ入りなど約30種類のクリームチーズが並ぶ。店内は2階もあり、ゆったりイートイン可。

Map 別冊P.15-C2 チェルシー

🏠350 7th Ave. (bet. 29th & 30th Sts.) ☎1-212-901-4170 🕐6:00〜16:00（土・日〜15:30）🚇地下鉄①線28 Stより徒歩約1分 💳A.D.J.M.V. URLbagelpub.com
イートイン可

💡 ベーグル店のメニューでよく見かけるLox（ロックス）とは、スモークサーモンのこと。東欧ユダヤ人の使うイーディッシュ語が語源。

話題の新店＆人気ベーカリーのこだわりパンが大集合！

コロナ禍でも元気だったのがベーカリー。おなじみの名店からニューオープンまで、日々進化中のNYのパンを食べよう！

どれにしよう〜
ギャラリーのように並べられたパン

かわいいトート♡

$8

この箱に入るよ〜

Banana Split Sundae Twice Baked Croissant
キャラメリゼされたバナナとぱりぱりクロワッサンとのサクジュワがたまらない！ Ⓐ

$5.50

Pistachio Croissant Twist
ちょっと歯応えのある生地にたっぷりのピスタチオとバターの風味がたまらない！ 食べやすいスティック型もいい Ⓗ

$4.95

$8

Rainbow
断面は見事に7色の層になっていて、中心部にライチベリージェリーの赤いソースがイン Ⓐ

Rosemary & Blueberry
ローズマリークリームのパティシエールに自家製ブルーベリージャムを折り込んで美しく Ⓐ

Organic Baguette
即完売の大人気がこちらのバゲット。「パンは贅沢品ではなく万人のもの」とこの価格！ Ⓑ

$2

SO DELICIOUS!!

たくさん食べてね

Choco Roule
生地にたっぷりのチョコレートチップをぐるりと巻き込んで焼き上げたペイストリー Ⓑ

$5

$12

Veggie Sandwich
ラディッシュ、トマト、パセリソースがのった色鮮やかなオープンサンド！ Ⓒ

夏季限定メニュー

根強い人気！

Chocolate Chip Cookie
クルミとチョコがぎっしり入った巨大サイズのクッキー。見た目よりも甘さ控えめでいい！ Ⓗ

$5

$6.50

Cinnamon Bun
デニッシュスタイルのシナモンバン。大粒のロックシュガーをのせて香ばしく仕上げて Ⓒ

$10

Roasted Veg
ズッキーニやペッパーなどローストされた野菜をパニーニに挟んだイタリアンサンド Ⓔ

ルヴァン・ベーカリーのチョコチップクッキーは本当においしい！ ウォルナッツレーズンもおすすめ。(静岡県・さわ)

©Brianna Balducci.

$9.50

Supreme
別名ニューヨークロール。SNSで爆発人気のシュプリームクロワッサンはここが発祥！ Ⓓ

Bomboloni Hazel Cream
ヘーゼルナッツクリームがたっぷり入ったイタリア式ドーナツ、ボンボローニ Ⓔ

$4.75

ソーホーの住民に愛されるご近所ベーカリー

Pizza Patate
クリスピーな生地に薄くスライスしたポテトとオニオン、ローズマリーが絶妙にマッチ！ Ⓕ

$3.50

Brioche with Cinnamon Butter
ほんのり甘いブリオッシュにシナモンとバターをサンド。優しい味でペロッといけそう Ⓔ

$4.25

Brioche Doughnut
ブリオッシュとドーナツを合わせた生地でバニラクリームを包んだ新感覚なドーナツ Ⓖ

$4.50

8・12・16時に販売。月ごとの限定品をチェック！

こだわりパンが大集合！

Ⓐ ジュエリーみたいなクロワッサン
スーパームーン・ベイクハウス
Supermoon Bakehouse

創作クロワッサンとクロフィン（クロワッサン＋マフィン）が人気の近未来的ベーカリー。

Map 別冊P.9-D1 ロウアー・イースト・サイド

🏠120 Rivington St. (near Essex St.)
⏰10:00～18:00 休火・水 CardA.D.J.M.V. 🚇地下鉄Ⓕ ⒨Ⓙ線Delancey Stより徒歩約2分
URL www.supermoonbakehouse.com

Ⓑ 旅するシェフの本格派のパン
ラ・バイセクレット・ベーカリー
La Bicyclette Bakery

世界8ヵ国でパン修業をしたフランス人シェフの店。ブルックリンに3店舗あり。

Map 別冊P.29-D2 ウイリアムズバーグ

🏠667 Driggs Ave. (at Fillmore Pl.) ⏰8:00～13:00 休月 CardA.D.J.M.V. 🚇地下鉄Ⓛ線Bedford Avより徒歩約5分
URL www.labicyclettebakery.com

Ⓒ チェルシー・マーケットの地下
アルフ・ベーカリー
Alf Bakery

NYの複数の人気ベーカリーで修業したオーナーが2023年にオープン。瞬く間に話題店に。

Map 別冊P.10-B1 チェルシー

🏠435 W. 15th St. (bet. 9th & 10th Aves.) チェルシー・マーケット内 ☎1-646-847-1600 ⏰9:00～18:00 CardA.D.J.M.V. 🚇地下鉄ⒶⒸⒺⓁ線14 St／8 Avより徒歩約6分 URL www.alfbakery.com

Ⓓ 渦巻き状クロワッサンが名物
ラファイエット
Lafayette

朝食やブランチがおすすめで話題のフレンチベーカリーカフェ。

Map 別冊P.12-A3 イースト・ビレッジ

🏠380 Lafayette St. (at Great Jones St.) ☎1-212-533-3000 ⏰8:00～21:00 CardA.D.J.M.V. 🚇地下鉄⑥線Bleecker Stより徒歩約3分 URL www.lafayetteny.com

Ⓔ ソーホーのご近所ベーカリー
ヴェスヴィオ・ベーカリー
Vesuvio Bakery

1920年に創業し一時閉店するも再オープンした地元民御用達のイタリア系老舗店。

Map 別冊P.8-B1 ソーホー

🏠160 Prince St. (bet. Thompson St. & W. Broadway) ☎1-646-869-0090 ⏰8:00～18:00 CardA.D.J.M.V. 🚇地下鉄ⒸⒺ線Spring Stより徒歩約5分 URL www.vesuvio-bakery.com

Ⓕ こねないパン作りで一世風靡
サリバン・ストリート・ベーカリー
Sullivan Street Bakery

1994年に創業し、現在NYの300軒以上のレストランにパンを提供。本店はヘルズキッチン。

Map 別冊P.18-B3 ミッドタウン・ウエスト

🏠533 W. 47th St. (bet. 10th & 11th Aves.) ☎1-212-265-5580 ⏰7:00～18:00 CardA.D.J.M.V. 🚇地下鉄ⒸⒺ線50 Stより徒歩約11分 URL www.sullivanstreetbakery.com

Ⓖ 売り切れ必至の絶品パン＆ケーキ
マーゼ・ダール・ベーカリー
Mah-Ze-Dahr Bakery

女性オーナーのこだわりが詰まったベーカリーはチーズケーキも有名。午前中に行こう。

Map 別冊P.11-C2 グリニッチ・ビレッジ

🏠28 Greenwich Ave. (bet. 10th & 11th Sts.) ☎1-212-498-9810 ⏰7:00～20:00（金～21:00、土8:00～21:00、日8:00～） CardA.D.J.M.V. 🚇地下鉄①線Christopher St - Sheridan Sqより徒歩約11分 URL mahzedahrbakery.com

Ⓗ NYの代表的ベーカリー
エイミーズ・ブレッド
Amy's Bread

1992年の創業以来ニューヨーカーから絶大に支持されているベーカリー。全6店展開。

Map 別冊P.10-B1 チェルシー

🏠75 9th Ave. (bet. 15th & 16th Sts.) チェルシー・マーケット内 ☎1-212-462-4338 ⏰8:00～18:00 CardA.D.J.M.V. 🚇地下鉄ⒶⒸⒺⓁ線14 St／8 Avより徒歩約6分 URL www.amysbread.com

Ⓘ チョコチップクッキーで一躍有名に！
ルヴァン・ベーカリー
Levain Bakery

ボリューム満点のチョコチップクッキーがシグネチャー。徒歩約3分圏内にカフェあり。

Map 別冊P.22-B2 アッパー・ウエスト・サイド

🏠167 W. 74th St. (bet. Columbus & Amsterdam Aves.) ☎1-917-464-3769 ⏰8:00～20:00 CardA.D.J.M.V. 🚇地下鉄Ⓐ②③線72 Stより徒歩約4分 URL levainbakery.com

---

人気のパンは売り切れることもあるので早めの来店がおすすめ。ただし、まだ焼き上がっていない場合もあるので気になるようならお店に確認を！

裏aruco 独断 取材スタッフの TALK

私たちのお気に入りグルメはこれ！

取材中は、老舗からニューオープンまで、おいしいものを見つけるため
NY中をウロウロ。そんな取材スタッフが何度もリピートしている
愛すべきフードをここだけにこっそりご紹介！

いまやブームではなく定番のMatchaドリンク！

日本ではおなじみの抹茶（Matcha）は、ヘルシーブームから今やNYで定番のドリンク。日本の抹茶とはやや異なり甘味はほとんどなく、さっぱりとした後味が特徴。ラテやレモネードなどドリンク類のほか濃厚なソフトクリームも人気！（ライターU）

チャチャ・マッチャ　Cha Cha MATCHA

Map 別冊P.9-C1　イースト・ビレッジ

🏠327 Lafayette St.(bet. Bleecker St.)　☎646-895-9484　⏰8:00～19:00　🚇地下鉄⑥線Bleecker Stより徒歩約1分

Card A.D.J.M.V.　**URL** chachamatcha.com

ニューヨーク市内に4店舗ある

シーフードのうま味がギュッと！オイスターバーのサンドイッチ

グラセン（グランド・セントラル・ターミナル）にあるオイスターバーでいつも食べちゃうのが、カキフライのサンドイッチ。ゴロッと大きくて揚げたてのカキは昔から変わらぬおいしさ。テイクアウトなら入口横の窓から！（ライターH）

1. Fried Oyster Po' Boy Sandwich$16.95　2. 入口右のカウンター席ならひとりでも気軽に入れる

グランド・セントラル・オイスター・バー　Grand Central Oyster Bar

Map 別冊P.20-A3　ミッドタウン・イースト

🏠89 E. 42nd St. (Grand Central Terminal B1F)　☎1-212-490-6650　⏰月～金11:30～20:30　🚇地下鉄④⑤⑥⑦線Grand Central- 42 Stより徒歩約2分　**Card** A.D.J.M.V.　**URL** www.oysterbarny.com

---

早い、うまい、安い！取材中の強い味方、フードトラック

ブルックリンに出没するメキシカンのフードトラックが大のお気に入り。お昼どきや夕方になるとたくさんの人で大にぎわい。何を食べても大満足だけど、チキンオーバーライスと、お店の名前にもなっているエンパナーダがオススメ！（現地レポーターY）

1. ボリュームたっぷりのチキンオーバーライス $10.87　2. 目印は白い大きなトラック！

セザールズ・エンパナーダ　Casar's Empanadas

Map 別冊P.26-B3　ダウンタウン・ブルックリン

🏠16-32Hanson Pl. (at. Ashland Pl.)　☎1-347-245-9034　⏰8:00～22:00 (日～21:00)　🚇地下鉄②④⑤BⓃⓇⓌ線Atlantic Av-Barclays Ctrより徒歩約1分　**Card** A.D.J.M.V.　**URL** www.instagram.com/cesarsempanadas/

NYのスーパーで数あるヨーグルト、私の推しはこの1点☆

フレーバーは10種類以上！

ホールフーズで発見して以来すっかり虜になっているのが「La Fermière」のヨーグルト。ちょっと固めだけど酸味が少なくてクリーミー。テラコッタやガラス瓶に入っているのもおしゃれ♡（編集S）

ホールフーズ → P.34

甘味と酸味が微妙なバランスのMango Passion Fruit（左）、レモンの酸味がたまらないPressed Lemon（右）。各$3.19

ハズせないベーカリーカフェ！　私がダニー・マイヤーを好きな理由

シェイクシャックやグラマシー・ターバンを手がけるユニオンホスピタリティの系列店。サンドイッチやサラダなどが中心だけど、裏の名物メニューはドーナツのクルーラー！　あっという間に売り切れるので、見つけたら即買いで！（編集N）

デイリー・プロヴィジョン　Daily Provisions

Map 別冊P.14-B2　ミッドタウン・ウエスト

🏠440 W. 33rd St., Suite 90　☎1-646-747-8610　⏰7:00～21:00　🚇地下鉄⑦線34 St-Hudson Yardsより徒歩約8分　**Card** A.D.J.M.V.　**URL** www.dailyprovisionsnyc.com

1. 市内に5店舗あり。ハドソンヤーズにも　2. クルーラーは季節によってフレーバーが異なる。$4.95～　3. サラダ$6～など。イートインも可

Photo:Peter Garritano

長時間の行列の先にある、大人気台湾フュージョンのカフェ

ブルックリンの少し外れにある行列必至の人気店。おしゃれでかわいい店内では台湾料理をツイストさせた新感覚なメニューがずらり。向かいにある系列のベーカリーカフェWin Son Bakeryもぜひ！
（フォトグラファーT）

青菜はマストオーダー

ウィンソン　Win Son
Map 別冊P.29-D3外　ウィリアムズバーグ
🏠 159 Graham Ave. (at Montrose Ave.)
☎ 1-347-457-6010　🕐 17:30～23:00
（土・日11:00～）🚇地下鉄L線Montrose
Ave.より徒歩約4分　**Card** A.D.J.M.V.
URL winsonbrooklyn.com

1.ベーカリーは店内とテラスでイートイン可能　2.大きなマッシュルームが入ったセサミヌードル$26とキュウリのマリネ$7　以下はベーカリー3.エッグタルトdan tat $5　4.カスタードトースト$6　5.グリルドポークバンズ$14

春から秋のお楽しみ♪ ブルックリンで開催のフードイベント

ウィリアムズバーグの川沿いにある公園、イースト・リバー・ステート・パークでは、期間限定で屋台フードフェスが開催される。おかず系からデザートまで約100軒の屋台が大集結。ここからフードトレンドが誕生することも。午後には売り切れるお店もあるので早めにいくのがベター。（編集S）

スモーガスバーグ　Smorgasburg
Map 別冊P.29-C1　ウィリアムズバーグ
🏠 90 Kent Ave. (at 7th St)
🕐 4～11月の土11:00～18:00　🚇地下鉄
L線Bedford Avより徒歩約8分　**Card** フードごとに異なる
URL www.smorgasburg.com

1.川の向こうにはマンハッタンの絶景が広がる　2,3.屋台フードらしくカジュアルに食べられるものが多い

$4でいいんですか？ 物価高&円安でお世話になります！

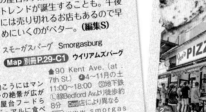
シンプルだけどおいしい♡

お金がなくても、ごはんをこねても、小腹がすいても、NYならピザがあれば大満足！多くのお店があるけど私のお気に入りはこちら。シンプルなチーズピザなら1スライスで$4。（ライターR）

ジョーズ・ピザ　Joe's Pizza
Map 別冊P.15-C1　ミッドタウン・ウエスト
🏠 1435 Broadway (bet. 40th & 41st Sts.)　☎ 1-646-559-4878　🕐 10:00～翌3:00（金・土～翌5:00）🚇地下鉄
N.Q.R.S.W.1.2.3.7線Times Sq - 42 Stより徒歩約1分　**Card** A.D.J.M.V.
URL www.joesonbroadway.com

1.NYスタンダードは8枚切り。たまにみかける$1ピザは12枚切りになっていることも？　2.NY市内に6店舗ある

I LOVE炭酸水！　NYはセルツァーがアツい

夏の取材中にぐいぐい飲んじゃうのがセルツァー（炭酸水）。甘くなくてすっきりしてて、どんな食べ物にもぴったり！なかでもHAL'Sは安いNYブランドなのでついつい手に取っちゃう。フレーバーもたくさんあるけど、私のお気に入りはレモン♡（ライターK）

NYブランドのHAL'Sはこちら！

1.リンゴ酢を組み合わせたラズベリーソーダ　2.パイナップルフレーバーのスパークリングウォーター　3,4.HAL'Sのレモンとスイカのフレーバーのセルツァー。セルツァーは炭酸が多い水のこと　5.HAL'Sはケトルチップスも人気

スーパーなどで購入可 → P.32

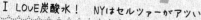

人種のるつぼだよ

NYツウの穴場!?

地下鉄7番線でクイーンズへ
エスニックグルメ途中下車の旅

ニューヨークで最大の面積を誇るクイーンズ。
住んでる人の半数がアメリカ国外の出身者で、
130以上の言語が混在するグローバルなエリア
なんです。普通じゃつまんない、
深〜いNYを体験したい人におすすめ！

Queens Map

アストリア
ギリシア系移民の街。最近はブラジル人や日本人も。スタインウエイ北部は中近東系が多い。

ジャクソン・ハイツ
インド、バングラデシュ、メキシコ、ドミニカなど南方アジア系やラテン系が多い。

ロング・アイランド・シティ
イースト・リバー沿いにコンドミニアムが立ち、アーティストが多く住むおしゃれエリア。

74 St-Broadway
69 St
40 St-Lowery St
Express 7 7 Local

サニーサイド&ウッドサイド
アイルランド、コロンビア、韓国系移民が多く住む。アイリッシュ・バーが点在する。

多国籍エリア クイーンズで 安うまグルメを探そう！

7番線とは？
各駅にさまざまな国のコミュニティがあることから、地元では"移民線"と呼ばれることも。路線上にはメッツのホーム、シティフィールドがある。

民族の数だけレストランの種類もあるクイーンズ。マンハッタンより安くておいしいお店が多いと、リピーターにも人気の穴場！

歩き方の注意。
地下鉄での移動が基本。本数が多くないので時間に余裕をもって。駅近のメインストリートをそれると居住区で、道が込み入ってわかりにくいので寄り道には注意。

Vernon Blvd – Jackson Av Station
Grand Central-42 Stより　所要時間4分

ローカル絶賛のフレンチ・ベーカリー
カヌレLIC
Cannelle LIC

超高級ホテル、ウォルドルフ=アストリアの元パティシエがクリエイトするお店。看板メニューのカヌレはもちろん、どのスイーツも絶品と評判！

Map 別冊P.21-D3 ロング・アイランド・シティ

🏠5-11 47th Ave. (at 5th St.)、Long Island City
☎1-718-937-8500　🕐月〜土7:00〜20:00、日7:00〜18:00　🚇地下鉄⑦線 Vernon Blvd-Jackson Avより徒歩約6分
URL www.cannellepatisserie.com

フラン

店名にもなってるウワサのカヌレ！

1.地元の常連客が多い　2.Apple Turnover$4.50　3.Coco-Fraise $5.50　4.フルーツのタルト$6　5.一番人気のカヌレひとつ$4.50

パティシエのジャン・クロードさん

98　✉Vernon Blvd駅の周辺には、おしゃれなカフェやショップがあるので散策もできる。（京都府・NS）

##

 Map 別冊P.30-D　ウッドサイド

🏠64-13 39th Ave. (near 64th St.), Woodside　☎1-718-899-9599　🕐月・火・木～日11:30～20:30　休水　Card不可　席約150
URL www.sripraphai.com

地元タイ人のコミュニティで火がつき、いまや超人気のレストラン。本場のホット＆スイートな味付けで、どれを頼んでもハズレなし。写真付きメニューもわかりやすい。

2 69 St Station　タイ

Grand Central Terminalより　所要時間17分

連日人が押し寄せる人気店
シープラパイ SriPraPhai

徒歩5分

1. マンハッタンからわざわざ食べにくる人多数
2. 定番メニューのパッタイ $13.50

スナックの定番サモサ $4とパコタ $4

3 74 St - Broadway Station

Grand Central Terminalより　所要時間20分

徒歩4分　インド

お手軽インディアンフード
ラジャ・スイーツ＆ファストフード
Raja Sweets & Fast Food

ショーケースには、サモサやカレー、インドのお菓子がずらり。好きなものをオーダーして店内でイートインできる。すっかりインドに来ちゃった気分。

Map 別冊P.30-E　ジャクソン・ハイツ

🏠7231 37th Ave., Jackson Heights　☎1-718-424-1850　🕐毎日10:00～22:00　Card不可　席約20

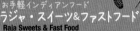

インド独自のアイスクリーム、クルフィ $3

4 Flushing Main St Station

Grand Central Terminalより　所要時間36分

徒歩1分　中国

激ウマ手打ち麺をどうぞ
シーアン・フェイマス・フード
Xi'An Famous Foods

中国・西安名物のもちもち刀削麺が食べられるファストフード店。NY市内に多数あるがクイーンズが発祥。Hand-pulled（手打ち）Noodleが絶妙！

Map 別冊P.30-F　フラッシング

🏠41-10 Main St. (near 41st St.)　☎1-212-786-2068　🕐11:30～20:30　CardA.D.J.M.V.　地下鉄7線Flushing-Main St.より徒歩約2分　URL xianfoods.com

1. 刀削麺をはじめ水餃子など一品料理のメニューがある　2. 市内に13店舗ある　3. 手打ちのモチモチ麺にスパイシーなソースがマッチ　4. Spicy Cumin Lamb Hand-Ripped Noodles $7.25

Flushing - Main St Station

Grand Central Terminalより　所要時間36分

徒歩3分
大人気のフードコート
新世界城商 New World Mall Food Court
フードコート

3階建てショッピングモールの地下にあるフードコート。中国系を中心に32軒のベンダーがずらり！

Map 別冊P.30-F　フラッシング

🏠136-20 Roosevelt Ave. (near Main St.), Flushing　☎1-718-353-0551　🕐10:00～22:00　Card不可　URL www.newworldmallny.com

1. アジアの熱気ムンムン！
2. 小籠包 $7　3. 宮保鶏丁 Kung Pao Chicken $8.25

地下鉄7番線でエスニックタウン・クイーンズへ

 Flushing-Main St

フラッシング
中国、韓国、台湾など、熱気むんむんなアジア系のコミュニティが広がる。

Junction Blvd

エルムハースト＆ウッドヘブン
中国系移民が多く、ベトナム、マレーシアなどの東南アジア勢やヒスパニック系が集結。

フォレスト・ヒルズ＆キュー・ガーデン
閑静な高級住宅地として知られ、ユダヤ系アメリカ人や日本人が多く住んでいる。

EXPERIENCE DATA

所要　2時間

料金　Artisan Hands-On bagel Baking Class $150（1名、8歳から参加可能で料金は同じ。飲み物代込み）

申し込み　公式ウエブより要予約。こちらのほかに3つのベーグルショップを食べ歩くウオーキングツアー$59もある。詳細は問い合わせを。

誰でもカンタン！

ベーグル作り体験に参加しよう！

ちょっと変わった楽しいNY体験を

エヌワイシー・ベーグルツアー
NYC Bagel Tours

「ベーグル・アンバサダー」の称号を獲得したサムさんが主宰。ベーグル作り教室、ベーグル・ウオーキングツアーなどを開催している。

Map 別冊P.15-C1　ミッドタウン・ウエスト

🏠集合場所：264 W. 40th St.（near 8th Ave.）
☎1-978-660-7770（ツアーの連絡先）
URL nycbageltours.com

---

1 START!
集合場所のベーグルショップへ
お店の営業はしていないので、入店したらスタッフに名前を告げる。動きやすく汚れてもよい服装で行こう。

NYフードといえばベーグル！そんなみんな大好きベーグルを実際に手作りできちゃう体験クラスを発見。日本ではできない貴重な思い出になること間違いなし。

2

意外にむずかしい……

FORMING
ベーグルを成形する
取材時は8名の参加。2階に移動したらまずは自己紹介、そのあと簡単に説明を受けたらベーグルの成形から始める。

BOIL 3
寝かせたベーグルをゆでる
「ゆでる」工程はベーグル作りに必須。ベーグルは意外に重く、お湯も熱いので注意。

TASTING TIME
この間に**試食をいただきま〜す！**
ベーグルをゆでている間は別のできあがったベーグルを試食。11種類のクリームチーズが用意されて、店内の冷蔵庫にあるビール、ワイン、ソフトドリンクも飲み放題！

舞台裏をちょっと拝見！
BREAK TIME
生地を成形後、地階に移動。寝かせている時間にベーグルの生地作りの工程を見学ツアー。

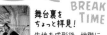

TOPPING & BAKE

6 FINISH!

TALKING
ベーグルトリビアなる話も！
焼き上がるまでの間、引き続きベーグルの試食をしながらスタッフによるベーグルの歴史のお話。わかりやすい英語で話してくれる。

5

ほくほく＆もちもちのベーグルが完成
お店で売られているものよりゴツゴツ不格好だけど、自分で作ったと思えばそれもいとおしい！作ったベーグル12個は持ち帰れる。夕食や翌日の朝食にも。

4
ゆでられたベーグルにトッピング
セサミかエブリシングなしを選べる。おすすめはエブリシング。そのあとスタッフが専用オーブンでベイク！

オトナ買い
しちゃうぞ！

話題のアイテム満載！
キレイ＆かわいいを極める
お買い物＆ビューティナビ

ポップな雑貨も、かわいいお洋服も、おいしいおみやげも、
乙女心をくすぐる♥ときめきアイテムがたっくさんのNY！
おしゃれ流行発信地では、物欲MAX高まるね〜。
もちろん、オンナっぷりUPのコスメはマストです♪

掘り出し品がいっぱいだよ！

こんなにおトクに買えちゃう！！
ココロ弾むオフプライスショップ☆

up to **70% off** regular price

NYには有名ブランドの返品アイテムやメーカーの処分品を割引販売しているオフプライスショップがたくさん！ ウエアやシューズだけでなく、キッチン用品などジャンルもさまざま。

NYでオフプラといえば！
Century 21
センチュリー21

NYのオフプラの王道店。コロナ禍で閉店したものの2023年に同じ場所に再オープン。フロアも減り商品数もまだこれからだが、レディス、メンズともカジュアルからハイエンドまで揃う。

Map 別冊 P.6-B1 ロウアー・マンハッタン

🏠22 Cortlandt St.（bet. Church St. & Broadway）☎1-212-227-1202
🕙10:00〜20:00（日11:00〜18:00）
🚇地下鉄Ⓡ Ⓦ線Cortland Stより徒歩約3分
Card A.D.J.M.V. URL c21stores.com

ロゴ入りマグも

オフプラショップの鉄則

Hugo Bossのシャツ
個性的かつ洗練されたデザインで着心地も◎

~~$148~~
$79.99

TATRASのダウン
日本でも人気のタドラスのダウンがこの値段！

~~$762~~
$379.99

~~$98~~
$49.99

Free Peopleのサンダル
若草色のサンダル。鼻緒部分も柔らか

~~$330~~
$149.99

MOSCHINOのブーツ
裏起毛の厚底ブーツ。温かさはお墨付き！

~~$30~~
$22.99

Netsのキャップ
NBAのブルックリン・ネッツのキャップ

~~$1135~~
$499.99

Dolce & Gabbanaのアウター
チェック柄にオレンジとブルーがおしゃれな印象

1 シンプルで動きやすい格好がベター
歩き回るのでスニーカーやヒールの低い靴を着用しよう。また、試着するのに面倒がないよう脱ぎ着しやすい服装がおすすめ。

2 オープンすぐが狙い目！
多くの人の手に渡ると陳列がぐちゃぐちゃになっていて探しにくい。商品が荒らされていない開店同時の入店がおすすめ。

3 気になるものはとりあえずキープ
あとから戻ってもすでにほかの人がgetしていたり、元の場所に戻されていない可能性も高い。少しでも気になったらカートに入れて！

4 試着は一度で済ませよう
試着室の数が限られているので、長蛇の列になることも多々。気になるアイテムをたくさん持ち込んでゆっくり試着しよう。

5 購入前に汚れをチェック
オフプライスショップにありがちなのがシミや破損、ボタンなし。購入前に再チェックしておくとベター。

6 返品もOK
やはり気に入らなかった、サイズが違ったなども返品可能。店により返品条件が異なるが、だいたい30日以内なら可能。

 センチュリー21ではヤンキースの帽子の種類が多い。カラフルな色もあって値段もお手頃なのでおみやげにおすすめ！（千葉県・きい）

品数豊富で迷っちゃう

beauty

色もデザインもかわいい

T.J. Maxx
ティージェイ・マックス

洋服からハウスウエアまで

OFF

NYだけでなく全米で1000を超える店舗があるチェーン店。洋服、バッグやシューズだけでなく、コスメ、キッチン＆バス用品、リビング雑貨などもおトク！

Map 別冊P.11-D1　チェルシー

🏠620 6th Ave. (bet. 18th & 19th Sts.)　☎1-212-229-0875　🕐9:00〜21:30（金・土・日7:00〜22:00、日8:00〜22:00）　🚇地下鉄Ⓕ Ⓜ Ⓛ 線 14 St-6 Avより徒歩すぐ　Card A.D.J.M.V.　URL tjmaxx.tjx.com

アイスクリームの形のリップバーム
形のおもしろさでおみやげ候補ナンバー1

$6

$3.99

$4

$2.99

チョコの香りのリップ
チョコレートの甘い香りが楽しいリップ

Care Bearsのバスボム
並べて飾ってもかわいいケアベアのバスボム

$30

$21.90

$200

$129.99

Kate Spadeのバッグ
デザインも色もおしゃれ！　NY通ならマストで買いたい

迷ったらカゴにキープ！

$140

$99.97

Dr. Martinのサイドゴアブーツ
タイダイ柄がかわいい。滑らかな履き心地

OFF

Nordstrom Rack
ノードストローム・ラック

靴好きにおすすめ！

シアトル発祥の高級デパート、ノードストロームが展開するオフプラショップ。もとは靴の専門店だっただけあり、靴のラインアップが豊富。有名ブランドのコスメも見つかる。

$7.50

$7

C.O. Bigelowの万能バーム
乾燥が気になる部分につけて。ラベンダーの香り

Map 別冊P.12-A2　イースト・ビレッジ

🏠60 E. 14th St. (bet. Broadway & 4th Ave.)　☎1-212-220-2080　🕐10:00〜21:00（土〜22:00、日11:00〜20:00）　🚇地下鉄Ⓛ Ⓝ Ⓠ Ⓡ Ⓦ ④⑤⑥線14 St-Union Sqより徒歩すぐ　Card A.D.J.M.V.　URL www.nordstromrack.com

$20

Neutrogenaの SPF70の日焼け止め
ウォータープルーフ処方の顔用の日焼け止め

$12.97

$995

$499.97

Gucciのスニーカー
ストライプがさわやかな印象で服に合わせやすい

MARIO BADESCU

人気のスキンケアも充実

ほかにも、ブルーミングデールズ・アウトレットストア **Map** 別冊P.22-B2 やマーシャルズ **Map** 別冊P.11-D1 などがある。

ここがこだわり
ローカルやサスティナビリティを大切にオーガニック素材の商品が中心。

ナチュラルな香り漂う

お気に入りを見つけてね！

こだわりのアイテム多し

Oroboro
オロボロ

ブルックリン流ファッションの先駆け店、Beautiful Dreamersをリニューアルしてできたお店。流行にとらわれない、シンプルで力強いデザインのセレクトが多い。

1. ローカルブランドace & jigのジャケット$695　2. NYブランドのA DETACHERの靴$380　3. 大きな窓からキラキラと光が差し込む

Map 別冊P.9-C1　ノリータ

⌂217 Mott St. (bet. Prince & Spring Sts.)
☎1-718-388-4884　⏰12:00〜18:00（木〜土〜19:00）**Card** A.D.J.M.V.　🚇地下鉄⑥線Spring Stより徒歩約3分　**URL** oroborostore.com

思わずまねしたくなっちゃう!?

オーナーのこだわりが

センスのいいセレクトのショップに
洋服を見にいくだけでなく、店内もチェックして

NYのセレクトショップ事情
ソーホーやノリータに多いセレクトショップ。最近では元倉庫を利用したブルックリンのお店が増えている。NYではビンテージのセレクトショップも多い。

ここがこだわり
お店の人が親切！また、レザージャケットだけでなくニットやシューズなども揃う。

1. 店内はインテリアにまとまりがあり落ち着いた雰囲気　2. 本家本元のライダーズジャケットを購入したい　3. ジャケットの価格帯は$700から$2000くらい　4. レザーのボディバッグ$199

ライダーズジャケットが誕生した

Schott NYC
ショットNYC

1913年、ショット兄弟によってスタート。その後1928年、ボタン仕様しかなかったジャケットに、世界で初めてフロントジッパーを採用。ジャケットに革命を起こした。現在もバイカーやロックミュージシャンだけでなく、男女問わず多くの人に愛されている。

Map 別冊P.8-B2　ソーホー

⌂32 Howard St. (bet. Crosby St. & Broad-way)
☎1-212-219-1636　⏰11:00〜19:00（日12:00〜18:00）**Card** A.D.J.M.V.　🚇地下鉄ⒿⓃⓆⓇⓌⓏ⑥線Canal Stより徒歩約2分　**URL** www.schottnyc.com

おしゃれなディスプレイも必見！

Photos：Schott NYC

　どこのセレクトショップの店員さんもおしゃれ！　着ているものを尋ねるとみんな気軽に教えてくれる。（東京都・みかん）

ここがこだわり 店内スペースが広く、整理されていて見やすい。隅々まで宝物がいっぱいでワクワク！

クオリティの高いユニークな1点物が見つかる

Seven Wonders Collective
セブン・ワンダーズ・コレクティブ

ブルックリンに2店、新たにマンハッタンにも1店増えた大人気のビンテージ・セレクトショップ。レディースだけでなくメンズのアイテムも多く、ランプや鏡、花瓶などのインテリアも見つけられる。

ビンテージのことなら何でも聞いてね

永遠のワードローブを見つけよう

Map 別冊P.28-B2　グリーンポイント

37 Norman Ave. (bet. Dobbin St. & Guernsey St.) ☎1-929-337-6611 ⏰12:00〜19:00（土・日11:00〜20:00）Card A.D.J.M.V. 🚇地下鉄Ｇ線Nassau Aveより徒歩約4分 URL www.sevenwonderscollective.com

Photos:Gabby-Jones, Seven Wonders Collective

1. 1960-70年代のウールのセーター$228　2. ハンドル部分がかわいいハンドバッグ$248　3. ゆったりとした店内で心ゆくまで品定めしよう　4. パッチワークのマキシスカート$348は1990年代のもの　5. 赤が鮮やかなトレンチコート$238

オーナーのこだわりが自慢のセレクトショップ

自慢のセレクトショップ

インテリアの趣味もいい。スタイルをまねしちゃおう！

使える英会話

あれを見せていただけますか。
Would you show me that?

ほかの色はありますか？
Do you have any other colors?

セレブも通うブランド再販ショップ

The RealReal
リアルリアル

高級ブランドを再販するECサイトのセレクトショップ。洋服はもちろん、バッグ、シューズ、ジュエリーまで憧れブランドの商品がよいコンディションで揃う。店内奥の中庭と地下も要チェック！

とっておきの商品を見つけにいきたいね〜

1. レア色も見つかるニューバランスのスニーカー　2. シャネルのビンテージネックレス　3. 赤の発色が美しいカーディガンはシャネル　4. ガニーのミニ丈ジャケット　5. ディオールのサドルバッグ

Map 別冊P.8-B1　ソーホー

80 Wooster St. (bet. Spring & Broom Sts. ☎1-212-203-8386 ⏰10:00〜19:00（日11:00〜18:00）Card A.D.J.M.V. 🚇地下鉄ＲＷ線Prince Stより徒歩約5分 URL www.therealreal.com

Photos：Ricky Rhodes, The RealReal

広々とした店内に高級ブランドがずらり

ここがこだわり シャネルやディオールをはじめ、人気のガニーやアクネスタジオ、ジャックムスなどのハイブランド多数！

若手のセレクトショップが多いエリアは、ロウアー・イースト・サイド、ウイリアムズバーグ、グリーンポイントなど。

みんなよりひと足お先に！
アメリカ限定ブランドをゲットしよう

日本でも人気のアメリカンブラ
たち。気になるけれど、
みんなと同じじゃイヤ！
人と差をつけたいあなたに
ぴったりな洋服を探しにいこう

Cool Casual

カジュアルアイテムが豊富

Madewell
メイドウェル

Jクルーの姉妹ブランド

Shirts $85

Earrings $34

Bag $355

Denim $158

1937年創業。トレンドを意識し
たデザインと、シルエットがキレ
イなデニムが人気。セレブや他ブ
ランドとのコラボも話題。

Map 別冊P.8-B2 ソーホー

🏠486 Broadway (at Broome St.) ☎1-212-226-6954
🕐月～土10:00～20:00、日11:00～19:00 Card A.D.J.M.V.
🚇地下鉄⑥線Spring Sより徒歩約4分
URL www.madewell.com

Sports Casual

着心地のよいウエアがずらり

aerie
エアリー

Glasses $16.95

Cap $19.95

アメリカン・イーグルの姉妹ブランド

T-Shirts $29.95

T-Shirts $39.95

Skirts $54.95

Pants $59.95

Bag $44.95

「自分自身に自信をもつ」というのが
ブランドコンセプト。ソフトな着心
地のアクティブウエア、アンダーウ
エアなどは、ジムやヨガに行くときや
家でまったりするときにもよさそう。

Map 別冊P.20-B2 アッパー・イースト・サイド

🏠720 Lexington Ave. (bet. 57th & 58th Sts.) ☎1-646-335-
4196 🕐11:00～20:00（日～19:00）Card A.D.J.M.V.
🚇地下鉄④⑤⑥線59 Stより徒歩約4分 URL www.ae.com

日本未上陸のランジェリーブランド、ビクトリアズ・シークレットもおすすめ！（埼玉県・まみ）

ここも check だよ!

かわいいがいっぱい
アンソロポロジー
Anthropologie

大人向けガーリーファッションを提案してくれるセレクトショップ。洋服やアクセサリーのほか、インテリア雑貨まで取り扱う。

Map 別冊P.10-B1 チェルシー

🏠 75 9th Ave. (bet. 15th & 16th Sts.)
☎ 1-212-620-3116 ⏰ 10:00～20:00
Card A.D.J.M.V. 🚇 地下鉄Ⓐ ⒸⒺⓁ 線
14 St- 8 Avより徒歩約4分
URL www.anthropologie.com

Sweater $98
Shirts $148

Classy

カジュアルアイテムが豊富
J. Crew
ジェイ・クルー

Shirts $138

オバマ元大統領夫人も愛用ブランド

Bag $59.50

Pants $58

Shirts $148

ここ数年でイメージをがらりと変えたブランド。デザイン性と品質の高さが人気の秘訣。定番からトレンドを意識したスマートなスタイルまで、大人かっこいい日常着として大活躍。

Map 別冊P.11-D1 チェルシー

🏠 91 5th Ave. (near 17th St.)
☎ 1-212-255-4848 ⏰ 10:00～19:00
(日11:00～) Card A.D.J.M.V. 🚇 地下鉄
Ⓛ ⓃⓆⓇⓌ④⑤⑥ 線 14 St-Union Sqより
徒歩約5分 URL www.jcrew.com

Sweet Casual

日本上陸を望む声多し!
Urban Outfitters
アーバン・アウトフィッターズ

アメリカ限定ブランドをゲットしよう

Top $59

Hair Accessories $12

ほかに「フリーピープル」も展開してるよ

Denim $65

Bag $44

Sandals $228

旬のアイテムがリーズナブルに手に入る。レトロ、ビンテージ、ボヘミアンなどテイストはいろいろ。遊び心がたっぷり。

Map 別冊P.8-B1 イースト・ビレッジ

🏠 628 Broadway (near W. Houston St.)
☎ 1-212-475-0009 ⏰ 11:00～20:00、日10:00～21:00
Card A.D.J.M.V. 🚇 地下鉄ⒷⒹⒻⓂ 線B'way - Lafayette St
より徒歩約1分 URL www.urbanoutfitters.com

ほかにPINK、オールド・ネイビー、アメリカン・イーグルなどのブランドも人気。

Map 別冊P.29-D2

Classic Modern
クラシックモダン

グッチのビンテージブラウス $250

1920年代のエジプト綿のビンテージドレス $520

STAFF'S FASHION CHECK!

STAFF Nanaさん

古着を1点加えるミックスコーデが好きです。

10フィート・シングルの姉妹店

Stella Dallas Living
ステラダラス・リビング

レディースの洋服を中心に、ビンテージのスカーフやアンティークボタンなどの小物を扱う。店内の棚にはたくさんのビンテージファブリックも。

映画製作者の方が小道具探しに来られることも!

エミリオ・プッチのワンピース $620

Map 別冊P.29-D2 ウイリアムズバーグ

🏠281 N. 6th St. (near Meeker Ave.) ☎1-718-387-6898
🕐12:00～19:15
Card A.D.J.M.V. 地下鉄Ⓖ線Metropolitan Avより徒歩約4分
@stelladallasliving

レザージャケット
1960～80年代の韓国製。革の風合いとタグのハングル文字がかわいい

お宝発見!イイネ!がたくさん

ビンテージショップで
お気に入りの一着を探そう♪

古着やビンテージをさりげなくミックスして着こなすニューヨーカーたち。どこか味のある洋服たちのなかから、自分だけのスタイルを!歴史を感じる素敵なアイテムやハイブランドの掘り出し物が手に入るかも。

1枚で決まる柄のワンピース $35

American Casual
アメリカンカジュアル

上品なファーが付いたニット $85

STAFF'S FASHION CHECK!

ビンテージTシャツとコットンパンツでさらっとシンプルに。

気軽に質問してね

週に1度入荷がある

10ft Single by Stella Dallas
10フィート・シングル・バイ・ステラダラス

日本人経営による古着店。1940～60年代の古着を中心に、幅広いセレクションが人気。とにかく店内が広いので宝探し気分で行こう!

1960年代のドレス
オレンジのようなピンクのような色がすてき

Map 別冊P.29-D2 ウイリアムズバーグ

🏠285 N. 6th St. (bet. Havemeyer St. & Meeker Ave.) ☎1-718-486-9487 🕐12:00～19:15 Card A.D.J.M.V. 地下鉄Ⓖ線Metropolitan AVより徒歩約4分
@10ftsinglebystelladallas

STAFF Cameronさん

✉古着を買うときは、時間に余裕をもって行くといいかも。根気よく探すと掘り出し物が見つかるよ。(福岡県・Lisa)

スリット入りのレトロな
大花柄ワンピース$70

John Abbottのワン
ピース$75

Etienne
Aignerのバッグ
$65

プリント
柄好きょ
必見よ♪

STAFF
Victoria
Phillipsさん

トップス
オレンジのトッ
プスもビンテー
ジ。デコルテライ
ンがキレイに
見えるVネック。

STAFF'S FASHION CHECK!
スカートを主
役にしたかっ
たので、トップ
スはシンプ
ルにし、ヘアス
タイルもすっ
きりとまと
めました。

スカート
ノベルティプリ
ントのビンテー
ジスカートは
1950年代に作
られたもの

イタリア製にこだわった
marcord Vintage Fashion
アマルコルド・ビンテージ・ファッション

イタリア人のオーナーが買いつける古着は、
ヨーロッパテイスト好きにおすすめ。小物の品
揃えも豊富。イースト・ビレッジにも店舗あり。

Map 別冊P.29-C2 ウイリアムズバーグ
🏠223 Bedford Ave.（bet. N.4th
& 5th Sts.） ☎1-718-963-4001
🕐12:00〜19:00 🈺月
Card A.D.J.M.V. 🚇地下鉄Ⓛ線
Bedford Avより徒歩約2分
URL amarcordvintage.com

もちろんココもCHECK!

インパクト大のユ
ニークなイラスト
が効いたTシャツ
$13.95

パキッとした
トリコロール
の柄がかわ
いいスカート
$18.95

ビーコンズ・
クローゼット
Beacon's Closet

ブルックリンらしく
店内は広く見やす
い。古着を売りに持
ち込む人と、購入し
にくる人でいつもに
ぎわっている。

Map 別冊P.29-C2 グリーンポイント
🏠74 Guernsey St.（near Nassau Ave.）☎1-
718-486-0816 🕐11:00〜20:00
Card A.D.J.M.V. 🚇地下鉄Ⓖ線
Nassau Avより徒歩約4分
URL beaconscloset.
com

STAFF'S FASHION CHECK!

かわいい
アイテム
いっぱいよ

ガーリーなワン
ピースはそのま
ま着てもかわい
いけど、レザー
のベルトとブー
ツでブラッシュ
アップしました！

ワンピース
お店で見つけた
ビンテージワン
ピ。肩のライン
がお気に入り

ワークブーツ
甘いワンピース
にはハードなブー
ツを。どこか
ハズすのがブ
ルックリン流？

STAFF
Mary
Hallさん

AWOKE VINTAGE

遊び心のある
ワンピース
$65

クールなライダース
ジャケット$275

キュートなアイテムが揃う
woke Vintage
アウォーク・ビンテージ

バッグやヘッド
アクセなどの小
物も充実

クオリティが高く、かわいら
しい商品が豊富。値段が手頃
なものが多いのもうれしい。
古着のほか、オリジナルアイ
テムも展開している。

Map 別冊P.29-C2 ウイリアムズバーグ
🏠132 N. 5th St.（near Bedford Ave.）
☎1-718-387-3130 🕐10:00〜21:00
Card A.D.J.M.V.
🚇地下鉄Ⓛ線Bedford Av
より徒歩約2分
URL awokevintage.com

古着やビンテージショップが多いエリアは、イースト・ビレッジやウイリアムズバーグ、ブッシュウィック。

Conse[rva]

コンサバ

本店詣で&限定アイテムも!

Tom Ford
トム・フォード

グッチとイヴ・サンローランのディレクターを経て2006年に創業。特にサングラスに人気。

Map 別冊P.20-A1
アッパー・イースト・サイド

🏠672 Madison Ave. (at 61st St.) ☎1-212-359-0300 🕙10:00～18:00(木～土～18:30) 🚇地下鉄ⓃⓌ線5Av/59 Stより徒歩約2分 URL tomford.com

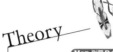

Michael Kors
マイケル・コース

1981年創業。アパレルからバッグまでシンプルで飽きのこない上品なデザインが揃う。

Map 別冊P.24-A3
アッパー・イースト・サイド

🏠790 Madison Ave. (bet. 66th & 67th Sts.) ☎1-212-452-4685 🕙10:00～17:00 🈡日 🚇地下鉄⑥線68 St - Hunter Collegeより徒歩約6分 URL michaelkors.com

Tory Burch
トリー・バーチ

2004年創業。Tの文字を組み合わせた特徴的なロゴ入りのバッグやシューズが人気。

Map 別冊P.8-B1 ソーホー

🏠151 Mercer St. (bet. Houston & Prince Sts.) ☎1-917-261-7172 🕙月～土11:00～19:00、日12:00～18:00 🚇地下鉄Ⓝ線Prince Stより徒歩約2分 URL www.toryburch.com

Theory
セオリー
チェルシー

1997年以来、スタイリッシュかつ機能的なアイテムから圧倒的な支持を得ている。

Map 別冊P.11-D1

🏠137 5th Ave. (bet. 20th & 21st Sts.) ☎1-212-460-5289 🕙月～土11:00～19:00、日12:00～18:00 🚇地下鉄ⓇⓌ線23 Stより徒歩約3分 URL theory.com

Cool

クール

Alexander Wang
アレキサンダー・ワン

台湾系米国人が2004年に創業。シンプルながらモードなデザインと手の込んだ仕立てが特徴。

Map 別冊P.8-B2 ソーホー

🏠103 Grand St. (at Mercer St.) ☎1-212-977-9683 🕙12:00～19:00(日～18:00) 🚇地下鉄ⓃⓆⓇⓌ線Canal Stより徒歩約2分 URL alexanderwang.com

Tiffany
ティファニー →P.14
本店

1837年創業。世界中の女性が憧れる高級ジュエリーブランドは食器やインテリア商品も展開。

Photos Courtesy of Tiffany & co.

Supreme
シュプリーム

スケーターカルチャーから発祥したストリートブランド。都会的で洗練されたアイテムが揃う。

Map 別冊P.9-C1 ノリータ

🏠190 Bowery (bet. Kenmare & Spring Sts.) ☎1-212-966-7799 🕙11:00～19:00(土～16:00、日～12:00～18:00) 🚇地下鉄ⒿⓏ線Boweryより徒歩約2分 URL supremenewyork.com

Marc Jacobs
マーク・ジェイコブス

1986年創業。そのときどきのトレンドを意識したポップでアバンギャルドなラインを展開。

Map 別冊P.8-B1 ソーホー

🏠127-129 Prince St. (at Wooster St.) ☎1-212-343-1490 🕙11:00～19:00(日～18:00) 🚇地下鉄ⓇⓌ線Prince Stより徒歩約4分 URL marcjacobs.com

Rag & Bone
ラグ&ボーン

2002年にイギリス人男性ふたりが創業。細部にまでこだわりが詰まったジーンズが人気。

Map 別冊P.8-B1 ソーホー

🏠119 Mercer St. (at Wooster St.) ☎1-212-219-2204 🕙11:00～19:00 🚇地下鉄ⓇⓌ線Prince Stより徒歩約2分 URL rag-bone.com

Ca[sual]

カジュアル

 セオリー、マーク・ジェイコブス、ケイト・スペードなどはオフプライスショップでお得に手に入ることもあるので要チェック!(東京都・ふうこ)

『地球の歩き方 aruco ニューヨーク 2024〜2025年版』

（2024年5月23日　初版発行）

情報訂正のお知らせ

●P.58　シティバイクに関するお詫び・訂正

本誌P.58に掲載しておりますシティバイクの料金につきまして誤りがございました。お詫びとともに、訂正させていただきます。

【誤】

30分以内の利用は無料

【正】

30分以内の利用でも有料

（シングルライド30分$4.79+tax、追加チャージは1分ごと30¢+tax）

本書発行後に変更された情報については『地球の歩き方ホームページ』で可能な限り最新データを掲載しています。ぜひこちらもご確認ください。

『地球の歩き方 aruco ニューヨーク 2024〜2025年版』の更新・訂正情報

https://www.arukikata.co.jp/web/directory/item/101122/

Gakken

日本でおなじみのブランドも実はNYが本店！なんてことも。外観からにじみ出るオーラとそのキラキラ感、超一流の接客など、買い物をしなくても一度は訪れる価値あり！本店でしか手に入らない限定アイテムも見つかっちゃうかも。

vative

Carolina Herrera

キャロリーナ・ヘレラ

1980年創業。歴代のファーストレディからも愛されている高級感あふれるドレスブランド。

Map 別冊 P.24-A3
アッパー・イースト・サイド

🏠802 Madison Ave. (bet. 67th & 68 th Sts.) ☎1-212-744-2076 ⏰11:00～19:00（日～18:00）🚇地下鉄⑥線68 St-Hunter Collegeより徒歩約4分 URLcaro linaherrera.com

Diane von Furstenberg

ダイアン・フォン・ファステンバーグ

1970年代にラップドレスで一世風靡。華やかでエレガントなワンピはセレブにも人気。

Map 別冊 P.10-B2
ミート・パッキング・ディストリクト

🏠874 Washington St. (at 14 th St.) ☎1-646-486-4800 ⏰12:00～18:00（日～17:00）🚇地下鉄Ⓐ©Ⓔ⓵線14 St-8 Avより徒歩約6分 URLdvf.com ※来店予約をすすめる

Oscar de la Renta

オスカー・デ・ラ・レンタ

着る人を引き立てるクラシックで上品なドレスが世界中の上流階級の女性から支持されている。

Map 別冊 P.24-A3
アッパー・イースト・サイド

🏠772 Madison Ave. (at 66th St.) ☎1-212-288-5810 ⏰11:00～18:00（日）🚇地下鉄⑥線68 St-Hunter Collegeより徒歩約5分 URLoscardela renta.com ※本店予約をすすめる

本店

Harry Winston

ハリー・ウィンストン

1932年創業。世界5大ジュエラーのひとつで、全商品に最高品質のダイヤモンドを使用。

Map 別冊 P.20-A2
ミッドタウン・イースト

🏠701 5th Ave. (at 55th St.) ☎1-212-399-1000 ⏰11:00～18:00（日12:00～17:00）🚇地下鉄ⒺⓂ線5 Av/53 Avり徒歩約2分 URLharrywinston.com ※来店は要予約

本店

ほかにもこんなブランドが！

日本でも人気のDKNY、カルバン・クライン、ジル・スチュアート、ブルックス・ブラザーズ、ポール・スチュアートなどもNYブランド

Feminine

Coach

コーチ

1941年に革小物工房として創業。品質、デザイン性の高さと比較的手頃な価格帯が魅力。

Map 別冊 P.20-A2
ミッドタウン・イースト

🏠685 5th Ave. (at 54th St.) ☎1-212-758-2450 ⏰10:00～20:00（日11:00～18:00）🚇地下鉄ⒺⓂ線5 Av/53 Stより徒歩約1分 URLcoach.com

Ralph Lauren

ラルフローレン

1968年以来アメリカの代表的なトラディショナルブランドとして老若男女から支持されている。

Map 別冊 P.24-A3
アッパー・イースト・サイド

Women's & Home : 🏠888Madison Ave. (at 72nd St.) ☎1-212-434-8000 ⏰10:00～19:00（日11:00～18:00）🚇地下鉄⑥線68 St-Hunter Collegeより徒歩約8分 URLralphlauren.com

Anna Sui

アナスイ

中国系米国人女性が1980年に創業。アジアとロックを融合したロマンティックなデザインが特徴。現在店舗なし。デパートなどで取り扱いあり。

本店

Kate Spade

ケイト・スペード　ソーホー

1993年創業。フェミニンでカラバリ豊富なバッグは実用的で耐久性も高く、働く女性に人気。

Map 別冊 P.8-B2

🏠454 Broome St. (at Mercer St.) ☎1-212-274-1991 ⏰11:00～18:00（日12:00～）🚇地下鉄ⓇⓌPrince Stより徒歩約5分 URLkatespade.com

ブランドタイプ別チャート！

トートバッグも便利よ

レジ横にあるショップカード

NYモチーフを探しちゃお♡
とにかくかわいい文房具＆紙もの

かわいいノート、バラエティ豊かなカード、スタンプなど……
昔ならではの文房具と紙ものはデジタルにない魅力がたっぷり。
NYモチーフのカードで手紙を出すなんてのもいいかも！

繊細で上品な紙モノがずらり

Greenwich Letterpress
グリニッチ・レタープレス

TRAVEL JOURNAL

$6

NYの街並みのイラストが全面に描かれたカード

PEACE AND LOVE FROM NEW YORK CITY

$6

ジョン・レノンのイラストがデザインされたノート

$18

カラフルなドットがかわいい水玉模様のリングノート

HAPPY BIRTHDAY FROM NYC

$6

誕生日カード。友達にNYから送ってあげよう

HAPPY BIRTHDAY

$6

ケーキのイラストがキュートなカード

$6

NYをモチーフにしたカードやシールなどが豊富に揃う

姉妹が経営する店には、女性ならではのセンスあふれるアイテムが勢揃い。特にここでしか買えないグリーティングカードがおすすめ！

Map 別冊P.11-C2 グリニッチ・ビレッジ

🏠15 Christopher St. (bet. Grove St. & Waverly Pl.) ☎1-212-989-7464 🕐11:00～19:00（日・月12:00～18:00）🚇地下鉄①線Christopher St-Sheridan Sqより徒歩約3分 Card A.D.J.M.V. URL greenwichletterpress.com

✉NY美大生御用達の画材屋Blick Art Materials は Map 別冊P.12-A2 は見ているだけでもおもしろい。（千葉県・ゆあ）

$6

$6

$6

ラバースタンプ。デザインが豊富で楽しい

各$6〜

$3

オールドNYのイラストがアンティーク調でおしゃれなポストカード

自由の女神やマンハッタンの地図のイラストがおしゃれなミニノート。ちょっとレトロなデザイン

カスタムメイドできる紙製の名札。色も選べる！

各$4〜

なんでも相談してね

写真左の紙製の名札は店内で作ってくれる。デザインや色をいろいろ相談できるのがうれしい

全米展開するステショ専門店

paper source
ペーパー・ソース

シカゴ発の専門店はNY市内に10店以上展開。広々とした店内にはカードや包装紙、スタンプからDIYグッズまで幅広いアイテムが揃う。

Map 別冊P.19-D3 ミッドタウン・ウエスト

🏠30 Rockefeller Center（ロックフェラーセンター内地下1階）
☎1-212- 956-6172 🕘9:00〜18:00 🚫土・日 🚇地下鉄Ⓑ線
ⒻⓂ線47-50 Sts-Rockefeller Ctrより徒歩約1分 Card A.D.J.M.V.
URL papersource.com

ラッピングペーパー。種類が豊富で迷う

$5
オリジナルの"YOU ARE LOVED"ボールペン

犬好き必見！ワンちゃんのカラフルなイラストがキュートなノート

$18

$14
ペンギンのピンバッジ。たくさん買って並べてもかわいいかも

ブルックリンをイメージしたグリーティングカード

1枚$6

レトロかわいいグッズの宝庫

BOWNE&CO. STATIONERS
バウン＆コー・ステイショナーズ

1839年建造の倉庫を改装した店内には、19世紀の印刷技術を使った味のあるグッズがいっぱい。レアなおみやげ探しにもぴったり。

Map 別冊P.7-C1 ロウアー・マンハッタン

🏠211 Water St.（bet. Beekman & Fulton Sts.）☎1-646-315-4478 🕘11:00〜17:00 🚇地下鉄②③線Fulton Stより徒歩約4分 Card A.D.J.M.V. URL bowne.co

$17.50
リング付きのミニノート。中は無地なのでスケッチブックとしても使えそう

$11.50

$18.50
アメリカの定番油性マーカー、シャーピーのセット。12色展開

プレゼントをあげるときにはこんなパーティバッグが大活躍

$24
ヘーゼルナッツラテフレーバーのソイキャンドル

遊び心あふれる逸品がいっぱい

PINK OLIVE
ピンク・オリーブ

有名デパートのバイヤーだったオーナーのグレースさん率いるチームがユニークな商品を厳選。地元アーティストの作品も要チェック！

Map 別冊P.11-C2 グリニッチ・ビレッジ

🏠30 Charles St.（bet. 7th Ave. & West St.）☎1-212- 691-1728 🕘11:00〜19:30（土〜19:00、日〜18:00）🚇地下鉄①線Christopher St-Sheridan Sqより徒歩約5分 Card A.D.J.M.V. URL pinkolive.com

ゆっくり見てね

とにかくかわいい文房具＆紙もの

ペーパー・ソースはユニオンスクエアの近く **Map** 別冊P.11-D2 などNY市内に多数店舗あり。

ミュージアムショップで発掘！
センスが光る**アート**なおみやげ

NYに数ある美術館には、ほとんどにギフトショップが併設されている。トートバッグやアクセサリー、文房具など、思わず手に取ってみたくなるようなものがたくさん！ おみやげ探しに悩んだらこちらにGO！

ティファニーブルーみたい

$20

"Art is what you can get away with."

C

アンディ・ウォーホルの花柄が描かれたトートバッグ。反対側にはウォーホルの名言「アートはなんでもまかり通る」と描かれている。

地下鉄の新システム「OMNY（オムニー）」のロゴがデザインされたスタイリッシュなトートバッグ。これを持っていれば、かなりのNY通！

$20

A

公共図書館入口のライオン像が描かれ、反対側は「今何を読んでいるの？」のメッセージ。7種類あるので気に入ったメッセージを選んで。

B

$26

What are you reading now?

New York Public Library

$28

バッグ

モンドリアンの作品そのもの

$17

こんなポーチも！

$12

NY METRO

左は図書カードがデザインされたトート。マチもあって使いやすい！ 右は地下鉄マップが描かれたバッグ。小さく折りたためる。

B

THE NEW YORK PUBLIC LIBRARY

$16

C

モンドリアンの作品をトートバッグに描いたらこんなにおしゃれ。リサイクル・ポリエステル素材なので軽量でコンパクトなのもいい。

A

エンパイアやホットドッグなど、手描き風なタッチのNYモチーフが描かれたポーチ。リング付きなのでバッグに付けて持てる！

B

MUG マグ

$20

イントレピッド博物館で見つけたアメリカ国旗柄のマグカップ。デザイン性の高いマグカップが多くなっているからこそシンプルで勝負！ E

$12.95 C

レインボーカラーを中心にカラフルなハートが目を引くMTA（地下鉄とバスの会社）のマグ。色使いにNYの多様性を感じる。

$16 F

移民が多く住んでいたロウアー・イースト・サイドで食べられるNYフードをちりばめて！ MAPTOTEデザインのマグ。

$19.99

$16

$16.95 C

F

左はかつてニューヨークのデリで使われていた紙コップを陶器で再現したカップ。右は駅のイメージイラストがかわいいマグ。

センスが光るアートなおみやげ

WEAR ウェア

$34.99 E

アメリカの航空機メーカーのワッペンがカッコいいP-51 マスタングのキャップ。アースカラーで合わせやすいのでおみやげにもオススメ。

「すてきなブルー！」

エド・ルシェの作品がChampionのおしゃれなフディとして復活。鮮やかなブリリアントブルーにブライトイエローの文字が映える！ A

OOF

$60

MoMA

$16 D

I♡NYの部分がホットドッグとプレッツェル柄に！ 思わずニヤリとしてしまうユニークでニューヨークらしいソックス。

$16 F

New EraとMoMAのダブルネームのヤンキースキャップ。アジャスター仕様でサイズ調整可能。日本では手に入らないので要チェック！ カラー展開あり。

AND MORE...

$16 B

くまのプーさんのキーリング。NY公共図書館本館にはモデルになったプーさんのぬいぐるみと原画の展示もあるので、こちらも必見！

$15

$14.99 F

かつてロウアー・イースト・サイドに立ち並んでいた洋品店。そこで作られていたというドレスをモチーフにしたピン。

本好きな人へのおみやげにぴったりなのが本のピアス。耳元で揺れる本がかわいい。シルバーのほかゴールドもあり。 B

$245 C

地下鉄の改札で切符のように使われていたトークンをチャームにしたブレスレット。歴代トークンがじゃらじゃらでCool！

「地下鉄の歴史が！」

D ニューヨーク市立博物館
Museum of the City of New York

NY市の歴史と美術を保存・紹介する博物館だけあってNYならではの多彩なアイテムが多数。おみやげ探しだけに訪れても楽しい。

Map 別冊P.5 アッパー・イースト・サイド

🏠1220 5th Ave. (bet. 103rd & 104th Sts.)
☎1-212-534-1672 🕙10:00～17:00（土・日～18:00）🈺火・水
CardA.D.J.M.V.
🚇地下鉄⑥線103 Stより徒歩約8分
URLwww.mcny.org

E イントレピッド博物館
Intrepid Museum

航空母艦を利用したミュージアム内にはギフトショップが点在。センス抜群のオリジナルが多く、飛行機の模型やNASAのグッズも扱う。

Map 別冊P.18-A3 ミッドタウン・ウエスト

🏠Pier 86, W. 46th St. (near 12th Ave.)
☎1-212-245-0072 🕙10:00～17:00
CardA.D.J.M.V.
🚇地下鉄ⒸⒺ線50 Stより徒歩約20分
URLintrepidmuseum.org

F テネメント博物館
Tenement Museum

移民の歴史を紹介する博物館だけあり、ノスタルジックなモチーフや雑貨、移民関連の書籍などが豊富。MAPTOTEとのコラボアイテムも。

Map 別冊P.9-D1 ロウアー・イースト・サイド

🏠103 Orchard St. (near Delancey St.) ☎1-877-975-3786 🕙10:00～18:00 **Card**A.D.J.M.V.
🚇地下鉄Ⓕ Ⓙ Ⓜ Ⓩ線Delancey St-Essex St駅より徒歩約2分
URLwww.tenement.org

こちらに紹介するミュージアムショップは入場料なしで入れる。気軽に行ってみて！

1. オールド・ニューヨークが描かれた真っ赤なトート $18
2. 折りたたみでコンパクト！になるエコバッグ $14　3. こちらのエコバッグはユニークなイラストが $14　4. クラウディア・パーソンのイラストがすてきなトートバッグ $24　5. I♡NYのトランプもある $8　6. NYを感じさせるマグネット $5〜

1 Chelsea Market Basket

気の利いたおみやげが見つかる

チェルシー・マーケット・バスケット

ギフト用グッズの詰め合わせバスケットを売っているお店。チョコレートをはじめとするお菓子、NYをモチーフとしたカードや雑貨などがたくさん揃う。

食べるのもいいけど

チェルシー

タイパ重視で

食べ歩きとおみやげ探しを
アーケード型なので移動も
大集合して
時間があっても

C H E L S E A

ハチミツかけてね

7. マストとメトロポリタン美術館のコラボチョコ各 $9.95　8. ブルックリンメイドのタブレットチョコ、ラーカ各 $8.95　9. 個装がうれしい、ラーカのワッフルクランチ $34　10. ブルックリンの Graziella Coffee $16.95　11. Grady's のコールドブリュー $14　12. パッケージのニコニコがかわいい Hampton Grocer のグラノラ各 $11.95　13. Eleni's のチョコチップクッキー $5.95　14. やみつきになる唐辛子入りハチミツ $15

✉ ファットウィッチ・ベーカリーでは、ロゴのイラスト入りマグもかわいくておすすめ。（大阪府・はーちゃん）

アートな
ものが
見つかる！

1. キッチンクロスの種類が
豊富　2. タイル模様のソープ
ディッシュ$18〜　3. 刺しゅうとイラ
ストが絵画のようなキッチンクロス
$22　4. クロスとお揃いで手に入れた
いエプロン$32　5. ヨガマット用の消
毒スプレーもかわいい$13　6. アンソ
ロポロジー定番のイニシャルマグ$14

イエローキャブ
がモチーフのイラ
ストが描かれ
たネームタグ$8

2 Anthropologie
おしゃれ女子必見
アンソロポロジー

1992年、フィラデルフィアで誕生。ファッ
ション、生活雑貨、インテリアなど、あざや
かな色合いでかわいいアイテムがずらり！

3 Artists & Fleas
ブルックリンにもある
アーティスツ＆フリーズ

NY在住のアーティス
トが作るクラフトア
イテムが買える。ア
クセサリー、アパレ
ルなどが出店する。

マーケットでは
おみやげ探し！

一緒にできちゃうのがここ。
楽だし、NYの人気店が
入るのもgood。
なくてもマストゴー！

M A R K E T

ミニ
ブラウニー
1個$2.75〜

ベーシックからコー
ヒー味などさまざま

魔女のキャラクターで人
気。NYみやげの定番と
もいえるブラウニー専門
店。カカオの香りとしっ
とりとした甘さがいい。

4 Fat Witch Bakery
魔女のイラストが目印
ファットウィッチ・ベーカリー

Wi-Fi
つながる！

MPDの
ランドマーク！

NYの食の流行発信地
チェルシー・マーケット
Chelsea Market

ナビスコ工場を改造し1997年にフード中心
のモールとして誕生。50以上の店があり、食
の流行に敏感なグルメたちで常ににぎわう。

Map 別冊 P.10-B1・2　チェルシー

West 16th St.

10th Ave.

9th Ave.

3　1

4　2

West 15th St.

🏠 75 9th Ave.(bet. 15th. & 16th Sts.) 店舗により異なる ⏰7:00〜20:00
（店舗により異なる） 店舗により異なる 地下鉄Ⓐ©Ⓔ L線14 St-8 Av よ
り徒歩約4分 URL www.chelseamarket.com

地下にはスーパーや精肉店などがある。トイレもこちら！

チェルシー・マーケットでおみやげ探し

こだわりのチョコーレート・ブランドが多いNY。種類も豊富だから迷っちゃう。そこでおすすめチョコを一挙ご紹介

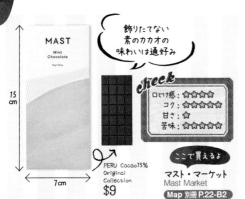

飾りたてない素のカカオの味わいは通好み

check
- ロけ感：★★★★☆
- コク：★★★★★
- 甘さ：★☆
- 苦味：★★★☆

PERU Cacao75% Original Collection $9

ここで買えるよ

マスト・マーケット
Mast Market
Map 別冊P.22-B2
アッパー・ウエスト・サイド

🏠353 Columbus Ave. (bet. 76th & 77th Sts.)
☎1-212-874-6728
🕐8:00〜20:00
Card A.D.J.M.V.
🚇地下鉄Ⓑ©線81 St-Museum of Natural Historyより徒歩約5分
URLmastmarket.com

Mast

マスト

兄リックさんと弟マイケルさん、マスト兄弟によるブルックリン発のブランド。素材となるカカオにこだわり、大人のチョコとして人気を博している。

Le chocolat des Français

ル・ショコラ・デ・フランセ

フランスで絶大な人気を誇るチョコがモマ・デザイン・ストアで限定販売中。バケ買い必至のキュートなチョコは無添加でクオリティも大満足！

ここで買えるよ

モマ・デザイン・ストア MoMA Design Store
Map 別冊P.19-D2 ミッドタウン・ウエスト

🏠44 W. 53rd St. (bet. 5th & 6th Aves.) ☎1-212-767-1050 🕐9:30〜18:30（土〜19:30） Card A.D.J. M.V. 🚇地下鉄Ⓔ線5 Av/53 Stより徒歩約2分 URLstore.moma.org

Milk Chocolate with Almonds $11

check
- ロけ感：★★★★☆
- コク：★★★★☆
- 甘さ：★★★☆
- 苦味：★☆

リッチなミルクチョコと香ばしいアーモンドが絶妙にマッチ！

ワイルドな西部をイメージしたちょっぴり大人な味わい

Brooklyn Cowgirl Collection Alderwood Smoked Salt 50% raw + 50% roasted chocolate $8.99

check
- ロけ感：★★★★☆
- コク：★★★★☆
- 甘さ：★★☆
- 苦味：★★☆

ここで買えるよ

ファイン＆ロウ・チョコレート
Fine & Raw Chocolate
Map 別冊P.28-A2外
ブッシュウィック

🏠70 Scott Ave. (bet. Randolph St. & Johnson Ave.)
☎1-718-366-3633
🕐10:00〜18:00 Card土・日
Card A.D.J.M.V. 🚇地下鉄Ⓛ線Jefferson Stより徒歩約5分
URLfineandraw.com

Fine & Raw Chocolate

ファイン＆ロウ・チョコレート

日陰栽培されたオーガニック生カカオの味わいを、特殊な低温処理で引き出したのがポイント。

Hu Kitchen

ヒュー・キッチン

ビーガン＆パレオ・スタイル®で人気のデリがプロデュース。遺伝子組み換え作物や精製砂糖などは一切使用していない。

※パレオ：旧石器時代の食生活を再現しようというユニークな食のスタイル。

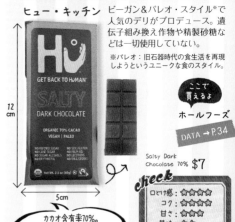

ここで買えるよ

ホールフーズ

DATA → P.34

Salty Dark Chocolate 70% $7

check
- ロけ感：★★★★☆
- コク：★★★★☆
- 甘さ：★★★☆
- 苦味：★★☆

カカオ含有率70‰シンプルでピュアなダークチョコに塩味がアクセント。分厚くて食べ応え満点！

✉ホールフーズ（→P.34）には、カカオ・プリエトやラーカなど板チョコがずらり。NY産には「LOCAL」のロゴあり。（東京都・アイ）

チョコレートがいっぱい

イマドキのチョコをゲットしよ〜♪

> シルキーな
> なめらかさでほろ苦さも
> まろやかに

Midnight Soul
Cacao 80%
$9

15cm / 7.5cm

80%
PURE 80% DARK CHOCOLATE
MIDNIGHT SOUL

check
- ロとけ感：★★★★★
- コク：★★★★★
- 甘さ：★★
- 苦味：★★★

Jacques Torres Chocolate

ジャック・トレス・チョコレート

"ミスター・チョコレート"の名で親しまれるジャック・トレス氏のシリーズ。目印のオレンジの包装紙がキュート。

ここで買えるよ
ジャック・トレス・チョコレート
Jacques Torres Chocolate
Map 別冊P.27-C1
ダンボ

🏠66 Water St.
(near Main St.)
☎1-718-875-1269
🕙10:00〜19:00
Card A.D.J.M.V.
🚇地下鉄Ⓕ線York St より徒歩約6分
URL mrchocolate.com

ここで買えるよ
ラーカ・チョコレート
Raaka Chocolate
Map 別冊P.26-A3 レッドフック

🏠58 Seabring St.（near Van Brunt St.）
☎1-855-255-3354 🕙月〜木11:00〜16:00、金〜日11:00〜18:00 Card A.D.J.M.V. 🚇地下鉄Ⓕ Ⓖ線Caroll Stより徒歩約17分
URL www.raakachocolate.com

check
- ロとけ感：★★★★★
- コク：★★★★★
- 甘さ：★★★
- 苦味：★★★

Maple and Nibs (75% cacao) $7

> メープルの甘さと
> クリスピーな
> カカオ・ニブの
> 食感が絶妙

Raaka 75% CACAO
CANE SUGAR FREE
Maple & Nibs
UNROASTED DARK CHOCOLATE

14cm / 6cm

Raaka Chocolate

ラーカ・チョコレート

生カカオの低温加工技術を追求した末に誕生した上質のビーガン・チョコ。フェアトレードとオーガニックにこだわりぬいた逸品。カカオの深い味わいを堪能できる。

Blue Stripes Cacao Shop
ブルー・ストライプス・カカオショップ

世界展開するチョコ専門店マックス・ブレナーの創業者が立ち上げた新店舗。カカオのおいしさをしっかり感じられるチョコがラインアップ。

ここで買えるよ
ホールフーズ
DATA → P.34

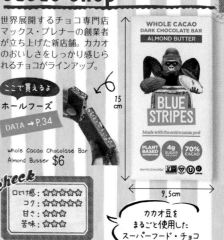

WHOLE CACAO
DARK CHOCOLATE BAR
ALMOND BUTTER
BLUE STRIPES
Made with the entire cacao pod
PLANT BASED SUPERFOOD / 4g SUGAR / 70% CACAO

15cm / 9.5cm

Whole Cacao Chocolate Bar
Almond Butter $6

check
- ロとけ感：★★★★★
- コク：★★★★★
- 甘さ：★★★★
- 苦味：★★★★

> カカオ豆を
> まるごと使用した
> スーパーフード・チョコ

おしゃれなチョコレートがいっぱい

MarieBelle マリベル

ここで買えるよ
マリベル MarieBelle
Map 別冊P.8-B2 ソーホー

🏠484 Broome St.(bet. Wooster St. & W. Broadway)
☎1-212-925-6999
🕙11:00〜19:00(土・日〜20:00)
Card A.D.J.M.V. 🚇地下鉄Ⓒ Ⓔ線Spring Stより徒歩約5分
URL mariebelle.com

日本にも上陸済み。アートな模様をプリントしたガナッシュチョコが有名なマリベル。かわいいパッケージのこだわりチョコも。安定のおいしさも魅力。

Running Espresso $12

MARIEBELLE
Running Espresso
CHOCOLATE BAR

18.5cm / 8.5cm

check
- ロとけ感：★★★★★
- コク：★★★★★
- 甘さ：★★★
- 苦味：★★★

> ダークチョコレートに
> エスプレッソを加えた
> 大人の味！

裏aruco
独断 取材スタッフの TALK

自分用にはこれをお持ち帰り！
私のリアル買いアイテム♡

取材スタッフがNY滞在中に購入したおみやげはこちら。
おみやげ選びの参考にしてみて！

定番の
くまさん

全部買って帰りたい！ グリーンマーケットで発見したいろいろ♪

参加ベンダー140以上と市内最大規模。色鮮やかな野菜や果物、パンやチーズのほかにおみやげによさそうなものもたくさん見つかる！ 朝イチに出かけて、試食したり、ニューヨーカーを眺めたり、暮らしているような気分で過ごせるのもいい。テナントの出店日には注意を。(編集N)

ユニオンスクエア・グリーンマーケット　Union Square Greenmarket
Map 別冊 P.12-A1 グラマシー
🏠Union Square W. (at 15th〜17th Sts.) ●月・水・金・土
8:00〜18:00 🚇地下鉄LⓃⓆⓇⓌ④⑤⑥線14 St-
Union Sqか/徒歩約1分 Cardテナントにより異なる
grownyc.org/greenmarket/manhattan-union-square-m

1,2, NY産のハチミツがずらり。
Andrew's Honey　3. NY近郊で採られるラベンダーの店　4. プレッツェル専門店Martin's Handmadeは食べやすいので割れているものをチョイス

日本ではなかなかお目にかかれない
アンソロポロジーのミニボウル

洋服だけでなくキッチン用品もかわいいアンソロポロジー。マグもいいけど私のお気に入りは、ラテミニボウル。イチゴが2〜3粒くらい入るほんとに小さめサイズなのですが、これがとっても使いやすい！ NY滞在中もフルーツやスナックを入れたりして使ったあとは、割れないようにていねいにパッキングして日本に持ち帰ります。行くたびに新色が出ているのでチェックです！ (編集N)

アンソロ
ポロジー → P.107

直径8.5cm、高さ5cmくらい。いろんな色を集めてスタックするとかわいい。各$5

ヨガやジムのお供にGood!
The Republic of TeaのSingle Sips

アメリカのティーブランド、The Republic of Teaの『シングルシップス』がお気に入り。水にこちらを溶かすだけでアップルサイダービネガーウオーターができあがり！ お酢の力でヘルシーにリフレッシュ！ (編集N)

1. クランベリーフレーバー$19.99　2. パイナップルフレーバー$19.99　3. 水にすぐ溶けるシングルシップス

主要スーパー
で見つかる → P.32

ここにしかないレアアイテム！
老舗ストアとBAGGUのコラボバッグ

ジューイッシュ・コンフォード・フードの老舗店で発見したのは、ショッピングバッグと同じデザインのトートバッグ！ NYバッグブランド(現在はサンフランシスコに移転) BAGGUとのコラボアイテムだから買うしかない！ (フォトグラファーT)

店名や住所などがデザインされたトートバッグ$38

ラス&
ドーターズ → P.92

ティン・ビルディングとジャックトレス
夢のコラボチョコは即買いで！

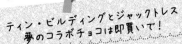

NYのスターシェフ、ジャン・ジョルジュが手がけたフードホール、ティン・ビルディング。ギフトコーナーには、NY老舗チョコレートブランド、ジャック・トレスとのコラボチョコが！ 思わずGET！ (ライターU)

1. キヌアとナッツを60％ダークチョコでコーティング$8　2. こちらはドライマンゴーを60％ダークチョコでコーティング$13

ティン・ビル
ディング → P.88

店内はまるでお菓子の国のよう
カラフル＆ポップなビジュよしキャンディ

ラルフ・ローレンの娘、ディラン・ローレン氏が立ち上げたお店。オリジナルのチョコバーのほか、量り売りのキャンディ（チョコレートなどのお菓子のこと）がある。パッケージがかわいいのでおみやげにおすすめ！（編集H）

お花から恐竜まで〜

1. 25種類以上あるチョコバー。タイミングにより限定商品も 2, 3. 量り売りのグミ。ユニークな形もたくさん 4. 話題エリアのハドソンヤーズのなかにあり便利

ディランズ・キャンディ・バー Dylan's Candy Bar
Map 別冊P.14-B3 ミッドタウン・ウエスト

🏠20 Hudson Yards（ハドソンヤーズ・ショップス＆レストラン4F）☎1-646-661-6094 ⏰10:00〜20:00、（金・土）〜22:00、日11:00〜19:00 🚇地下鉄⑦線34 St-Hudson Yardsより徒歩約2分 **Card**A.D.J.M.V. **URL**dylanscandybar.com

---

コーヒー豆を買える場所はたくさんあるけど、
やっぱりココが落ち着きます！

NYにおしゃれなコーヒー屋さんはたくさんあるけど、ビレッジにある老舗コーヒー店がお気に入り♡チョコミントやブルーベリークリームなどのフレーバーなど、ほかではなかなかない味に出会える！（フォトグラファーK）

ポートリコ・インポーティング・コーヒー
Porto Rico Importing Company
Map 別冊P.11-D3 グリニッチ・ビレッジ

🏠201 Bleecker St.（bet. 6th Ave. & Downing St）☎1-212-477-5421 ⏰8:00〜19:00（土）9:00〜、（日）10:00〜18:00 🚇地下鉄①線Houston Stより徒歩約5分 **Card**A.D.J.M.V. **URL**portorico.com

1. フレーバーのコーヒーは$16.99（1lb）。わらしべたずまい 1907年から変 3. 店内には麻袋入りのコーヒー豆が

いちばんチープだけど
いちばんグッときたスーベニアメダル♡

ニュージャージーへ行くウォーターフェリーのターミナルで見つけたのが、スーベニアメダルの機械。なんと51¢！自由の女神やエンパイアなど全4種類。できあがったらなんだか感動しちゃった！（ライターR）

NYウオーターウェイ・フェリーターミナル
Pier 79, NYC Waterway Ferry Terminal
Map 別冊P.14-A1 ミッドタウン・ウエスト

🏠Pier 79（at 39th St., West Midtown Ferry Terminal）🚇地下鉄Ⓝ⑥Ⓡ⑤線①②③⑦線Times Sq-42 Stより徒歩約17分

1,2. ハンドルを回して絵柄を選んだら、クオーター（25¢硬貨）2枚とペニー（1¢硬貨）1枚を差して押し込む 3. ワールド・トレード・センター 4. こちらはI♡NY

ベーグルにだけじゃもったいない！
EVERYTHING but the BAGELシーズニングに夢中

市内に多数あるスーパー、トレーダー・ジョーズの大人気アイテムがベーグルのシーズニングとして知られるEverything but the Bagel Sesame。ゴマやガーリックが効いたこのシーズニングを使ったサーモンやスナックは、食べ始めたら止まらなくなるおいしさ！ あのプリングルスからもエブリシングチップスが発売されるくらい、Everythingシーズニングは大注目。（ライターK）

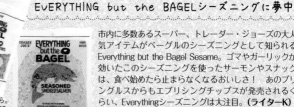

すべてEVERYTHING but the BAGELシリーズから。
1. Seasoning Blend $1.99 2. Potato Chips $2.99
3. Nut Duo $3.99 4. Smoked Salmon $5.99。

トレーダー・ジョーズ → P.35

眺めている
だけで
ワクワク！

Fishs Eddyの
かわいい
キッチングッズ
ぜんぶ見せます！

NYモチーフを中心に多彩なシリーズを展開するキッチン雑貨店は、おしゃれ女子に大人気。価格もリーズナブルで、おみやげにもぴったり！

エンバイアが描かれたキュートな小皿$9.50

212 SKYLINE

人気No.1シリーズはNYの有名な建物をフィーチャー。212はNYの市外局番。

軽くて丈夫なプラスチック製トート$8.50

給水タンクのグラス$13。TAPは蛇口のこと

NYC
TAP

Brooklyn Bridge   Woolworth Build.

NYらしいデザインの宝庫！
フィッシュズ・エディ
Fishs Eddy

1986年のオープン以来ニューヨーカーに愛されている老舗店。レストランクオリティの食器類はNYらしいハイセンスなデザインで彩られ新作も続々登場！

FISHS EDDY

Grand Central Station

Map 別冊P.11-D1 チェルシー

▲889 Broadway (at 19th St.) ☎1-212-420-9020 ●月～水10:00～18:00、木～土10:00～18:00、日11:00～19:00 CardA.D.J.M.V. ◎地下鉄①②③④⑤⑥線14 St - Union Sqより徒歩約6分 URLfishseddynyc.com

New York City
2014

スカイラインが描かれたタッパー$11.50

2014年に完成した1WTCのマグ$19.95

部屋にあるだけでハッピー気分♪

コーヒータイムが楽しみになりそうなマグ$24.95

ディッシュ・タオルの中央はブルックリン・ブリッジ$16.95

COLLAGE CITY

メキシコ出身の女性イラストレーターによるフェミニン＆レトロなデザインが特徴。

トートバッグやキャップなどに付けたいピンバッチ$12

クライスラーやエンバイアが描かれたトレイ$26.95

Brooklyn

✉ NYに行く前には100均で梱包材を買って持参。帰りはそれで食器を包んで手荷物に入れればばっちり！（東京都・しおり）

Bimbo

ブルックリンなど3つの橋が描かれたトート
$20.95

BRIDGE & TUNNEL

ブルックリンとマンハッタンのトンネルのマグ。
$24.50

橋とトンネルシリーズは渋めテイストで男性へのおみやげにも！

カッコイイがいっぱい！

BROOKLYN

ブルックリン・ブリッジとブラウンストーンの建物をモチーフにクールなデザインを展開。

BROOKLYN MUGS $15.95

MUGS

動物好きのセオドア・ルーズベルト元大統領（テディ）がモチーフ。

TEDDY ROOSEVELT

THEODORE ROOSEVELT
Have a Bull Moose Day
MADE IN THE U.S.A.

Teddy & Bear

テディとクマがハイファイブしているトート。$24.95

ブルックリン出身のカントリーミュージシャンのイラスト入り。
$23.95

アメリカ歴代政治家の似顔絵が描かれたマグ！
$23.95

BOARDWALK

コニーアイランドにある遊園地とボードウオークをフィーチャー。

BOARDWALK COLLECTION

男性同士が「離婚したばかり」がNYっぽい。
$23.50

CAT PERSON

Manhattan Blue Plate シリーズの特製マグ。
$22.95

シンプルでレトロなディッシュ・タオル。
$16.95

オーナー夫妻の息子さんが描いたイラストのマグ。$23.95

BenさんのコーナーもCheck!

オーナーの息子で画家のベンさんのコーナーには彼がクリエイトしたスタンプとブロックがいっぱい。ペットの肖像画の部屋も見てみて！

セールコーナーも必見！

入口を入って右手にあるセールコーナーと店内奥のCHEAP CHINA（安い陶磁器）コーナーも必見！

STORAGEWARE
Smokin' Hot SALE 50%

高品質なので長く愛用できるよ！

212 SKYLINE シリーズのマグは定番中の定番。$14.95

Enjoy LIFE

美を追求し続ける

Bliss

ブリス

1996年に誕生。目的別のラインでニューヨーカーをトリコに。スパ&オリジナル商品が人気！

セレブがこぞって愛用！

1. ベストセラーのレモン&セージのボディケア$13～60
2. 塗るだけでやせる効果があり!?という夢のようなクリーム、ファットガール・スリープ$24

パッケージもおしゃれ

1. ヨレにくい軽いテクスチャーのボア・エクリプス・マット・トランスルーセント・セッティング・パウダー$32　2. リップにもチークにも使えるスティック$24

スティックのコスメで有名に

Milk MAKEUP

ミルク・メイクアップ

果物や野菜などの天然素材を使用、動物実験を行わないコスメブランド。パッケージもかわいくてSNSでも話題。

アーバン・アウトフィッターズ➡P.107

オリジナル商品をチェック！

C.O. Bigelow Chemists

シーオー・ビゲロウ・ケミスト

1838年創業の老舗ドラッグストア。注目は緑茶やフルーツを使ったオリジナル商品。

1. ローズマリーとミント配合のボディクレンザー$15　2. ライムとコリアンダーの香りがさわやかなハンドウォッシュ$15　3. ローズサルベ$7.50は顔にもボディにも　4. レモンオイルを使ったボディクリーム（32oz）$59.50

NY発コスメ
イキイキ、ピカピカ

キレイになりたい！は、世界そんな願いをかなえてくれるニューヨーカーに愛される

1. ロゴのチャームとゴールドのケース付きのリップスティック$105
2. ハイエンドブランドが並ぶ通りをイメージしたフレグランスMadison Avenue$275～

フレグランスで一躍有名に

NYでフレグランスといえば

Bond No.9

ボンド・ナンバーナイン

住所が店名のフレグランス・ブランド。NYのエリアを香りとして表現。アートを感じるボトルもいい。

リピーター続出の老舗ブランド

MARIO BADESCU

マリオ・バデスク

美容専門家が開発したNYスパブランド・コスメ。40年以上の歴史があり、即効性抜群とセレブたちにも支持されている。日本未上陸なので要チェック。

※カジュアルウエアのアーバン・アウトフィッターズで扱いあり

アーバン・アウトフィッターズ→ P.107

リーズナブルな価格も魅力♡

1. 気になるニキビや吹き出物にはこちらドライング・ローション$18 2. すべての肌タイプに使えるアロエ・ハーブ・ローズウォーター・スプレー$8

グリーンビューティを代表する

1. チークのような輝きと潤いを与えてくれるハイライティングチーク$32
2. 自然で健康的なツヤを実現してくれるリキッド・チーク$25

クリーンコスメなら

saie

セイ

2019年に誕生したクリーンビューティのブランド。厳選されたピュアな素材を使ったアイテムの数々が高く評価されている。

※コスメ店セフォラなどで扱いあり

@saiebeauty

で美しく♡
女子力アップ！

中の女の子の共通の思い。るコスメをご紹介〜♪アイテムをゲットしよう。

メアリー=ケイトオルセンも愛用とか

日本でも不動の人気！

Map 別冊P.12-B2

イースト・ビレッジ

🏠109 3rd Ave.(bet.13th & 14th Sts.) ☎1-212-677-3171 🕐月〜土10:00〜20:00、日11:00〜18:00 💳A.D.J.M.V. Ⓜ地下鉄Ⓛ線3 Avより徒歩約2分 🔗stores.kiehls.com

1. キールズのアイコン的商品リップバーム各$12
2. ウルトラ・フェイシャル・モイスチャライザー$39

Kiehl's

キールズ

調剤薬局として開店。ハーブや薬学の知識をもとに天然素材成分を配合したアイテムが揃う。

パッケージが華やか♡

1. 薔薇のハイライター、チーキィ・ローズ $20 2. 目元専用のコンシーラー$18 3. 青部分は唇のpHに反応してピンクになるレインボーpHティンテッド・リップバーム$18 4. ドライフラワーがかわいいフラワー・リップバーム$17

SNSで話題沸騰

WINKY LUX

ウィンキー・ルクス

遊び心ある世界観とビビッドなカラーで大人気のブランド。パラベンフリーで動物由来成分不使用なのもいい。

※アンソロポロジー（→P.107）やアーバン・アウトフィッターズ（→P.107）など。

🔗winkylux.com

最近のトレンド「クリーンビューティ」って何？

最近のNYコスメトレンドは「クリーンビューティ（Clean Beauty）」。明確な定義はないが、有害な成分の排除、原料を生産する地域のサポートや、動物実験をしない、環境負担の少ないパッケージの採用など、人や動物、環境に配慮されるものが多い。ナチュラルコスメやオーガニックコスメの一歩先のコスメといえる。

パッケージも
おしゃれ♥

1. 植物成分配合のビーガンリップ$8.99
2. ローズ・ウォーター$12.99 3. シアバタークリーム$29.99
4. アップルサイダービネガー入りトナー$19.99

敏感肌の人必見！

S.W. BASICS
エス・ダブリュー・ベーシックス Ⓐ

敏感肌の女性が自分のためにコスメを手作りしたのが始まりで今やセレブにも人気。NY産天然素材が原料。

香りもすてき

Apotheke
アポテケ Ⓑ

ブルックリン発コスメブランド。ソープやキャンドル、バームなどすべてナチュラル素材で作られている。

1. ワイルドミントのディフューザー$60 2. ヒノキ・ラベンダーのソイ・キャンドル$78 3. チャコール（炭）のリキッドソープ$18

They can be bought here.

A. エルム・ウェルネス Elm Wellness
品揃えに定評あり

ここで買えるよ〜

ビレッジ住民御用達のナチュラル＆オーガニック・スーパー。メイド・イン・ニューヨークのコスメやチョコレートも揃うのでおみやげ探しもできる。

Map 別冊P.11-C2 グリニッチ・ビレッジ

🏠56 7th Ave.（bet.13th & 14th Sts.）
☎1-212-255-6300 🕐月〜金8:30～20:00、土・日10:00～20:00
Card A.D.J.M.V. 🚇地下鉄①②③線14 Stより徒歩約1分
URL www.elmdrugs.com

B. ホールフーズ・マーケット Whole Foods Market
言わずと知れた全米チェーン系スーパー

NYに多数店舗があるオーガニック系スーパー。ウイリアムズバーグ店

Map 別冊P.15-D1 ミッドタウン・ウエスト

Map 別冊P.29-D2 は地元ブルックリン産のコスメも多数扱う。

DATA → P.34

猫のイラストがかわいい

meow meow tweet
ミャオ・ミャオ・ツイート Ⓐ

香りがバツグン！

ブルックリン発のナチュラルコスメ。創設者のふたりが手がけるパッケージデザインが乙女心をくすぐる。

テンション上がるかわいさ

1. 有機植物のオイルとシアバターを配合した脇用デオドラントクリーム。においと肌荒れを防ぐ。$14 2. 蒸気蒸留または低温圧縮されたエッセンシャルオイルと、野生のオーガニック植物のみ使用した石鹸。各$12 3. 肌細胞の生まれ変わりを活性化させるフェイスオイル$25 4. 有機植物の成分で作られたヘア＋ボディミスト$24

1. ピンクヒマラヤン・バスソルト$28 2. フェイシャル・スティーム$14 3. ラベンダー・ハイドロゾル（芳香蒸留水）$22

植物がベース

Mullein and Sparrow
マレイン・アンド・スパロウ Ⓑ

インドで生まれ、NYで育ったアニットさんがアーユルヴェーダの教えを生かして開発。100%自然＆植物をベースにした商品を展開。M·S SKINとしてスキンケアブランドを発表。

✉ S.W.BASICSのリップバームを温かい場所に置き忘れたら、天然素材でできているためか、どろっと溶けてしまった。（千葉県・千晶）

NY発コスメで美しく♡

CONSCIOUS COSMETICS

コスメパッケージの見方

ナチュラル系のコスメにはパッケージに認定マークがある。葉っぱはVegan（植物由来の成分を使用）、うさぎはCruelty Free（動物実験をしていない）など。最近ではClean Beauty（人にも環境にも優しい商品）をマークで示している商品もあるのでチェック。

（マーク）VEGAN / CRUELTY-FREE / GLUTEN-FREE / PHTHALATE-FREE

どれもかわいい♪

SNSで爆発的人気

Glossier

グロッシアー C

もともとはオンライン販売だけだったところ、あまりの人気で路面店がオープン。サンプルがたくさんあり、あれこれお試しできる。

1. ナチュラルオイルを使用したティントのタイプのリップバーム 各$22　2.モイスチャーバリア・リカバリー・クリーム 50㎖$30　3.リップバームにも下地にもなるバーム・ドットコム$14　4.しっとりカバーしてくれるコンシーラー$22　5.ミルキーなジェルのフェイスクレンザー$22　6.にじみを抑えて長さを出してくれるマスカラ$20　7.グロッシアーのオリジナルポーチ$34

お試ししちゃお～！

C. グロッシアー Glossier

日本未上陸のかわいいコスメ

ビューティブロガーが立ち上げたNY発ブランド。絵の具のようなチークやリップなどシンプルでかわいいパッケージも魅力。

Map 別冊P.29-C2 ウイリアムズバーグ

🏠77 N 6th St (at Wythe Ave.)　☎1-646-780-5032　🕐11:00～19:00（日～18:00）　Card A.D.J.M.V.　🚇地下鉄Ⓛ線Bedford Avより徒歩約4分　URL glossier.com

---

D ブルックリン・ハーボリウム Brooklyn Herborium

サステイナブルで高品質なコスメ

良質なハーブを使用して手間かけて作られるスキンケアアイテムが揃う。店内ではフェイシャルなどの施術も受けられる（要予約）。

Map 別冊P.27-C3 ポコカ

🏠275 Columbia St. (bet. Summit & Carroll Sts.)　☎1-347-689-4102　🕐火～日11:00～17:00 🌙月　Card A.D.J.M.V.　🚇地下鉄ⒻⒼ線Carroll Stより徒歩約13分　URL www.brooklynherborium.com

---

食材でクリエイト

Freckles & Honey B

フレックルズ・アンド・ハニー

メイクアップ・アーティストのダリアさんが世界中の食材にインスパイアされて作り出したソープブランド。孔雀のロゴもキュート。ナチュラル素材が肌にしっとりなじむ！

1. フェイシャル・ポリッシュ$36　2.食材から作られるソープ各$8.50

敏感肌にも安心！

DMAE Firming Eye Gel

バッケージもキュート！

ママもベビーも安心して使える！

Brooklyn Herborium

ブルックリン・ハーボリウム D

元エステティシャンのオーナーが植物療法を使ったコスメを開発。ナチュラル系にしては即効性ありと、じわじわ人気を集めるブランド。

1. 丸いパッケージがかわいいリップバーム$16　2.ティントのリップバーム$22　3.化粧水のミネラル・ミスト$41　4.即効性ありと話題のアイジェル$27

NY在住インフルエンサーの "推し"美容アイテムをGET！

ぜんぶ
$16以下！

NYに到着したものの長時間のフライトで足も顔もむくんでいるし、乾燥した空気で顔もバキバキ。そんな症状をケアできるアイテムをNY在住の美容スペシャリスト、ロックママさんから教えてもらいました！こちらで心と体を整えましょ♡

Profile
Rock Mama
(ロックママ) さん

NY在住のROCKなママ美容師。ビューティネタや毎日のリアルニューヨークライフをインスタグラムにて発信しているインフルエンサー。
@rockmamanyc

むくみと乾燥 / むくみ

アンチエイジング対策はこれ！

ナチュラル＆オーガニックをテーマに全アイテム$16以下でチョイス！体の内外からアプローチしましょ。

Suja Organic Celery Juice $2.69
デトックスや美肌効果が期待できるセロリのコールドプレスジュース。レモンたっぷりで飲みやすい。 Ⓐ

Suja Organis Lemon Ginger Cayenne $2.99
レモンジンジャーにカイエンペッパーを加えてほんのり甘く。さわやかでエネルギーを与えてくれそう。 Ⓐ

Rock Mama's point!
お手軽なのがコールドプレスジュース。正直あまりおいしくないけどこのふたつなら飲みやすい！

乾燥

Rock Mama's point!
乾燥対策にオイルは1本あると便利。化粧水の前にプラスするのも効果ありです！

NY産のオイルだよ～♪

Daily Protection Serum $15
寝る前のケアにプラスしたいのがこちらの美容液。月見草、イランイラン、カレンデュラなどのエキスがたっぷりで乾燥肌に栄養を与えてくれる。 Ⓒ

Rose Hip Oil $15
バラ科のローズヒップの種子から取れるオイル。ストレスの影響を受けた肌の回復を手助けしてくれる！ オーガニックなのもいい。 Ⓒ

Lavender Hydrosol $12
ラベンダーの植物力がギュッと詰まった蒸留水。化粧水として顔はもちろん、髪やボディにもたっぷり使用して保湿しましま。 Ⓑ

Aura Collagen Tea $2.99
アンチエイジングの強い味方、コラーゲン入りのジュース。ベリー味で飲みやすいうえこれ1本でビタミンCが250mℓ摂取できる。値段もうれしい♡
※2024年春頃までの販売予定

バームはハート形♡

Lavender Beeswax Lotion Bar $11
フレッシュなミツロウと畑から採ったばかりのラベンダーのエッセンシャルオイルを配合したバーム。荒れた手やリップにどうぞ。 Ⓑ

Organic Argan Oil $6.99
乾燥した肌と髪・ツメにはアルガンオイルがおすすめ！ 洗顔後数滴のオイルを手のひらで温めて顔に塗るとし～っとり。あとは通常のスキンケアを。 Ⓐ

Biotin $15.99
水溶性ビタミン群のひとつ、髪やツメや皮膚の健康維持を助けてくれるビオチンのサプリ。1日1粒を目安に。 Ⓐ

トレジョのホホバオイルがお気に入り。ヘアオイル代わりに毎日使っていたら髪サラッサラに～♪ $8くらいなのでコスパもよし。（NY在住・Nana）

飲むだけで免疫力UP!

免疫力の向上や疲労回復など、体を目覚めさせてくれる飲み物はこちら。野菜不足になりがちな旅の間でも手軽に摂取できるのがいいね。

Rock Mama's Point!
トレジョにあるジュースショットは滞在中のモーニングルーティンにしてみるのも◎

Cold Pressed Juice green $4.29
ケール、ホウレンソウ、セロリなど青い野菜が中心のコールドプレスジュース。整腸作用があり免疫システムを強化してくれるとか! Ⓐ

Elderberry Lemon Balm Immune + Stress $4.29
エルダリーレモンバームで免疫機能とストレス反応をサポートしてくれるティー。柑橘系のさわやかな風味で後味すっきり。Ⓐ

Probiotic $14.29
プロバイオティクス＝善玉菌のサプリ。腸内環境を整えて免疫力を高めてくれることに効果がもてる。こちらは女性向けの成分も配合! Ⓐ

Suja Immunity $2.49
ショウガやターメリックがギュギュッと濃縮された免疫力アップのショット。エネルギーを高めてくれる!? Ⓐ

Pineapple Probiotic $1.99
パイナップルのさわやかな味にピリッとジンジャーを利かせたジュースショット。意外にも飲みやすいのがいい。Ⓐ

Mighty C Acerola Cherry $1.99
こちらのジュースショットはビタミンCたっぷりのアセロラとチェリー。ちょっと苦味はあるけど効きそう〜。Ⓐ

"推し"美容アイテムをGET!

時差ボケも解消!?

NY到着後に苦しむ時差ボケも、こんなアイテムを上手に使えばさくっと解消できるかも!?

Synergistic Blend SLEEP $8
睡眠を誘導してくれるというラベンダーやバレリアンルート、タツナミソウなどをブレンド。ティッシュに数滴たらして枕の横に置いて。Ⓐ

Lavandin Essential Oil $14
NY産のラベンダーを使ったエッセンシャルオイル。バスタブにお湯をためて数滴たらし入浴すれば睡眠の質が向上するとか。おみやげにもいい。Ⓑ

Lavender Salt $16
バスタブにラベンダーソルトを入れてゆっくりすれば、すてきな香りでリラックスしていい夢見れそ〜。Ⓑ

Lavender Sachet $15
NY産のラベンダーがたっぷり詰まったサシェは、快眠を助けてくれそう。自由の女神のプリントもすてき! Ⓑ

Rock Mama's Point!
サシェはいろんな種類の袋があるので選ぶのも楽しいです。スーツケースにしのばせてるのもいい

▽ ココで買える!

Ⓐ トレーダー・ジョーズ
Trader Joe's → P.35

Ⓑ ラベンダー・バイ・ザ・ベイ
Lavender By The Bay
Map 別冊P.11-D1
グラマシー

ユニオンスクエアのグリーンマーケットで毎週月・水・金・土曜に出店。ほかは公式サイトを参照 〔URL〕lavenderbythebay.com

Ⓒ トゥヴィーフォンテン・ハーブ・ファーム
Tweefontein Herb Farm
Map 別冊P.11-D1
グラマシー

ユニオンスクエアのグリーンマーケットで毎週金・土曜に出店。ほかは公式サイトを参照 〔URL〕www.tweefonteinherbfarm.com

---

グリーンマーケットが開催されるユニオンスクエアから徒歩約4分のところにトレーダー・ジョーズがあるので、同日に行くのがおすすめ!

ニューヨーカーに愛される

ストランド・ブックストア全部見せ

STRAND
NEW YORK CITY • EST. 1957

レア物の古書から最新図書まで
欲しい本が見つかるNYの人気店

3F

上から下までとにかくギッシリ

お宝本を探すぞ〜！

1. 気持ちいいほどに床から天井まで、すべて本　2. レアな古書コーナーは荘厳さを感じさせるインテリア　3. オークションに出品されるような本に巡り合えるかも

2F

レトロなポストカードも豊富！

モノクロ写真集だよ！

常連さんも読書中

1. 文房具など雑貨類も充実　2. 図書はカテゴリー別に分類されている　3. NYのできごとをまとめた写真集「happenings」　4. 人気の英国覆面芸術家バンクシーの作品集　5. 高い木棚の本の整理をするスタッフ

Floor Map

3F レア物図書
歴史からアート、サイエンスまで、希少価値の高い図書が保管されている。

2F 芸術・写真・建築関連
インテリア、写真集、芸術、ファッション、コミック類（トイレもある）。

1F メインフロア
アメリカ関連、NY関連図書、料理、歴史、スポーツなど。雑貨類はここ。

B ストランド・アンダーグラウンド
ビジネス書、外国語、医学、宗教、旅行、ジャーナリズム、CDなど。

1F

つい寄り道しちゃう

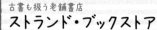

1. スケールに圧倒される店内　2. 店頭には格安書籍が　3. 1冊$1〜5などの安売りも　4. 壁面のグラフィティも本モチーフ

古書も扱う老舗書店

ストランド・ブックストア

Strand Bookstore

創業1927年。話題の新書から絶版レア物までが揃う、本の虫の聖地。価格も良心的。書店が減少するなか、NYの雰囲気あふれる老舗店として愛されている。

Map 別冊P.12-A2　イースト・ビレッジ

🏠 828 Broadway (at 12th St.)　☎1-212-473-1452　Card A.D.J.M.V.
🕐毎日10:00〜20:00
🚇地下鉄LNQRW456線14 St - Union Sqより徒歩約2分　URL www.strandbooks.com

We love Strand Bookstore

$29.95　$29.95　$14.95　$15.95

$14.95

1階にグッズコーナーあり。1,2. コットン100%人気トート　3,4. 小物入れやペンケースになるポーチ　5. ずっしり系のロゴ入りマグも

今日はどこ行く？

てくてく歩いて
パワーチャージ！
元気になれるNYさんぽ

おしゃべり声も聞こえてくる音楽も、車のクラクションでさえ、
この街に流れる空気は、なぜか不思議と旅人に元気をくれる。
寄り道するたびにいろんな魅力が見えてくる、
arucoオススメのおさんぽエリアをご紹介！

ニューヨークのトレンド発信地
ウイリアムズバーグと
グリーンポイントを巡る♪

あっちのお店も新しいね〜

フード、ファッションなど、さまざまなトレンドを生み出すエリア。
街を歩く人々もおしゃれなのに気取ってないのも魅力。
ベッドフォード・アベニュー駅から北にスタートして!

TOTAL
2〜3時間

ウイリアムズバーグさんぽ
TIME TABLE

10:20 Bedford Av駅から
↓ 徒歩5分
10:30 ソープ・シェリー
↓ 徒歩5分
11:20 キャットバード
↓ 徒歩5分
12:30 ドリックス・マーチャンテール
↓ 徒歩5分
14:00 マッカレンパーク
↓ 徒歩2分
14:40 ビーコンズ・クローゼット
↓ 徒歩14分
15:20 ケトル・ティー

1 おいしそうな(?)ソープを発見!
ソープ・シェリー 10:30
Soap Cherie

かわいいディスプレイが目を引くボディ
ケア・ショップ。バスソルトやバスボム、
ソープなど、バスタイムが楽しくなりそ
うなアイテムがたくさん。

Map 別冊P.29-C2 ウイリアムズバーグ

🏠218 Bedford Ave.
(near N. 5th St.)
☎1-718-388-
1165 🕐11:00
〜20:30(土・日
〜21:00)
CardA.D.J.M.V.
Ⓜ地下鉄Ⓛ線Bedford
Avより徒歩約3分
URLsoapcherie.com

1. カップケーキのよ
うでれっきとした天
然素材のソープ。
各$16　2. カラフル
な色使いなのでギフ
トにもぴったり
3. バータイプのソープ
もある。各$8

天然素材の
ソープだよ〜

これはどうかな〜?

2 日本にも進出した 11:20
キャットバード catbird

ブルックリン発人気ジュエリーブラン
ドの旗艦店。広々した店内には女性ら
しい繊細なデザインのネックレスやイ
ヤリング、ブレスレットがいっぱい!

1. モノトーンでま
とめられたシック
な店内　2.14K
のリングはストー
ンなしで$48〜
3. リング、ピア
ス、ブレスレット
など幅広く扱う
4. 2004年に誕生
した人気店

Map 別冊P.29-C2 ウイリアムズバーグ

🏠108 N. 7th St. (bet. Berry St. & Wythe Ave.)
☎1-718-599-3457　🕐月〜水11:00〜19:00、
木・金11:00〜20:00、土10:00〜20:00、日
10:00〜19:00　**Card**A.D.J.M.V.　Ⓜ地下鉄Ⓛ線
Bedford Avより徒歩約3分　**URL**catbirdnyc.com

---

3 洗練された品揃う 12:30
ドリッグス・マーチャンテール
Driggs Mercantile

明るい色合いに満ちた店内はローカルデザイ
ナーによるアイテムが中心のセレクトショッ
プ。アパレルやテキスタイルをはじめ、アクセ
サリー、ステーショナリーなどを幅広く扱う。

Map 別冊P.29-C2
ウイリアムズバーグ

🏠551 Driggs Ave.
(at N. 7th St.)
☎1-718-388-8706
🕐12:00〜19:00
CardA.D.J.M.V.
Ⓜ地下鉄Ⓛ線
Bedford Avより徒歩
約2分　**URL**driggs
mercantile.com

1. もらったら元気が出
そうなカード　2. アロ
マスプレー$20。グ
レープフルーツとオレ
ンジなどの香りでクリ
エイティbrな気持ちを
高めてくれるとか
3. ローカルデザイナー
によるあたたかみのあ
るカゴバッグ$115〜
4. カラフルな中南米の
雑貨も多く見つかる

 古着好きならビーコンズ・クローゼットがおすすめ。状態がよいものがきれいにディスプレイされています!(京都府・みさき☆)

4 ローカルたちの憩いの空間　**14:00**

マッカレンパーク McCarren Park

ウイリアムズバーグとグリーンポイントの間にある緑あふれる広大な公園。週末ともなると野球やサッカーの試合が行われ、夏にはイベントも開催される。

スケボーもできるよ！

1. ウイリアムズバーグとグリーンポイントの間にある　2. ふらっと立ち寄れる周辺住民の憩いの場

Map 別冊 P.29-C3　グリーンポイント

🏠 776 Lorimer St. (N. 12th St〜Leonard St周辺)
☎ 1-212- 639-9675　🕐 6:00〜翌1:00　🚇 地下鉄L線 Bedford Avより徒歩約6分　URL www.nycgovparks.org/parks/mccarren-park

フェリー乗り場

Homecoming

Acre (P.65)

Nassau Av駅

Greenpoint Av駅

Bedford Av駅

5 大型古着ショップの旗艦店

ビーコンズ・クローゼット **14:40**
Beacon's Closet

NY市内に4店舗を展開。洋服はもちろん、バッグ、シューズ、アクセサリー、雑貨など、バラエティに富んだアイテムが揃う。メンズも豊富。

Map 別冊 P.29-C2　グリーンポイント

🏠 74 Guernsey St. (near Nassau Ave.)
☎ 1-718-486-0816　Card A.D.J.M.V.
🕐 11:00〜20:00　🚇 地下鉄G線 Nassau Avより徒歩約4分
URL beaconscloset.com

1. Clare Vivierのトートバッグ $89.95　2. アンティーク風のワンピース $21.95　3. オレンジ＆イエローのサンダル $34.95　4. マーク・ジェイコブスのスニーカー $69.95　5. 星条旗柄のキャップ $10.95　6. ユーズドならではのほどよい色落ちデニムスカート $16.95

どれもかわいい！

6 ブルックリン発祥ティーブランド

ケトル・ティー **15:20**
Kettl Tea

アメリカ人男性＆日本人女性カップルのカフェ＆ショップ。日本の農家直送の最高級緑茶や陶器、お香を揃え、お茶のクラスやイベントも随時開催。

1. マッチャソフト $6.50 はテイクアウトも可能　2. マッチャは1杯ずつていねいに入れてくれる　3. グリーンポイントの話題店。予約制でティーセレモニーも体験できる　4. 夏に飲みたいのがアイス・マッチャ $6

Map 別冊 P.28-B2　グリーンポイント

🏠 70 Greenpoint Ave. (near Franklin St.)
☎ 1-917-909-1309　🕐 11:00〜19:00 (金〜20:00、土 9:00〜20:00、日 9:00〜)
Card A.J.D.M.V.　🚇 地下鉄G線 Greenpoint Avより徒歩約5分　URL kettl.co

こちらもCheck!

雑貨やギフトが揃うお花屋さん

カフェもあって、ちょっとした小物も買えるすてきなフラワーショップ。切り花はもちろん鉢植えも豊富。休憩に立ち寄ってみて。

ホームカミング Homecoming

Map 別冊 P.28-B2　グリーンポイント

🏠 107 Franklin Ave. (bet. Greenpoint Ave. & Milton St.)　🕐 8:00〜19:00
Card 店舗により異なる　🚇 地下鉄G線 Greenpoint Avより徒歩約3分
URL home-coming.com

ウイリアムズバーグはノースとサウスがあり、お店が多く散策によいのはノース。グリーンポイントにも隣接している。　**133**

遊び場もたくさ～ん！
どんどん変わるダンボで
ニューヨーカーの休日を満喫！

ブルックリン・ブリッジとマンハッタン・ブリッジのふたつの
橋のたもとに広がるダンボ。再開発がどんどん進み、おしゃれな
話題スポットが増加中のこの街をニューヨーカー気分で満喫！

TOTAL
5時間

ダンボおさんぽ
TIME TABLE

11:00 マンハッタン・
ブリッジ・ビュー
↓ 徒歩8分

11:30 エンパイア・フルトン・
フェリー・パーク
↓ 徒歩5分

12:30 ヴァン・リーウェン・アイスクリーム
↓ 徒歩1分

13:30 ピア1 (ブルックリン・ブリッジ・パーク)
↓ 徒歩3分

15:00 エンパイア・ストアズ
↓ 徒歩1分

15:30 パワーハウス・アリーナ

1 スタートはここから 11:00
マンハッタン・
ブリッジ・ビュー
Manhattan Bridge View

地下鉄York Stからエンパイア・フルト
ン・フェリー・パーク (2参照) に向か
う途中にあり、今やダンボで一番有名な
場所。赤れんがの建物に挟まれて石畳の
先に続くマンハッタンブリッジが美しい
フォトスポットはこちら。橋脚の中央下
にはエンパイア・ステート・ビルが！

Map 別冊P.27-C1 ダンボ

🏠 39-21 Washington St. (at Water St.)
🚇 地下鉄Ⓕ線York Stより徒歩約5分

橋の上には
星条旗が！

2 11:30
ブルックリン・ブリッジのたもと
エンパイア・
フルトン・
フェリー・パーク
Empire-Fulton Ferry Park

ブルックリン・ブリッジ・
パークの一画。芝生でピク
ニックしながら、対岸のマン
ハッタンの絶景を望める。

1. 公園の前にあるモール、エンパイア・ス
トアズ　2. 美しく整備されている
3. メリーゴーラウンドにも乗れる！

大人も
楽しめる
よ～

Map 別冊P.27-C1 ダンボ

🏠 1 Water St. (Brooklyn Bridge Park)　🕐 6:00～翌1:00
🚇 地下鉄Ⓕ線York Stより徒歩約8分　🌐 www.brooklynbridgepark.org

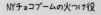

ダンボって？

Down Under the Manhattan
Bridge Overpass (マンハッ
タン・ブリッジのたもと) の
頭文字を取って通称ダンボ
(DUMBO)。倉庫街の名残
を感じる、石畳の街並みが
美しいエリア。

Don't miss it!

こちらも
忘れないで！

NYチョコブームの火つけ役

ミスター・チョコレートとも呼ば
れるショコラティエ、ジャック・
トレス氏の工場兼1号店。おしゃ
れなプリント柄チョコからプレッ
ツェルまで、おみやげにぴった
りなアイテムがいっぱい！

ジャック・トレス・チョコレート
Jacques Torres Chocolate

Map 別冊P.27-C1 ダンボ

🏠 66 Water St. (near Main St.)　☎ 1-718-
875-1269　🕐 10:00～19:00　💳 A.D.J.M.V.
🚇 地下鉄Ⓕ線York Stより徒歩約6分
🌐 mrchocolate.com

ブルックリン・ブリッジ・パークは日中のんびりするのもいいけど、サンセットや摩天楼の夜景も楽しめます。(京都府・ブルーン)

ブルックリン・ブリッジのたもとで景色を見ながら食べるアイスクリームは最高！ シングル$6.50～

3 12:30
川沿いの好ロケーション
ヴァン・リーウェン・アイスクリーム
Van Leeuwen Ice Cream

Map 別冊P.27-C1 ダンボ

2008年にフードトラックからスタートし、今や全米中に展開する人気アイスクリーム店。地元産の新鮮な素材を生かしたシンプルでまろやかな味わい。

🏠1 Water St. (Fulton Ferry Landing)
☎1-718-301-8784 ◕12:00～23:00 (金～24:00、土11:00～24:00、日11:00～) **Card**A.D.J.M.V.
Ⓜ地下鉄Ⓐ/Ⓒ線High Stより徒歩約9分
URL www.vanleeuwenicecream.com

ダンボ

摩天楼が間近に見えて大迫力

Don't miss it!

アメリカのベストピザ！

もともとここにあったピザ店、グリマルディーズの創始者がオープン。トリップアドバイザーでアメリカのベストピザNo.1に選ばれた。

4 13:30
地元の人がのんびりする
ピア1
（ブルックリン・ブリッジ・パーク）
Pier 1 (Brooklyn Bridge Park)

1. 夏季はテラス席もオープン 2. 対岸の絶景を見ながらのんびり

Map 別冊P.27-C1 ダンボ

マンハッタンとブルックリンを結ぶイースト・リバー・フェリーの発着所付近にある埠頭。ブルックリン・ブリッジと摩天楼を一望できる。

🏠2 Furman St.
◕24時間 Ⓜ地下鉄Ⓐ/Ⓒ線High Stより徒歩約9分
URL www.brooklynbridgepark.org

5 15:00
橋のたもとのモール
エンパイア・ストアズ
Empire Stores

19世紀の倉庫を改装した5階建ての複合施設にはショップやレストランが入居。ルーフトップからはブルックリン・ブリッジを背景に摩天楼の絶景が楽しめる。

Map 別冊P.27-C1 ダンボ

🏠53-83 Water St. (near Main St.)
☎1-718-858-8555 ◕8:00～24:00
CardA.D.J.M.V. Ⓜ地下鉄Ⓕ線York Stより徒歩約4分 **URL**empirestoresdumbo.com

1. ダンボ観光に欠かせない複合ビル 2. ロウアー・マンハッタンの景色を見ながらゆったりくつろげる 3. カフェやレストラン、フードホールのテナントも 4. 1階にあるチャチャ・マッチャのパープルドリンク$7

6 15:30
雑貨もあるブックストア
パワーハウス・アリーナ
Powerhouse Arena

アート本の出版社が経営する書店には、写真集や画集、絵本などクリエイティブなアート関連本がいっぱい。NYモチーフの雑貨も豊富でおみやげも探せる！

1. DUMBOのイラストがかっこいいトート 2. 書籍だけでなく紙ものやステーショナリーも見つかる 3. かっこいい独立系書店 4. NYモチーフのスタンプセット$16.95 5. ホットドッグのイラストのグリーティングカード

Map 別冊P.27-C1 ダンボ

🏠28 Adams St. (near Water St.) ☎1-718-666-3049
◕11:00～19:00 (土・日10:00～) **Card**A.D.J.M.V.
Ⓜ地下鉄Ⓕ線York Stより徒歩約7分
URLpowerhousearena.com

歩いているだけでリフレッシュ♪
まだまだ注目のハイラインへ

すっかりNYの定番観光名所になったハイラインは、ローカルたちにとっても憩いの場。地上約9mの緑豊かな空中公園から新しい視点で街を眺めてみよう！

Let's explore!

TOTAL 4時間

ハイラインさんぽ
TIME TABLE

10:00 Gansvoort St.から18th St.
↓ 徒歩7分
ホイットニー美術館
↓ 徒歩4分
リトル・アイランド
↓ 徒歩5分
チェルシー・マーケット
↓ 徒歩3分
12:00 18th St.から26th St.
↓ 徒歩10分
プリンテッド・マター
↓ 徒歩5分
13:00 26th St.から34th St.
↓ 徒歩10分
13:30 ハドソンヤーズ

ハドソン・リバー沿いに！

10:00
Gansvoort St.から18th St.

南端の入口から少し歩くとハイラインをまたぐスタンダードホテルがある。17丁目の階段式広場は必見。

1. 南端の入口。階段で上がる 2. 草花も楽しめる 3. サンデッキで休憩 4. 前方がガラス張りになった17丁目の広場

W. 34th St.
34 St-Hudson Yards

12th Ave.
11th Ave.
10th Ave.

W. 28th St.

W. 26th St.
W. 25th St.
W. 24th St.
W. 23rd St.
W. 22nd St.

9th Ave.

W. 20th St.

W. 18th St.

W. 17th St.
W. 16th St.
W. 15th St.

W. 14th St.

8th Ave.

14 St TR (8 Av)

W. 13th St.
W. 12th St.

Gansvoort St.

※●印は地上からのハイラインへのアクセスポイント

チェルシーを一望！

1. 近・現代の米国人作家の作品が中心 2. 展示は5〜8階 3. 屋外テラスもある 4. 設計はレンゾ・ピアノ

1 ハイラインに隣接する
ホイットニー美術館
Whitney Museum of American Art

エドワード・ホッパーなど近・現代アメリカ美術が充実。金曜17:00〜20:00と第2日曜は要予約で無料で入館できる。

Map 別冊P.10-B2 ミート・パッキング・ディストリクト

🏠99 Gansvoort St. (bet. 10th Ave. & Washington St.) ☎1-212-570-3600 ⊙水・木・土・日10:30〜18:00（金〜22:00）休火 地下鉄ACEL線14 St-8 Avより徒歩約8分 料大人$30 URLwhitney.org

全長約2.3kmの空中公園

かつて使用されていた高架鉄道線が、当時の雰囲気を残しつつ緑豊かな空中公園に。ガンズブール通りから34丁目まで開通している。

ハイライン The High Line

Map 別冊P.10-B1 ミート・パッキング・ディストリクト

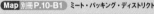

入口はココだよ！

🏠10th Ave.沿い、Gansvoort St.〜34th St. ⊙4〜11月:7:00〜22:00、12〜3月:7:00〜20:00 料無料 交Gansvoort St. 14th St. 16th St.（チェルシー・マーケットの北側）、17th St. 20th St. 23rd St. 26th St. 28th St. 30th St. 34th St.にあるアクセスポイントから入る。Gansvoort St.のポイントは**Map 別冊P.10-B2** 地下鉄ACEL14 St - 8 Avより徒歩約7分

2 リトル・アイランド
川沿いに浮かぶ公園
Little Island

Map 別冊P.10-A2
ミート・パッキング・ディストリクト

2021年にオープン。ハドソン・リバーに浮かぶ緑豊かな小さな島。島内には展望デッキや円形劇場も併設。

🏠Pier 55 Hudson River Park(at 13th St.) ⏰6:00～21:00 🚇地下鉄A⦿E⦁L 14 St/8 Avより徒歩約11分 URLlittleisland.org

Map 別冊P.10,14

1. 公園内にはキッチンカーやアイスクリームの屋台も 2. ストリートピアもある 3. 島には13th St.からアクセスできる。入場無料

3 チェルシー・マーケット
MPDのランドマーク的存在
Chelsea Market

旧ナビスコ工場を改装。ロフト風の建物の東西に延びた両通路にはデパ地下のようなフード専門店がずらり。

DATA → P.117

26th St.から34th St.

29～30丁目は長いベンチ。30丁目を左折すると右手には電車の車両基地が見える。34丁目が出口。

写真も撮ろ～

ハイライン

🕛12:00

18th St.から26th St.

右手にエンパイアが見えてくる。21丁目からの森のような空間を過ぎると23丁目には階段式のベンチがある。

エンパイアも見えるよ♪

1. 道路にある線路にも注目 2. エンパイアのトップの部分が見える 3. 壁画も要チェック

5 ハドソンヤーズ
2019年オープンの近未来空間
Hudson Yards

🕐13:30

ショップ＆レストランやホテル、アートセンターからなるハドソン・リバー沿いに展開する複合施設。西半球で最も高い展望台「エッジ」もここにある。

4

Map 別冊P.14-B2 ミッドタウン・ウエスト

🏠20 Hudson Yards (bet. 30th & 34th Sts.) ☎1-646-954-3100 ⏰10:00～20:00 (日11:00～19:00) 🚇地下鉄⑦線34 St - Hudson Yardsより徒歩約2分 URLhudsonyardsnewyork.com

4 プリンテッド・マター
アーティスト本専門店
Printed Matter

6000人以上のアーティストによる自費出版本や同人誌を扱うニューヨークならではの店。おみやげになりそうな雑貨も豊富。

Map 別冊P.14-B3 チェルシー

🏠231 11th Ave. (bet. 25th & 26th Sts.) ☎1-212-925-0325 ⏰11:00～19:00 (日～18:00) CardA.D.J.M.V. 🚇地下鉄⑦線34 St - Hudson Yardsより徒歩約9分 URLwww.printedmatter.org
1. ギャラリー街の一角にある 2. 出版記念イベントや展覧会なども随時開催している

15,000 Books By Artists →

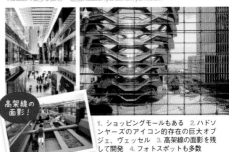

高架線の面影！

1. ショッピングモールもある 2. ハドソンヤーズのアイコン的存在の巨大オブジェ、ヴェッセル 3. 高架線の面影を残して開発 4. フォトスポットも多数

2024年5月現在ハドソンヤーズとペンシルバニア・ステーションを結ぶ接続工事中。2026年夏に完成予定。

今っぽさも王道スポットも！
キラキラのNYを感じる
5番街を歩こう

世界で一番有名な通りといえば、5番街！　高級ブランド店が
ずらーっと並ぶが、最近はカジュアルショップも増えてきた。
観光しつつ、キラキラのニューヨークを体感しよう！

TOTAL
5時間

5番街おさんぽ
TIME TABLE
9:30　グランド・アーミー・プラザ
↓徒歩2分
10:00　ティファニー ニューヨーク本店
↓徒歩8分
11:30　セント・パトリック教会
↓徒歩8分
12:00　ロックフェラー・センター
↓徒歩8分
12:30　アンド・アザー・ストーリーズ
↓徒歩8分
13:00　ブライアントパーク
↓徒歩1分
13:30　ニューヨーク公共図書館(本館)

ホッと
ひと息～♪

1 グランド・アーミー・プラザ
セントラルパークと5番街の角　9:30
Grand Army Plaza

5番街の待ち合わせスポットのひとつ、プ
ラザ・ホテルの前にある広場。南北戦争
で活躍した軍人ウィリアム・T・シャーマ
ンの像がある。

1900年のパリ万博でグ
ランプリを獲得した騎馬
銅像のひとつ

Map 別冊P.20-A1
ミッドタウン・ウエスト

🏠717 5th Ave.（at 60th St.）
🚇地下鉄NRW線5Av/59 Stより徒歩
約2分

Check!
ビリオネア通りって？
セントラルパークの南、57th St.は、
「ビリオネアズ・ロウ（億万長者通
り）」と呼ばれており、投資家や実業
家など世界中の富裕層が売買する超
高級タワマンが立ち並ぶ。多くのセ
レブもこの通りの物件を所有している。

2 ティファニー NY本店
5番街のシンボル
Tiffany Landmark
10:00

2023年4月にリニューア
ルオープン。大変身した
店内はまるでミュージア
ムのよう。カフェも併設
されている。

詳しくは→P.26

1. 一度は訪れた
いティファニーの
本店　2,3. ティ
ファニータウン、
NYへオマー
ジュをささげる
トワールから、
プレートとマグ

Check!
トランプ・タワーも忘れずに
ティファニー本店の横には、実業
家でもありアメリカ合衆国第45
代大統領だったドナルド・トラン
プが保有するビルがある。ショッ
プやレストランなどがあるがセ
キュリティチェックが必要。

42 St-
Bryant
PK駅

40th St.　42nd St.　44th St.　45th St.　47th St.

3 セント・パトリック教会
ステンドグラスは必見　11:30
St. Patrick's Cathedral

ミサの時間
はウェブで

全米最大のカトリック教会。白
い大理石をふんだんに使用した
ゴシック建築。約9000本のパイ
プを備えたパイプオルガンの
音色とステンドグラスが美しい。

Map 別冊P.19-D3　ミッドタウン・イースト

🏠5th Ave.（bet. 50th & 51st Sts.）
📞1-212-753-2261　🕐6:30～20:45
🚇地下鉄EM線5 Av/53 Stより徒歩約3分
🔗www.saintpatrickscathedral.org

1 中は誰でも自
由に入れる　2 高
層ビルの間に立つ

Check!

冬のツリーにうっとり

ロックフェラーといえば巨大なクリスマスツリーも有名。ツリーのライトアップは、点灯式翌日から1月初旬くらいまで。2024年の点灯式は12月4日の予定。（→P.164）

Map 別冊P.15,19

展望台の夕景もぜひ 12:00

4 ロックフェラー・センター Rockefeller Center

5番街と6番街、48丁目と51丁目に囲まれたエリア。G.E.ビルを中心に19もの複数のビルで構成される。展望台（→ P.23）は夕方あらためて。

Map 別冊**P.19-D3** ミッドタウン・ウエスト

🏠 45 Rockefeller Plaza（bet. W.49th & W.50 Sts.）☎1-212-588-8601
Free1-877-692-7625 ⏰7:00～24:00（コンコースのオープン）🚇地下鉄B D F M線47-50 Sts - Rockefeller Ctr.より徒歩約3分
URLwww.rockefellercenter.com

休憩もできるよ！

冬はスケートリンクに！

ディスプレイも注目！

ファストファッションもいっぱいあるよ☆

5番街

57 St-6 Av駅

7-50 ts駅

ニューヨーク近代美術館 → P.156

5 Av / 59 St駅

ナイキ NYC

5 Av/53 St駅 5th Ave.

51st St. 52nd St. 53rd St. 57th St. 59th St.

Madison Ave.

H&Mの姉妹ブランド 12:30

5 アンド・アザー・ストーリーズ
& Other Stories

ワンピースやブラウスなど、かわいくてフェミニンな雰囲気。アパレルをはじめシューズやバッグ、アクセサリー、コスメなども展開している。

Map 別冊**P.15-D1** ミッドタウン・ウエスト

🏠 505 5th Ave.（near 42nd St.）
☎1-212-328-4012 ⏰10:00～20:00（金・土～21:00）CardA.D.J.M.V. 🚇地下鉄⑤⑦5Avより徒歩約4分 URLwww.stories.com

1. ソフトな色合いでH&Mよりガーリーな雰囲気
2. 店内のディスプレイも注目。旬コーデの参考になりそう

ニューヨーク市立図書館の裏側に位置する。園内に無料のWi-Fiあり

図書館でブレイク！ 13:30

7 ニューヨーク公共図書館（本館）
The New York Public Library

ブライアントパークの横にある壮麗なボザール建築の建物がNY市図書館の本館。図書館としての役割だけでなく、絵画の展示も楽しめる。1階にはギフトショップやカフェがあるのでこちらで休憩を。

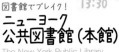

都会のオアシス

ビジネス街のオアシス 13:00

6 ブライアントパーク Bryant Park

ミッドタウンの中心にあり、休憩スポットとしても人気。夏はコンサート、冬はアイススケートと、年間をとおしてさまざまなイベントが行われる。

Map 別冊**P.15-D1** ミッドタウン・ウエスト

🏠6th Ave., 40th St., 5th Ave. 42nd Stに囲まれたエリア
☎1-212-768-4242 ⏰7:00～22:00（季節により変動あり）
🚇地下鉄B D F M線42 St.-Bryant Parkより徒歩約3分
URLwww.bryantpark.org

詳しくは… →P.114

1. 館内のローズ・メイン・リーディング・ルーム 2. 館内にあるNYの有名ベーカリー、エイミーズ・ブレッドでひと休み

おしゃれな人が集まる
ソーホー＆ノリータで
注目ショップさんぽ

5番街にあるようなハイエンドブランドをはじめ、
セレクトショップやカフェなどが並ぶおしゃれエリア。
最近では南側に若手デザイナーのアンテナショップや話題店がオープン！

買い物
しすぎた！

McNALLY JACKSON

TOTAL
5時間

ソーホー＆ノリータさんぽ
TIME TABLE

11:30 マクナリー・ジャクソン
↓ 徒歩7分
12:00 ケイト・スペード
↓ 徒歩3分
13:00 ハーニー＆サンズ
↓ 徒歩1分
14:00 サタデーズ・NYC
↓ 徒歩3分
15:00 ママン
↓ 徒歩6分
16:00 スティック・ウィズ・ミー

1 マクナリー・ジャクソン
カフェも人気の本屋さん　11:00
McNally Jackson

ぼくの
オススメ！

いろんな
本があるよ

世界中の文学からアートまで、幅広い
ジャンルの本がセレクトされた独立系
ブックストア。ロックフェラー・セン
ターなどにも店舗あり。

Map 別冊P.8-B1　ソーホー

🏠134 Prince St.（bet. W. Broadway
& Wooster Sts.）☎1-212-274-1160
🕐毎日10:00〜20:00 **Card**A.D.J.M.V.
🚇地下鉄RW線Prince Stより徒歩約3
分 **URL**mcnallyjackson.com

1. オリジナルトート
も人気 2. 小ロットの製
本機もあり自分の本を制
作できる 3. NYの観光ガ
イドも 4. アート本も充実
5. 居心地のよい空間

1. こちらが本店。洋服
やバッグのほか小物も
ランアップ 2 ケイト
らしい花柄モチーフの
パスケース$35 3. ブ
ラックとホワイトの
ストライプのワン
ピース$248 4.新
アイコンバッグ、ダ
コタ$358

おしゃれな
外観！

2 ケイト・スペード
1993年に誕生したNYブランド　12:00
Kate Spade

オンでもオフでも使えるバッグやアパ
レルなどが人気。日本にも支店はある
けどぜひ本店を訪れて。

Map 別冊P.8-B2　ソーホー

🏠454 Broome St.（at Mercer St.）☎1-212-
274-1991 🕐11:00〜18:00（日12:00〜）
CardA.D.J.M.V. 🚇地下鉄RW線Prince Stより徒歩
約5分 **URL**www.katespade.com

ハーニー＆サンズで気になるティーをリクエストしたら、ていねいに入れて試飲させてくれた。おいしくて即購入！（兵庫県・F☆T）

Present

aruco ニューヨーク

「aruco ニューヨーク」の
スタッフが取材で
見つけたすてきなグッズを
19名様にプレゼント
します！

たくさんのご応募
お待ちしてまーす!!

▼01 ブラックシード・
ベーグルの
トートバッグ

▼02 NY のイラスト
マップが描かれ
たトートバッグ

スターバックス
NYタイムズスクエア店限定の
タンブラー
▶03

▲04 オールド NY を感じる
トートバッグ

ホールフーズ・
マーケットの
トートバッグ
▶09

▶05
美容系
インフルエンサー
Rock Mama
さんの
トートバッグ

5名様

▲08 ファンファン・
ドーナツの
トートバッグ

トレーダー・ジョーズの
トートバッグ
▼07

▲06
ストランド・
ブックストアの
ポーチ

▲10 NY公共図書館の
トートバッグ

5名様

▲11 aruco特製
QUOカード
500円分

※05、11 を除き各 1 名様へのプレゼントです。　※返品、交換等はご容赦ください。

応募方法

アンケートウェブサイトにアクセスして
ご希望のプレゼントとあわせて
ご応募ください！

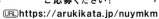

URL https://arukikata.jp/nuymkm

締め切り：2025年5月31日

当選者の発表は賞品の発送をもって代えさせて
いただきます。（2025年6月予定）

Gakken

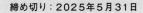

3 紅茶屋さんでお茶しよう！ 13:00
ハーニー＆サンズ
Harney & Sons

ニューヨーク郊外で生まれた紅茶ブランドのソーホー店。世界中から集められた珠玉の茶葉やユニークなフレーバーティーが話題。おみやげにもぴったり！

Map 別冊P.8

Map 別冊P.8-B2 ソーホー

🏠433 Broome St. (bet. Broadway & Crosby St.)
☎1-212-933-4853 🕐11:30〜18:30（日10:30〜）
Card A.D.J.M.V. 🚇地下鉄⑥線Spring Stより徒歩約3分 **URL** www.harney.com

「いろいろ試せる！」

Photos Courtesy of Harney & Sons

1. 世界中のお茶が並ぶ試飲カウンター 2. 人気のソーホーブレンド 3. できたてのお茶を試飲 4. 店内奥のカフェではスコーンも提供

ソーホー＆ノリータ

「スパイシーな香り！」

1. 西海岸ブランド、バクスターとのコラボキャンドル 2. 定番人気のコーデ 3. 手前はカフェ

4 彼みやげはここで！ 14:00
サタデーズNYC
Saturdays NYC

現役サーファーのオーナー3人が厳選したウエアや小物がとにかくクール。サーファーのみならず世界中のファッショニスタも注目！

Map 別冊P.8-B2 ノリータ

🏠31 Crosby St. (bet. Broome & Grand Sts.)
☎1-347-449-1668 🕐8:00〜19:00（土9:00〜、日9:00〜18:00）カフェは月〜土8:00〜16:00
Card A.D.J.M.V. 🚇地下鉄⑥線Spring Stより徒歩約4分 **URL** saturdaysnyc.com

5 至福のベーカリーカフェ 15:00
ママン
Maman

ファウンダーのひとりは南仏のミシュラン星獲得店でシェフを務めた本格派。チョコチップクッキーも絶品！

Map 別冊P.9-C2 ソーホー

🏠239 Centre St. (bet. Broome & Grand Sts.)
☎1-212-226-0700 🕐7:30〜18:00（土・日8:00〜）
Card A.D.J.M.V. 🚇地下鉄⑥線Spring Stより徒歩約4分 **URL** mamannyc.com

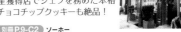

「栄養満点のキヌア入り」

「インスタで人気のカップ♪」

1. Caroサラダはto goメニューにある 2. コーヒーはトビーズ・エステートを使用

6 美しすぎる極上チョコ 16:00
スティック・ウィズ・ミー
Stick with me

3つ星フレンチレストランでショコラティエを務めていたスザンナさんのチョコレートブティック。食べるのがもったいないくらい、宝石のようなボンボンは至福の味わい。

Map 別冊P.9-C1 ノリータ

🏠202 A Mott St. (near Spring St.)
☎1-646-918-6336 🕐12:30〜19:00
Card A.D.J.M.V. 🚇地下鉄⑦線Boweryより徒歩約4分 **URL** swmsweets.com

Photos:Evan Sung

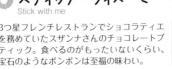

「おいしいですよ」

1. 高品質の素材で手作りされるボンボン24個入り$98 2. ミシュラン星獲得のレストランシェフによる高級チョコ 3. 本の形のギフトボックス入りは$28〜、円筒はキャラメル用

ソーホーには高級デパートのブルーミングデールズのダウンタウン店あり。 **Map 別冊P.8-B1**

141

個性派揃いの
ロウアー・イースト・サイドで
感性を磨く街歩きをしよう

元移民街の雰囲気を残しながら、都会派の若者たちに
人気の流行発信地としても発展中。ニューミュージアムと
国際写真センターのほか、個性的なギャラリーもいっぱい！

Have a
good time!

TOTAL
6時間

ロウアー・イースト・サイド
おさんぽ
TIME TABLE

12:00	カッツ・デリカテッセン
↓ 徒歩3分	
13:00	エディス・マシニスト
↓ 徒歩3分	
14:00	パメラ・バースキー
↓ 徒歩2分	
15:00	ラス・アンド・ドーターズ・カフェ
↓ 徒歩5分	
16:00	カミング・スーン
↓ 徒歩6分	
17:00	コビティアム

行列覚悟で
来てね！

1 LESのランドマーク！ 12:00
カッツ・デリカテッセン
Katz's Delicatessen

1888年創業の老舗ユダヤ系デリ。
名物のパストラミ・サンドはNYの
必食フード！ 映画『恋人たちの予
感』のロケ地としても有名。

1. 入口で整理券をもらってから注文 2. パストラ
ミ・サンド$22.45は、圧倒的なボリューム！

Map 別冊P.9-D1 ロウアー・
イースト・サイド

🏠205 E. Houston St.（at
Ludlow St.）☎1-212-254-
2246 🕐月〜金8:00〜23:00
土・日24時間営業 🈟不定休
Card A.D.J.M.V. 🚇地下鉄F
線2 Avより徒歩約3分
URL www.katzsdelicatessen.
com

2 おしゃれビンテージ 13:00
エディス・マシニスト
Edith Machinist

こぢんまりした店内にはセンスの光るハイ
エンドなビンテージがずらり。シューズや
バッグなども豊富で、リーズナブルにトー
タルコーディネートできるのがうれしい。

Map 別冊P.9-D1 ロウアー・イースト・サイド

🏠104 Rivington St.（bet. Essex & Ludlow Sts.）
☎1-212-979-9992 🕐火・木〜土13:00〜18:00、
日13:30〜18:00 🈟月・水 Card A.D.J.M.V.
🚇地下鉄FJMZ線Delancey St-Essex Stより徒
歩約2分 URL edithmachinist.com

新アイテムも
続々！

1. 壁一面にディスプレイされた商品は圧
巻 2. 大きめサイズのトートバッグ$125
3. アイラブNY柄に「日本に住んでいるけ
ど」というワッペンがユニーク$35

I HAVE
A BIG
HEART

3 人気のテナントが路面店に 14:00
パメラ・バースキー
Pamela Barsky

チェルシーとウイリアムズバーグで開催されている
インドア・マーケット「アーティスツ&フリー」の人
気店が路面店をオープン。くすっと笑えるメッセー
ジが描かれたトートやポーチはおみやげにおすすめ。

Map 別冊P.9-D1 ロウアー・イースト・サイド

🏠147 Orchard St.（bet. Stanton &
Rivington Sts.）☎非公開 🕐11:00
〜19:00（日12:00〜18:00）🈟月・火
Card A.D.J.M.V. 🚇地下鉄FJMZ
線Delancey-Essex Stより徒歩約5分
URL pamelabarsky.com

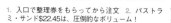

レアな商品が
いっぱい

1. 色彩バランスが美し
いセーター 2. フォルム
もデザインも個性的
なエスニック風のス
カート 3. コーデに合
わせやすいフラット
シューズ 4. 有名ブラ
ンドも多いので要
チェック！

カッツ・デリカテッセンのパストラミ・サンドはスモークされた香ばしい肉がたっぷりでおいしい！（愛知県・APPLE）

Map 別冊P.9

6 17:00

気軽に寄りたい
コピティアム Kopitiam

マレーシアフードが楽しめる食堂風
カフェ。スパイシーセサミヌードル
のほか、スイーツもおすすめ。

マレーコーヒー
も美味

アジア系
サイコー！

Map 別冊P.9-D2　ロウアー・イースト・サイド

🏠 151 E. Broadway (near Rutgers St.)　☎1-646-609-3785
🕐 10:00〜22:00　Card A.D.J.M.V.　Ⓜ地下鉄Ⓕ線East Broad-
wayより徒歩約1分　URL www.kopitiamnyc.com

見るだけでも
楽しい！

1. お香立てにもなる箱
2. 宝探し気分で

センス抜群！
カミング・スーン 16:00
Coming Soon

厳選されたデザイナーのホーム
グッズを扱うインテリアショップ。
ユニークなアイテムがいっぱい！

Map 別冊P.9-D2　ロウアー・イースト・サイド

🏠 53 Canal St. (near Orchard St.)
☎1-212-226-4548　🕐月〜金12:00〜
19:00、土・日11:00〜19:00
Card A.D.J.M.V.　Ⓜ地下鉄Ⓕ線East
Broadwayより徒歩約4分　URL comingsoonnewyork.com

ラス・アンド・ドーターズ・ショップ

E. Huston St.

Bowery駅

Grand St駅

Delancey St駅

East Broadway

East Broadway駅

ロウアー・イースト・サイド

こちらも
Check!

1914年創業のアペタイジングストア

スモークサーモンやニシンなど魚を中心に、ユダヤ系の
伝統的な食材や総菜を販売。テイクアウト専門なので、
人気のベーグルを店内で楽しむなら下記のカフェへ。

ラス＆ドーターズ
Russ & Daughters

Map 別冊P.9-D1　ロウアー・イースト・サイド

🏠 179 E. Houston St. (bet. Allen & Orchard Sts.)　☎1-212-475-4880
🕐8:00〜16:00　Card A.D.J.M.V.　Ⓜ地下鉄Ⓕ線2 Avより徒歩約1分
URL russanddaughters.com

4 ゆっくり楽しむ極上ベーグル 15:00
ラス＆ドーターズ・カフェ Russ & Daughters Cafe

上記のユダヤ系ショップが創業100年を
記念してオープン。定番人気のベーグル
はボードの上のフィリングを自分で挟む
スタイル。カクテルやワインも提供。

素材のよさが
自慢！

Map 別冊P.9-D1
ロウアー・イースト・サイド

🏠 127 Orchard St.(bet. Rivington & Delancey Sts.)　☎1-
212-475-4881　🕐月〜木8:30〜14:30、金〜日8:30〜15:30
Card A.D.J.M.V.　Ⓜ地下鉄Ⓕ/Ⓙ/Ⓜ/Ⓩ線Delancey St-
Essex Stより徒歩約3分　URL russanddaughterscafe.com

1. 肉厚の新鮮スモーク
サーモンがたっぷり　2. 4代目オー
ナーのジョシュさん（左）とニキさん
3. 3〜4人用のプラッターもある

移民が多く住んでいたロウアー・イースト・サイドのことがよくわかるテネメント博物館 Map 別冊P.9-D1 も要チェック。 **143**

その規模、全米No.1！
チープに遊べる チャイナタウン で
$10以下の粉ものフード食べ歩き

不況にも負けず、どんどん拡大を続けるチャイナタウン。
ウマい！安い！が魅力の活気あふれるこの街で、
ローカルに人気の粉ものフードをご紹介！

TOTAL 4時間

チャイナタウンおさんぽ
TIME TABLE

- 12:00 大全鍋貼
  - ↓ 徒歩2分
- 12:30 蛋撻餅屋
  - ↓ 徒歩1分
- 13:00 利口福
  - ↓ 徒歩1分
- 14:00 美麗華
  - ↓ 徒歩2分
- 14:45 飛達西餅
  - ↓ 徒歩1分
- 15:00 惠生

行列できてます

1. 狭い店だが回転は早い　2. もちもちの皮にジューシーな豚肉がたっぷり。ひと皿で大満足　3. 持ち帰りOK

1 カリッカリ餃子ならここ
大全鍋貼 12:00
Vanessa's Dumpling House

ニラ＆ポークorキャベツ＆ポークの焼き餃子が4つで$2！　店内奥のカウンターで注文し、番号順に受け取る。水餃子や肉まんも。

Map 別冊P.9-D2 チャイナタウン

🏠118A Eldridge St. (bet. Grand & Broome Sts.)　☎1-212-625-8008　🕐11:00～21:00　💳不可
🪑7テーブル　🚇地下鉄⑧⑩線Grand St.より徒歩約3分
🔗vanessas.com

素朴でおいしいエッグカステラ

Canal St.とMulberry St.の南西付近に出没するチャイニーズケーキの屋台。見た目も味も日本のベビーカステラで、卵の風味が効いた素朴な味。試してみて。

カステラ!?

おいしいものがいっぱいよ！

やみつきな味！

1. サクサクのパイ生地にふわふわカスタードが絶品　2. ショーケースから選ぶ　3. Grand St.の駅のそば

2 ふわサク感がたまらない
蛋撻餅屋 12:30
Harper's Bread House

エッグカスタード$1.50は、甘さ控えめの優しい味で何個でも食べられそう♪　ケーキや菓子パンなどの種類も豊富。おにぎりもある。

Map 別冊P.9-C2 チャイナタウン

🏠271 Grand St. (bet. Eldridge & Forsyth Sts.)
☎1-212-226-8882　🕐水～月8:00～17:00　🈺火
💳不可　🪑2テーブル
🚇地下鉄⑧⑩線Grand Stより徒歩約1分

この豪華さで$5.95！

3 ヌードル好きはぜひ
利口福 13:00
Great N.Y. Noodletown

ヌードルは卵を使った粗麺か、お米を使った河粉（平ら）、米粉（細い）、瀬粉（太い）からチョイス。お粥もおいしいと評判！

1. 一番人気は、あっさりスープにプリプリのエビが入ったワンタンヌードルスープ　2. 昼夜問わず混雑　3. 赤と緑の看板が目印

Map 別冊P.9-C2 チャイナタウン

🏠28 Bowery (at Bayard St.)　☎1-212-349-0923　🕐9:00～22:00（金・土～23:00)　💳不可　🪑12テーブル
🚇地下鉄⑧⑩⑥⑥⑥⑥⑥線Canal Stより徒歩約7分　🔗www.greatnewyorknoodletown.com

📧チャイナタウンでNYみやげを物色。印刷カスレや糸のほつれを発見！　よ～く選んで買ってみた（笑）。（兵庫県・あこ）

4 評判どおりのおいしさ
美麗華 14:00
Mei Li Wah

パッと見は地味だけど、中に入ると名物の豚まんを求めて熱気あふれる行列が！ 一方、奥の座席ではローカルたちがま～ったり。

Map 別冊P.9-C2 チャイナタウン

🏠62 Bayard St. （bet. Mott & Elizabeth Sts.）
📞1-212-966-7866 🕐8:30～19:30
Card不可 🈑8
🚇地下鉄JNRWQZ6線Canal Stより徒歩約6分
URLmeilaiwah.com

1. 地元民の憩いの場
2. 豚まん$1.75は蒸しと焼きの2種類。焼きは皮が菓子パン風で中には角煮風豚肉が！

パカッ!

英語で
Baked Roast
Pork bun!

チャイナタウン

Grand St駅
Grand St.
Hester St.
Canal St駅
Canal St.
Bayard St.
Pell St.
Centre St.
Mulberry St.
Mott St.
Bowery
Chrystie St.
Eldridge St.
Manhattan Bridge

福禄

6.00
002

6.00

6
5

4

3

チャサム・スクエア

5 地元の人にも愛される
飛達西餅 14:45
Fay Da Bakery

昔々に食べたような懐かしくて素朴な味のベーカリー。ここの食パンが好きという地元ファンも多い。

甘さ控えめ!

1. 素朴な味のパンがずらり 2. タロパフは極薄の皮の中に紫芋のあんこがたっぷり 3. 地元のおばちゃんが大量買いしていく有名店

Map 別冊P.9-C2 チャイナタウン

🏠83 Mott St. （bet. Canal & Bayard Sts.）
📞1-212-791-3884
🕐7:00～19:00 （土・日～20:00）
Card不可 🈑7テーブル
🚇地下鉄JNQRWZ6線Canal Stより徒歩約4分
URLfayda.com
🏠ほかマンハッタンに1店、フラッシングなどクイーンズに11店あり

6 食べ歩きに疲れたら 15:00
惠生
Fishion Therapy Center

地元リピーターはもちろん、日本やヨーロッパからの観光客も多いマッサージ店。個室はちょっと暗くてあやしげだけど技術はホンモノ。

足が軽くなりますよ～

1. 足裏は30分で$28。鍼は60分で$70 2. 飛達西餅の2階にある

Map 別冊P.9-C2 チャイナタウン

🏠83 Mott St. 2nd Floor （bet. Canal & Bayard Sts.）
📞1-212-966-8771 🕐11:00～19:00 **Card**A.D.J.M.V.（クレジットカード使用の場合は$1.50～4増し）
🚇地下鉄JNQRWZ6線Canalより徒歩約4分
URLfishion-nyc.com

NYのスパやマッサージ店では、施術者に18～20%のチップを渡すのを忘れずに。 145

NYの街並みを眺めながら

バスに乗って アフタヌーンティー はいかが？

Start!

1 42nd St.に集合!

NYの中心部でときおり見かけるピンクのかわいいバス。こちらは、今注目のアフタヌーンティーを楽しめちゃうバスツアー！NY観光しながらヌン活しましょ。

ミッドタウンの主要観光スポットを回れるのでコスパも最強！タイムズスクエアに近い42ndStに出発の15分前までに集合を

楽しみだね〜

花柄でキュートなメニュー。スタンダード$84〜とプレミアム$124〜の2種から選べる

Cheers!

暑い夏、寒い冬でもバスなら安心。いつもとちょっと違った優雅なひとときにわくわく♡

大きな窓からNYの景色を楽しみながら、目いっぱいおしゃべりを楽しもう

2 車内でおしゃべりを楽しもう♡

プレミアムはスコーン、スイーツ、セイボリーの3段。お茶とノンアルコールカクテル付き

ミッドタウンのおもなスポットをたくさん回れちゃう

焼きたてでサービスされるスコーン。温かいうちにジャムとクロテッドクリームを付けて

おいしそう♪

コロンバス・サークルも回るよ

3 お持ち帰りもできる！

Finish!

車窓からタイムズスクエアも。途中、ナレーション付きのライブ・エンターテインメントもあり

New York〜♪

食べたり飲んだりしているとあっという間に。もし食べきれないときにはかわいいボックスでお持ち帰りできちゃうよ

アフタヌーンティーの観光バス
ティー・アラウンド・タウン
Tea Around Town

NYの観光名所をしながらアフタヌーンティーを楽しめるバスツアー。かわいいピンクのインテリアのバスに揺られて優雅なひとときを。所要約90分。

Map 別冊P.15-D1　ミッドタウン・ウエスト

⭐42nd St. (bet. 6th & 6th Aves.) に集合（出発の15分前まで到着を）　💰スタンダード$84〜、プレミアム$124〜　⏰所要約90分　📞1-212-664-0300　🌐www.topviewnyc.com

146

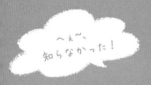

へぇ〜、
知らなかった！

マストチェックの
観光スポット＆美術館を
ツウな気分でおもしろ案内

定番の自由の女神、ブロードウエイや美術鑑賞だって、
ただ見るだけじゃもったいない！
ちょこっと知ってるだけで、もっと楽しくなれるヒントが集結！
ひと味違うNYをガッツリ楽しもうね♪

SIGHTSEEING

NYを代表するアイコン
自由の女神の内部へ潜入！

WOW!　**Cool!**

NYといえば、やはり自由の女神像！ 彼女に会わなきゃNYに来た気分にならないもの。急いでそばまで行っちゃって〜！

334 Steps

自由の女神にまつわる7つの真実！

実は世界遺産なのです！
アメリカを象徴するシンボルとして有名な自由の女神。実は1984年、ユネスコの世界遺産（文化遺産）に登録されているのです。

なぜアメリカのシンボルなの？
アメリカの独立100周年に独立を支援したフランスから贈られた女神像は、合衆国の自由と民主主義の象徴。かつて移民管理局のあったエリス島が近接し、この周辺が自由の国への玄関であったこともその理由。

1892年から1954年まで移民局だったエリス島。現在は博物館として当時の様子が公開されている

スペインにはバンザイ女神が！
スペインのカダケスというリゾート地には、なんと、両手を挙げた女神像がある！ サルバトール・ダリによりデザインされたとか。

日本で「女神」と呼ばれる理由
Statue of Libertyを訳すと「自由の像」。「女神」は、明治19年「郵便報知新聞」が像の完成を報道したときにつけられたのが始まり！

びっくり！

どこを見て立ってるのかな？
故郷フランス側を向く説があるが、もともと女神は1886〜1902年まで灯台だったためニューヨーク港を向いている（たいまつがジャマ＆光が弱く灯台機能は停止）。

ホントはNJ在住だったりして
女神が立つのはNY隣州ニュージャージーの海上。ただしNY州国立公園が管理していて住所はNew Yorkと、立派なニューヨーカー！

なんだか泣いてるみたい……
女神のほおを伝うひとすじ（ふたすじ？）の涙……。なんで泣いているのかと思いきや、これは酸性雨による像の腐食が原因。

女神はフランス人？
作者であるフランス人彫刻家のフレデリク・バルトルディの母親が像のモデル。手は彼の妻だとか。ということは女神はフランス人？

ドスン！

アクセス

自由の女神のあるリバティ島に行くフェリーツアー
スタチュー・クルーズ
Statue Cruises

Map 別冊P.6-B3 ロウアー・マンハッタン

自由の女神の正面間近を通り、女神像の裏側の桟橋に着くフェリーツアー。到着後は自由に行動できる。セキュリティチェックもあるので、時間に余裕をもって行こう！

☎1-877-523-9849 ◯9:00〜16:00（季節により変更あり）休12/25 料大人$25、シニア（62歳以上）$22、4〜12歳$16、3歳以下無料（王冠内への入場にはウェブで事前予約が必要）CardA.D.J.M.V. 日有 交バッテリーパークのフェリー乗り場からフェリーで往路15分、復路35分（エリス島経由のため）、1時間に1〜3本運航 URLcityexperiences.com/new-york/city-cruisesstatue/ ※シティ・バス利用可

夢と希望の象徴
自由の女神
Statue of Liberty（Liberty Island）

Map 別冊P.4-A3 リバティアイランド
URLwww.nps.gov/stli

チケット入手から乗船まで

地下鉄を下車したら、フェリー乗り場に行く前にチケット売り場へ。このクリントン砦の向こうにある。

チケット売り場でシティ・バスを使う場合やオンラインで購入済みならReserve列で乗船券と引き換え。

フェリー乗船時はセキュリティチェックがある。身分証明書（パスポート）の提示を求められることも。

いざ出発！ 行きの進行方向右側に女神が見えるので、写真を撮るなら2階と3階部分のデッキに座ろう。

Statue of Liberty

スカートの下を 失礼！

後ろ姿も キレイだね

左足 みっけ！

王冠へ Go！

内部見学の 予約は お早めに！

つらいけど行く価値あり！

王冠までの階段は393段で27階建てビルに相当。うち上階部の162段はものすごく狭くて急なので、体力がある人向け。無事にたどり着くと王冠の窓からの景色が楽しめる！

※王冠への入場は、人数制限あり。事前予約が必要。人気なので早めに！ URL www．nps．gov/stli

自由の女神の内部へ潜入！

台座からの 景色！

フードコートもあるよ

像の下にはフードコートがあり、ハンバーガーやホットドッグなどの軽食が食べられる。ラッピングペーパーが女神のイラストでかわいい♪

台座からは、ニューヨーク港とロウアー・マンハッタンの摩天楼が一望できる

自由の女神博物館

敷地内には「自由の女神博物館」がある。女神像がどうやって造られてここまで運ばれたかが興味深い。入場はツアー代込み。

ワタシ、キレイ？

1．ちょっとコワいけど女神像のパーツも展示。ブロンズ製なのでもとは茶色 2．移民たちのシンボルだったトーチが掲げられる館内

NEW YORK CITY

おみやげも買えるよ

ギフトショップは、米国旗を右折した前方の白いテントとフードコートの横にある。女神のフィギュアをはじめとした雑貨類が豊富。

1．マグネットはこれ以外に多数ある。$9.95 2．プッシュするとライトがつくトーチ$12.95 3．女神に扮したアヒルのおもちゃもある

これぞマンハッタン！
1日でNYのランドマークを回っちゃおう

NYに来たな！と感じる風景。そんな名所を駆け足でぐるっと巡ってしまおう。
1日できゅきゅっと観光してしまえば、残りの日は買い物や気になるエリア散策で有効に使える！

真ん中あたり まで来たよ☆

徒歩12分

着ぐるみと写真を撮ったらチップをせがまれる。気をつけよう！

Start! Times Square 滞在時間 30分

タイムズスクエア

世界の交差点といわれるタイムズスクエア。マンハッタンの中心部で、24時間ネオン輝く眠らないエリア。

Map 別冊P.19-C3

徒歩9分

グランド・セントラル・ターミナル

マンハッタンの玄関口として、毎日多くの人でにぎわう。巨大ショッピングモールになっている。

Map 別冊P.16-A1

Grand Central Terminal 滞在時間 60分

必見は光ファイバー技術を取り入れた天井。

Rockefeller Center

展望台は風が強いので、防寒を忘れずに。

滞在時間 60分

ロックフェラー・センター

建物の正面は5番街側。クリスマスツリーとアイススケートリンクが有名。

DATA→P.139

レトロな雰囲気のポストカード

Chrysler Building

滞在時間 10分

徒歩すぐ

徒歩14分

徒歩4分

クライスラー・ビル

ニューヨークの摩天楼を代表するウロコ状の尖塔が美しいビル。もとは自動車会社クライスラーの本社ビルで、内部はすべてアールデコ様式となっている。

Map 別冊P.16-B1 ミッドタウン・イースト

🏠405 Lexington Ave.（bet. 42nd & 43rd Sts.）🚇地下鉄⑤④⑤⑥⑦線 Grand Central -42 Stより徒歩約3分

メットライフ・ビル

Map 別冊P.16-A1
ミッドタウン・イースト

1960年代を代表する建築物。現在も内装は一切手が加えられてない。グランド・セントラル・ターミナルの後ろに立つ。

🏠200 Park Ave.（at 4 th St.）🚇地下鉄⑤④X⑥⑦線 Grand Central -42 Stより徒歩約3分

MetLife Building

滞在時間 10分

✉ タイムズスクエアにいたミッキーと写真を撮ったら、$20払えと言われた。「高すぎる」と反論したら$2まで下がった。（千葉県・まみ）

滞在時間 **40分**

UNのエンブレムのピン$8とテディベア$25

The United Nations Headquarters
国連本部

Map 別冊P.17-C1 ミットタウン・イースト

🏠46th St. & 1st Ave. ☎1-212-963-8687（代表）🚇地下鉄S④⑤⑥⑦線 42 St - Grand Centralより徒歩約15分 URL www.un.org/en/visit

イースト・リバーに沿って42丁目から48丁目までを占める国連本部。国連総会ビル、ハマーショルド図書館、会議場ビル、事務局ビルの4つのビルで構成されている。ツアーあり。

鉄10分

2階と80階の展示スペースも要チェック！

滞在時間 **60分**

Empire State Building
エンパイア・ステート・ビル

NYのシンボル。昼夜問わず展望台は人気。夜のイルミネーションの色は、それぞれ意味がある。

I ♥ NY

左からTシャツ$21.99、チョコレート$4.99、キングコングのぬいぐるみ$46

DATA→P.22

もう少し！がんばれ〜♪

徒歩10分

Flatiron Building
フラットアイアン・ビル

滞在時間 **10分**

23丁目のブロードウェイの三角地帯に立つ。北側の狭いほうの角の幅はわずか2m弱。

Map 別冊P.12-A1 グラマシー

🏠175 5th Ave. (at 23rd St.) 🚇地下鉄Ⓡ Ⓦ線23 St-Broadwayより徒歩約1分

スパイダーマンなどの映画にも登場！

Goal!

Battery Park

夕景をしみじみ…

滞在時間 **50分**

Map 別冊P.6-B3 ロウアー・マンハッタン

🏠Battery Pl., & State St. 🚇地下鉄①線 South Ferry、④⑤線Bowling Greenより徒歩約1分 URL www.thebattery.org

マンハッタン最南端に広がる公園で、大道芸人や地元の住人、観光客でにぎわう。遠くに自由の女神も見え、美しいサンセットが望める。

1日でNYのランドマークを回っちゃおう

徒歩5分

Oculus オキュラス

滞在時間 **30分**

9/11メモリアルの東側、地下通路でワールド・トレード・センターと複合オフィスビルと直結する。内部にショッピングモールもあり。

Map 別冊P.6-B1 ロウアー・マンハッタン

🏠50 Church St. (bet. Fulton & Dey Sts.) **Card** A.D.J.M.V. 🚇地下鉄Ⓔ線World Trade Centerより徒歩すぐ URL www.panynj.gov

徒歩10分

滞在時間 **60分**

9/11メモリアル&ミュージアム

9/11 Memorial & Museum

ツインタワーの跡地には、水が流れ落ちる巨大プールのモニュメントを中心に公園や記念館がある。東側にはワン・ワールド・トレード・センターもそびえる。

星条旗、Fish Eddyコラボのマグカップ各$20

展望台はちょっと高いけど登る価値大！

Map 別冊P.6-B1 ロウアー・マンハッタン

🏠180 Greenwich St. (bet. Liberty & Fulton Sts.) 🎫メモリアル大人$33、シニア(65歳以上)$27 ⏰メモリアル9:00〜20:00、ミュージアム水〜月9:00〜19:00 (ウェブで購入可) 🚇地下鉄Ⓔ線World Trade Centerより徒歩約3分 URL www.911memorial.org

地下鉄19分

One World Observatory
ワン・ワールド展望台

滞在時間 **60分**

Map 別冊P.6-B1 ロウアー・マンハッタン

🏠117 West St. (bet. Vesey & Fulton Sts.) ワン・ワールド・トレード・センター100〜102F ☎1-212-602-4000 ⏰10:00〜19:00 (季節により変更あり) 🎫大人 (13〜64歳)$44〜、シニア(65歳以上)$42〜、子供 (6〜12歳)$38〜 🚇地下鉄①線WTC-Cortlandより徒歩約6分 URL oneworldobservatory.com

オキュラス内のショッピングモールはおすすめ。ケイト・スペードやI♥NYのグッズ専門店などがある。

The
Metropolitan
Museum
of Art

もっとアートが好きになる！
巨大美術館メトロポリタンの
名作＆ワケあり美女名画

膨大なコレクションで有名なメット。
限られた時間で名作を鑑賞できるルートと、
魅惑的な女性モデルたちをご紹介！

入館して
左側に行き、
1階のローマ
美術へ

正面玄関のほうに戻り
正面階段で2階へ。上がって
すぐにあるヨーロッパ
絵画セクションへ

古代から現代まで！

まずは
不朽の名作
15点、を鑑賞！

ヨーロッパ絵画のフェルメールと
レンブラント、19世紀のヨーロッ
パ絵画と彫刻のルノワール、ドガ、
エジプト館がハイライト。

The Metropolitan
Museum of Art

① 若かりしヘラクレス
Youthful Hercules
作者不明
（A.D.69～96年）

約2.5mの迫力！　人体表現や彫刻技術は見
事。2000年前に造られたのが信じられない。

⑤ カバ
Hippopotamus
作者不明
（中期王朝）

古代エジプトでは水中の怪物として恐れられ
る存在だったカバ。今はメットのマスコット。

アフリカ、オセアニア
セクションを通って
ヨーロッパ彫刻へ

② ウゴリーノと息子たち（ウゴリーノ・デッラ・ゲラルデスカ）
Ugolino and His Sons
ジャン=バティスト・カルポー
（1865～67年）

ダンテ『神曲』より。飢えた父に子供たちが自
分を食べてくれと懇願する情景がすさまじい。

③ 騎馬の広場
Equestrian Court
作者不明
（1420年頃）

中世の騎士が戦いに出る様子を再現。先を走
って逃げるフリをして写真を撮るのも楽しい。

④ デンドゥール神殿
The Temple of Dendur
作者不明
（紀元前15年頃）

エジプトからアメリカへプレゼント。中には
神殿を建てたシーザーの浮き彫りが。必見！

効率よく鑑賞するコツは？

館内は増築を重ねているせいか複雑な構
造。時間のロスなくなるべく迷子にならず回る
には、入館後左へ進み、先に1階をぐるっと鑑賞。正
面に戻ったら階段で2階へ進もう。クライマックスは
ヨーロッパ絵画、17世紀・20世紀初期のヨーロッパ絵
画なので、ここで時間を取りたい。近代美術に着いた
らその先にある中2階も忘れずに。見たい作品があるな
ら、公式アプリやウェブサイトのSearchで検索して
ギャラリー番号の確認を。音声ガイドも利用しよう。

世界3大美術館のひとつ

メトロポリタン
美術館（通称メット）

The Metropolitan Museum of Art
200万点に及ぶコレクションの
うち常時約50万点を展示。無料
の日本語のハイライト・ツアー
もあるので参加するのもいい。

Map 別冊P.24-A2　アッパー・イースト・サイド

🏠1000 5th Ave. (at 82nd St.)
📞1-212-535-7710　⌚日～火・木10:00～17:00、
金・土10:00～21:00　🈲水、1/1、サンクスギビ
ング、12/25、5月の第1月曜
💴大人$30、シニア（65歳以上）$22、学生$17、
12歳未満で大人同伴の場合無料
💳A.D.J.M.V.　🚇地下鉄④⑤⑥線86 Stより徒
歩約10分
🌐www.metmuseum.org

✉天井が採光ガラスになっているヨーロッパのスカルプチャーコートがお気に入り♪（奈良県・FUMI）

15 自画像 Self-Portrait

アンディ・ウォーホル（1986年）
亡くなる数ヵ月前に制作された
ウォーホル最後の自画像。暗闇
の背景に溶け込む自分がいる。

入口に戻って、ギフトショップへ

6 水差しを持つ若い女 Young Woman with a Water Pitcher

ヨハネス・フェルメール（1662年頃）
キーンと澄んだ空気、優しい朝の日差しを白
い布と水差しの反射で巧みに描いた名作。

7 自画像 Self-portrait

レンブラント
（1660年）
当時、権力の象徴と
された肖像画を内面
重視で描いたもの。
老いもシワも隠さ
ず味わい深い。

廊下を通って19世紀ヨーロッパの絵画・彫刻セクションへ

14 ホワイト・フラッグ White Flag

ジャスパー・ジョーンズ（1955年）
板に新聞や紙を貼り付けて星条
旗を表現。フラッグシリーズ初
のモノクロ作品。

13 秋のリズム（ナンバー30） Autumn Rhythm (Number 30)

ジャクソン・ポロック（1950年）
アクション・ペインティングで
有名なポロックの代表作。横幅
5m以上で近くで見ると大迫力。

8 ダンス教室 The Dance Class

エドガー・ドガ（1874年）
ドガ初期の作品、踊り子シリーズは必見。近く
にはドガのドローイングを集めた展示室も！

12 無題 Untitled

アニッシュ・カプーア（2007年）
円形の鏡に近寄ると自分の姿が
無数に映り込み、離れると上下
が逆さま。遊び心たっぷり！

9 メンデス家の娘たち The Daughters of Catulle Mendès, Huguette (1871–1964), Claudine (1876–1937), and Helyonne (1879–1955)

ピエール＝オーギュスト・ルノワール（1888年）
室内の楽器と少女というルノワールらしい作
品なのに、当時は評価されなかったという。

10 バラ Roses

フィンセント・ファン・ゴッホ（1890年）
ゴッホと白いバラという意外な組み合わせ。色
調はシンプルだが花びらは厚く主張が表れる。

11 麦わら帽子の自画像 Self-Portrait with a Straw Hat

フィンセント・ファン・ゴッホ（1887年）
モデルなしでも描けると多数の
自画像を描いた。この作品は練
習用キャンバスの裏を使用。

近代美術セクションへ

巨大美術館メトロポリタンの名作＆ワケあり美女名画

展示は2024年3月現在のものです。展示は必ずしもこのとおりでないことがあります。

Photos:The Metropolitan Museum of Art

153

スキャンダラスな ワケあり美女 8連発！

今まで気にしなかったけど、作品に描かれたモデルってどんな女性だったんだろ……？ ちょっとワケありモデルに注目してみました。

The Metropolitan
Museum of Art

マダムX
Madame X

ジョン・シンガー・サージェント
（1883〜84年）

社交界の華であったゴートロー婦人がモデル。頭上の小さな冠は彼女のプライドの高さを表している。

Scandal!
発表当初、右肩のストラップがずれ落ちていたため淫らだと批判の嵐。描き直したものの夫人に絵を受け取ってもらえなかったとか。

B 女占い師
The Fortune Teller

ジョルジュ・ド・ラ・トゥール
（1630年頃）

民衆の日常の情景を表しながら、人間の明暗を神秘的に描いたこの時代特有の風俗画。

Scandal!
老いた占い師が若者の気を引く間に、若者を囲む女性たちがスリを働く。老いも若きも女は悪者？

D サロメ
Salomé

アンリ・ルニョー（1870年）

天才的な才能を示しつつ若くして戦死したルニョーの代表作。新約聖書に伝わる女性サロメを黄金のタッチで描いた作品。

Scandal!
義父ヘロデ王の前で妖艶に踊り、その褒美として洗礼者ヨハネの生首を要求したサロメ。手に持ったお盆とナイフがコワイ。

Scandal!
イエスの死と復活を見届けたマグダラのマリア。娼婦だったとか、イエスと結婚していたなどの説があるが

C 悔い改める マグダラのマリア
The Penitent Magdalen

ジョルジュ・ド・ラ・トゥール
（1640年頃）

ラ・トゥールお得意の静かな闇の中の人物画。自らを悔い改める決意をしているかのよう。

『水差しを持つ若い女』はどこにありますか？
Where is "Young Woman with a Water Pitcher"?

日本語と英語で呼び方が違う画家
●ファン・ゴッホ＝Van Gogh（ヴァンゴウと発音）
●フェルメール＝Vermeer（ヴェーミアと発音）

Ｅ 恋人たち
The Lovers

マルク・シャガール
（1913〜14年）

最初の妻ベラをモデルに愛と結婚をテーマにした作品。あたたかい色彩に引きつけられる。

Scandal! シャガールの多くの作品でモデルになるベラ。しかし彼女は亡命先のアメリカで病死する。

Ｆ 「声」を聞くジャンヌ・ダルク
Joan of Arc

ジュール・バスティアン＝ルパージュ
（1879年）

ジャンヌと同じ、仏ロレーヌ地方出身画家の作品。背後に大天使ミカエルらが現れている。

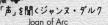

Scandal! 神の声を聞き、男装してフランスのために戦ったジャンヌ。なのに魔女として火刑に。

Ｇ 少女
Study of a Young Woman

ヨハネス・フェルメール
（1665〜67年頃）

同時期の代表作『真珠の耳飾りの少女』の関連作といわれる。こちらの少女も真珠を着用。

Scandal! モデルが謎。トローニー（不特定人物の肖像画）説が強い一方、フェルメールの娘説も。

Ｈ ９つのジャッキー
Nine Jackies

アンディ・ウォーホル
（1964年）

何コマも並べることで、マスメディアの執拗な報道とジャッキーへの記憶を融合。

Scandal! ジョン・F・ケネディ元大統領の妻ジャクリーン。この写真は夫が暗殺される直前の彼女。

気軽に入れる！

カフェ＆レストラン情報

セルフサービスのカフェ
イータリー

The Eatery

イタリアンの高級グルメストア、イータリーがテナント。手頃な値段のフードメニューが充実。地階にある。

セントラルパークの横！
ペトリコート・カフェ

The Petrie Court Café

1階、美術館の西側のヨーロッパ・スカルプチャー・コートにある。大きな窓からセントラルパークを見ながら食事が楽しめる。

屋外アートも楽しめる
ルーフトップ・ガーデン・バー

Cantor Rooftop Garden Bar

セントラルパークとアップタウンが一望できる屋上庭園にあるカフェ。カクテルやワイン、ビールもある。春から秋までの営業。

ランチにおすすめ
アメリカン・ウイング・カフェ

The American Wing Café

1階正面から入った右側奥のアメリカン・ウイングにあるカフェ。サンドイッチやペイストリー、エスプレッソなどの軽食が楽しめる。

ルーフトップ・ガーデン・バーは、夏でも天気が悪いときはクローズすることがある。

START!

10:30
5階へ

はやく！
はやく！

ダリの10歳年上の妻ガラの男性関係はかなり奔放。結婚後も若い男たちと不倫。でもダリは彼女を聖母に見立てた作品を描き続けた。

メディアに出るときは銀髪かつらに薄化粧。整形手術で鼻まで高くしていたウォーホル。でも実際は外見とは裏腹に孤独で繊細だった。

ゴールド・マリリン・モンロー
Gold Marilyn Monroe
（1962年）

アンディ・ウォーホル

1962年のモンローの死後すぐに、映画『ナイアガラ』の写真をモチーフに描かれた。背景の金色は、宗教画のアイコン的カラー（図版部分）。

記憶の固執
The Persistence of Memory
（1931年）

サルバドール・ダリ

ダリ27歳のときの作品。作品の別名「柔らかい時計」は、とろけるチーズからヒントを得たもので、ダリを象徴するモチーフになった。

東京都現代美術館が彼の『ヘアリボンの少女』を約6億円で購入。「漫画にそんな大金を払うのか」と反対意見が多く話題になった。

思い込みが激しく、ガラスのハートのもち主だったゴッホ。傑作のほとんどは晩年の約2年間に描かれたが、生前に売れた絵はたった の1枚だった。

ボールを持つ少女
Girl with Ball
（1961年）

ロイ・リキテンスタイン

ヴェンディ・ドットと呼ばれる写真製版の網点によって描かれた少女。1961年の作品だが、約50年たった今でも新鮮。

近代アートなら
MoMAを2時間で

15万点以上を所蔵するMoMA。じ
混雑してるし時間はないし……。そん

近代アートの宝庫
ニューヨーク近代美術館（モマ）
The Museum of Modern Art（MoMA）
絵画や彫刻をはじめ、建築、商品デザインなど、近代美術の幅広いコレクションを誇る。企画展も好評。

GOAL!

12:30

裕福な家庭に生まれたセザンヌは繊細で人付き合いが苦手。親友ゾラとも絶交し、結局友人と呼べるのは画家のカミーユ・ピサロら数人だけだった。

星月夜
The Starry Night
（1889年）

フィンセント・ファン・ゴッホ

1888年に自らの耳を切り落とし、翌89年に精神病院に入院したときに描かれた作品。その約1年後、37歳でピストル自殺を遂げた。

ここは
じっくり～

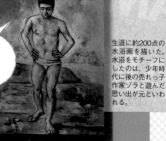

生涯に約200点の水浴画を描いた。水浴をモチーフにしたのは、少年時代に後の売れっ子作家ゾラと遊んだ思い出が元といわれる。

水浴する人
The Bather
（1885年）

ポール・セザンヌ

1950年、ポロック38歳のときの作品。都市生活の苛立ちと、土と石を連想させる自然の感触が圧倒的な存在感で迫ってくる。

ワン；ナンバー31
One: Number 31
（1950年）
ジャクソン・ポロック

若いときからアルコール依存症で精神科に通院。一世風靡するものの、飲酒運転による自動車事故で44歳の若さで天逝した。

11：30〜
4階へ

『睡蓮』は1899〜1926年までに、200点以上制作された。晩年は白内障を患い、その影響で作品は年々赤みを増したとか。

睡蓮
Water Lilies
（1914-26年）
クロード・モネ

縦2m、横12m以上もある巨大な睡蓮画。パリ郊外の自宅の庭園がモチーフ。「光の画家」の魅力をたっぷり味わえる作品（図版は部分）。

MoMAを効率よく回るヒント5！

①まずは館内マップをGET！
地下から6階まで各階のフロアプランが載っている無料の館内マップを手に入れよう。

②4階＆5階がポイント！
4階と5階は常設展。目玉作品の多くはこの2フロアにあるので、ここで時間を取ろう。

③事前リサーチも忘れずに
作品の背景を知ると感動も違ってくるはず。事前に調べるか、写真を撮ったあとでチェック。

④チケットはネットで購入を
デリバリーオプションで「家で印刷」を選べば、行列の心配もない。シティ・パスも利用可。

⑤朝イチが狙い時
開館は朝10：30から。午後よりはまだマシ。人がさらに増える前にさっと観て帰ろう。

MoMAを2時間で攻略しちゃおう！

おまかせ！
攻略しちゃおう！

くり見るなら1日は必要だけど、なアナタにご紹介する最短攻略法！

ギフトショップ情報
地下1階には、ポスターやカード、ユニークな雑貨、アート関係の本が充実したギフトショップあり。モマの向かいにもデザインストアがある。（→P.114）

マティスは法律試験に合格し、法律事務所の書記として働いていた。病気療養中に絵画に興味をもち、その後、画家に転向した。

Map 別冊P.19-D2　ミッドタウン・ウエスト

🏛11 W. 53rd St. (near 5th Ave.)　☎1-212-708-9400　🕙10:30〜17:30（土〜19:00）　休サンクスギビング、12/25　料大人$30、シニア（65歳以上）$22、学生$17、16歳以下は大人同伴で無料（オンラインの購入で$2割引）
Card A.D.J.M.V.　地下鉄Ⓔ線5 Av - 53 Stより徒歩約3分
URL www.moma.org（日本語あり）　※写真撮影は個人使用目的の場合のみ可能だが、フラッシュと三脚は禁止

カフェ＆レストラン情報
ザ・モダーン……1階にある贅沢なフレンチレストラン。カフェ2……2階にあるカフェテリア形式のイタリアンカフェ。テラス・カフェ……新館6階にあるカフェ。テラスからミッドタウンが見渡せる。

ダンス（1）
Dance（1）
（1909年）
アンリ・マティス

ロシアの貿易商の依頼に応じて描かれた作品。「色彩の魔術師」と呼ばれたマティスの鮮やかな色使いと人物たちの躍動感に注目。

26歳のピカソがアフリカ彫刻に興味をもち始めて描いた売春婦たち。それまでの絵画の常識を崩壊し、キュビスムの発端となった。

パリの税関職員だったルソーは、趣味として絵を描いていたが、自分の才能を信じて仕事を早期退職。ただまったく評価されなかった。

3人の女性との間に4人の子供をつくったピカソ。ほかに何人かの愛人もいて、そのうちふたりはピカソの死後、後追い自殺した。

アヴィニョンの娘たち
Les Demoiselles d'Avignon
（1907年）
パブロ・ピカソ

眠るジプシー女
The Sleeping Gypsy
（1897年）
アンリ・ルソー

ルソーの死後、行方がわからなかったが1923年に発見。マンドリンと水差しをかたわらに眠るジプシーと、月の構図が幻想的。

ブラックミュージックの聖地ハーレムに ゴスペルを聴きに行こう！

ハレルヤ〜

おしゃれエリアとしても注目が高まるハーレム。しかし、昔から変わらないものもある。ブラックカルチャーを肌で感じに出かけよう！

聴く前に注意したい！
教会により観光客が入れる時間などが決まっていたり、開始時間が異なる。人気の教会には開始1時間前までには到着したい。勝手に座らず案内係の指示に従って。

> ブラック音楽の魂に触れてみよう！

ハーレム文化を身近に感じたいなら、日曜朝の礼拝で歌われるゴスペルを聴くのがおすすめ。ぜひ早起きして体感してみて！（写真はメモリアル・バプティスト教会）

いいかんじ！

ゴスペルってどんな音楽？

ハーレムの黒人教会（アフリカ系アメリカ人黒人信者によって占められるプロテスタント系キリスト教会のこと）では、日曜の礼拝でゴスペルが歌われる。ハーレムには約200軒の教会があり、毎週日曜ソウルフルなすばらしい礼拝が行われてる。信仰心をもつ人々が心から神をたたえ、感謝するために歌う本場のゴスペルは強く心に迫るだろう。

守りたいルール

1. ゴスペルは観光客に聴いてもらうショーではなく宗教行事の一部。モラルを守って、カジュアルすぎる服装は避けたい。
2. 礼拝中に献金皿が回ってくるので、$1〜20を目安に入れること。
3. ビジター受付があるところはそこで名前を告げる。
4. 教会によって開始時間がまちまち。せっかく行ったのにゴスペルが聴けないこともあるので、確実に聴きたいのならツアーに参加するのもよい。
5. 礼拝はどこも説教を含めて1時間半〜2時間くらい。途中退室はなるべく避けたいもの。

案内人

松尾公子さん Kimiko Matsuo

ハーレム在住のコーディネーター。ミュージシャンのブッキング、企業やメディアのコーディネート、コラム執筆、各種NYツアー催行などを行う。自身もハーレムの教会で22年間毎週ゴスペルを歌っている。

誰でも参加できるゴスペル・ワークショップ

上記、公子さんが中心になり、ゴスペルを歌いたい日本人向けに開催。初心者でもOK。問い合わせはメールかSNSで。

📅 予約制に連絡 ⏰ 土15:00〜17:00
💲 $20。2回目以降$15（寄付として）
✉ harlemtommytour@hotmail.com
またはSNS@kimikoHarlem

英語で歌っているので何を言ってるかよくわからなくても、とっても感動した。また聴きたい！（千葉県・Kana）

教会内部は、白い壁を基調にステンドグラスで装飾されていて、神聖な空気が漂っている。ちなみに、礼拝中の写真撮影は禁止。

教会内部にも注目！

信者の人々にとって教会は神様に感謝する所。男性はスーツ、女性はスカートが基本で、家族でドレスアップして出かける。ファッションセンス抜群の女性たちは小物使いにも技あり。特に帽子が華やかですてき！

おしゃれなSnap!!

今日は白い服を着ていくホワイト・デイなんですよ

3姉妹です

毎週ラフィ・パパと一緒に来ます

ゴッド・マザー

正装するのは当たり前よ

ミスター＆ミセス・ホワイト
WHITE DAY

AMATEUR NIGHT

APOLLO

W 125 ST
DR MARTIN LUTHER KING JR
BOULEVARD

ゴスペルのあとにハーレム散策もいいね！

アポロ・シアター
ジャクソン5など多くのミュージシャンがステージを踏んだブラックミュージックの殿堂。

Map 別冊 P.25-C1　URL www.apollotheater.org

アートも楽しんでね

ゴスペルが聴けるハーレムの教会

グレーター・レフュージ・テンプル教会
Greater Refuge Temple

125丁目の繁華街から行きやすい教会。日曜礼拝は11:00開始で、観光客は通常2階に案内される。

Map 別冊 P.25-D1　ハーレム

🏠 2081 Adam Clayton Powell Jr. Blvd. (at 124th St.)　🚇 地下鉄②③線125 Stより徒歩約4分

メモリアル・バプティスト教会
Memorial Baptist Church

1935年設立。2004年以来、女性牧師が率いる。観光客は11:00開始の日曜礼拝に入れる。30分前には到着を。

Map 別冊 P.25-D2　ハーレム

🏠 141 W. 115th St. (bet. Lenox & St. Nicholas Aves.)　🚇 地下鉄②③線116 Stより徒歩約4分

アビシニアン・バプティスト教会
Abyssinian Baptist Church

1808年設立のNY最古の黒人教会のひとつ。観光客は11:00開始の日曜礼拝に入れる。1〜1.5時間前には到着を。

Map 別冊 P.4-B2　ハーレム

🏠 132 Odell Clark Pl. (at 138th St.)　🚇 地下鉄②③線135 Stより徒歩約5分

壁画の
スピリット・オブ・ハーレム
ハーレムのシンボル的存在の壁画。迫力ある構図と色使いがいい。

Map 別冊 P.25-C1

I ♥ Harlem

中央広場の壁画
125丁目中央の巨大壁画は乳がん検診促進のため描かれた。

Map 別冊 P.25-D1

おしゃれして行く？ サクッと一杯？
ルーフトップバーで
NYの夜景にかんぱーい！

ホテルやビルの屋上にあるルーフトップバーは、ニューヨーカーにも人気の定番外飲みスポット。開放的な空間でゴージャスな夜景をバックに、思う存分カクテルを楽しんじゃおう♪

cheers!

📷 VIEW

ビルの谷間から迫力のエンパイアが至近距離に！ イルミネーションも要チェック。

ルーフトップバーの楽しみ方

・日没時間の少し前がわりとすいているのでおすすめ。昼から営業しているところもあるので、夜景でなければそちらもあり！
・基本予約は必要なく、ウォークイン（予約なしでぶらりと行くこと）でOK。ただし、席の希望がある、必ずこの時間に行きたい、という希望があれば店によりウエブなどで予約可能。
・IDの提示を求められる場合もあるのでパスポート持参で。
・ビーチサンダルでの入店は不可のところもあるので注意。

ファッション・ディストリクトに立つ

Refinery Rooftop
リファイナリー・ルーフトップ

デザイナーズホテルの最上階13階にある隠れ家的空間。場所柄、業界人も多く、ピープルウォッチングも楽しめる。エンパイアを間近に見ながら、評判のカクテルで乾杯♪

Map 別冊P.15-D1

ミッドタウン・ウエスト

🏠63 W. 38th St. (near 6th Ave.) Refinery Hotel内 ☎1-646-664-0310 ⏰日〜木11:30〜23:00 (金〜土〜翌1:00)
Card A.D.J.M.V. Ⓜ地下鉄ⒷⒹⒻⓂ線42 St-Bryant Pkより徒歩約4分
URL www.refineryhotelnewyork.com

価格 $18〜（カクテル）

Happy Hour なし

オススメ時間 **12:00〜14:00、16:00〜20:00**

冬の営業屋外はガラス張りのルーフを使う。インドアのラウンジもある。

自撮り棒も大活躍！

夜景も入れてね

✉ ルーフトップバーではお酒が飲めなくても身分証明書をお忘れなく。雰囲気がよいのでおすすめ！ 東京都・まる子

VIEW
何も遮るものなく、エンパイアが目の前に見える！

エンパイアを眺めながら

Top of the Strand
トップ・オブ・ザ・ストランド

21階に位置するコージーな空間は大人の社交場的雰囲気。映画の主人公になった気分で、きらめくエンパイアとオリジナルカクテルを堪能！

Map 別冊P.15-D2
ミッドタウン・ウエスト

🏠33 W. 37th St., 21st Fl. (bet. 6th & 5th Aves.) ☎1-646-368-7032 🕐水・木17:00～23:00、金・土17:00～24:00 休日・火 Card A.D.J.M.V. 🚇地下鉄BDFMNQRW線34 St-Herald Sqより徒歩約4分 URL www.topofthestrand.com

価格 $14～（カクテルの値段）
Happy Hour なし
オススメ時間 17:00～20:00

冬の営業 屋外はガラス張りのルーフを使う。インドアのラウンジもある。

VIEW
広々した空間から同じ5番街沿いにあるエンパイアを一望！

NY最大級のルーフトップ

230 Fifth Rooftop Bar
230フィフス・ルーフトップ・バー

20階の室内ペントハウスと、その上の屋外デッキで構成。土・日曜11:30～16:00のブランチビュッフェも人気。ちょっとドレスアップして行こう！

Map 別冊P.16-A3 チェルシー

🏠1150 Broadway (bet. 26th & 27th Sts.) ☎1-212-725-4300 🕐月～水16:00～24:00（木～翌2:00、金～翌3:00）、土11:30～翌4:00、日11:30～ 休無休 Card A.D.J.M.V. 🚇地下鉄R.W線28 Stより徒歩約4分 URL www.230-fifth.com

価格 $14～（カクテル）
Happy Hour 月～金16:00～17:00
オススメ時間 16:00～19:00

冬の営業 屋外デッキにはイグルーと呼ばれるビニール製のドーム型のシェルターを設置。

ルーフトップ・バーでかんぱい！

Photos：Tao Group Hospitality

シャンパンやカクテルの種類も、たくさん

マンハッタンの中心にある

Magic Hour Rooftop Bar and Lounge
マジックアワー・ルーフトップ・バー・アンド・ラウンジ

タイムズスクエアにある4つ星ホテルのルーフトップバー。都会の遊園地をテーマに季節により異なるきらびやかなインテリアで出迎えてくれる。

Map 別冊P.15-C2 ミッドタウン・ウエスト

🏠485 7th Ave 18th fl. (bet. 36th & 37th Sts.) ☎1-212-268-0188 🕐15:00～24:00（木～翌2:00、金～翌4:00、土11:30～翌4:00。日11:30～24:00）ブランチは土・日11:30～15:30 Card A.D.J.M.V. 🚇地下鉄①②③線34 St-Pen Stationより徒歩約2分 URL moxytimessquare.com

価格 $17～（カクテル）
Happy Hour 月～金15:00～18:30
オススメ時間 16:00～20:00

冬の営業 屋外はガラス張りのルーフ。インドアのラウンジも。

自慢のカクテル♪

VIEW
マンハッタン全景。屋外デッキには望遠鏡も置いてある。

対岸のマンハッタンを一望！

Westlight
ウエストライト

ブルックリンのウイリアムベール・ホテルの22階にある。スターシェフが率いるグループの運営で、料理も絶品と評判。週末は行列覚悟で！

Map 別冊P.29-C2
ウイリアムズバーグ

🏠111 N. 12th St., Brooklyn (near Wythe Ave.) William Vale Hotel内 ☎1-718-307-7100 🕐月～木16:00～24:00、金 16:00～翌1:00、土12:00～翌2:00、日12:00～24:00 休無休 Card A.D.J.M.V. 🚇①線Bedford Avより徒歩約8分 URL westlightnyc.com

価格 $16～（カクテル）
Happy Hour なし
オススメ時間 17:00～19:00

冬の営業 冬季は屋外デッキはクローズ。ガラス張りのインドアラウンジは営業している。

VIEW
目の前にはエンパイア・ステート・ビル。ほか周辺のミッドタウンのビルを見下ろせる！

あなたはセリーナ派？ ブレア派？
おしゃれドラマの定番『ゴシップガール』の
ファッショナブルなロケ地巡り〜♥

セレブな世界とドキドキする展開で女の子たちを虜にする、ゴシップガール。
お金持ちのおぼっちゃまお嬢さまたちのリアルで刺激的な生活はわくわくする。
ドラマのストーリー同様、撮影場所やファッションにも注目！

〈サード・シーズン〉
〈ファイナル・シーズン〉

やっぱりGGだよね
ヒロイン気分でぐるり！

物語のおもな舞台はアッパー・イースト・サイド。長身＆ブロンドの誰もがうらやむスーパー美女のセリーナと、負けず嫌いで完璧主義だけど乙女な親友、ブレア。彼女たちのゴージャス＆かわいいを求めてお散歩しましょ♪

まだ観ていない人はDVDをチェック！
ゴシップガール　＜シーズン1-6＞
DVD全巻セット（62枚組）
3万2868円（税込み）
発売元：ワーナー・ブラザース ホームエンターテイメント
販売元：NBC ユニバーサル・エンターテイメント

© 2007 Warner Bros. Entertainment Inc. All rights reserved.

Blair Waldorf
Serena van der Woodsen
© Warner Bros. Entertainment Inc. All rights reserved.
P.162〜163で使用した表記のないスチール写真はすべて〈フォース・シーズン〉です。
〈フィフス・シーズン〉

ゴシップガールの始まりはここ！
グランド・セントラル・ターミナル
Grand Central Terminal
物語の始まり始まりはココからです！大切な待ち合わせに使われたりと、何かと出てくる場所。

Map 別冊P.16-A1

問題のシーンはここで撮影！
セリーナが街を去る原因となった事件は、グランド・セントラル・ターミナル駅構内のThe Campbell Apartmentで撮影された。

162 時間がないなら、メトロポリタン美術館の階段だけでも十分ブレア気分を満喫できますよ（兵庫県・えな）

2 セリーナの家
ロッテ・ニューヨーク・パレス
Lotte New York Palace

ヴァンダーウッドセン一家が住んでいる設定。ちなみにセリーナの部屋番号は1510。

Map 別冊P.20-A3 ミッドタウン・イースト

🏠455 Madison Ave. (bet. 50th & 51st Sts.)
☎1-212-888-7000 Free1-800-804-7035
FAX1-212-303-6000 💲$250～7500
Card A.D.J.M.V. 🚇地下鉄E⑥M線5 Av - 53 Stより徒歩約3分 URLlotte nypalace.com

3 みんなが通っていた高校
ニューヨーク市立博物館
Museum of the City of New York

シーズン1の14話以降、SやBが通っていた名門校としてたびたび登場するのはこちら。じつはNY市の歴史を保存・展示する博物館。『SATC』新章『AJLT』でも、シャーロットの娘たちの学校として使われている。

DATA → P. 40

セリーナが進学したのは
コロンビア大学
Columbia University

シーズン4からはSが進学。シーズン2のイエール大学のシーンはここで撮影。

Map 別冊P.5

4

ブレアが住んでるのはUES
ウォルドーフ家
The Woldorf's Apartment

らせん階段からブレアが下りてくるのが印象的なウォルドーフ家。普通の住宅なのでそっと見学を。

Map 別冊P.5 アッパー・イースト・サイド

🏠1136 5th Ave. (near 95th St.)

5

〈サード・シーズン〉

6 ここでおしゃべりが定番
メトロポリタン美術館
The Metropolitan Museum of Art

DATA → P.152

階段に座ってランチがお決まり。女王ブレアより高い位置に座ることは禁止。

印象的なシーンで2度登場
プラザ・ホテル The Plaza Hotel

Map 別冊P.19-D2
ミッドタウン・ウエスト

🏠5th Ave. at Central Park South
☎1-212-759-3000
Free1-866-940-9361（予約）
FAX1-212-759-3001 💲$595～4225 Card A.D.J.M.V. 🚇地下鉄Ⓝ®W線5 Av - 59 Stより徒歩すぐ URLwww.theplaza.ny.com

シーズン1の第4話に登場したり、シーズン2の最終話でCがBに決死の告白！

7 『ゴシップガール』のファッショナブルなロケ地巡り～♡

8 チャックとの運命の場所
エンパイア・ステート・ビル
The Empire State Building

シーズン3の第22話に登場。展望台でブレアを待つチャックの姿が印象的。

DATA → P.22

GGの雰囲気を感じられる
マディソン・アベニュー
Madison Avenue

マンハッタンの5番街の横を通る道。おもに57丁目から90丁目にかけてのマディソン・アベニューには、ハイエンドブランドショプや美術館、超高級ホテルがずらり。SやBの住んでいる場所も近く、この周辺を歩くだけで『ゴシップガール』の気分を味わえること間違いなし。

Map 別冊P.24-A1-3
アッパー・イースト・サイド

9

👆男の子たちの家も要チェック！

ネイト・アーチボルト
Nate Archibald

アーチボルト家 The Archibald's Apartment
Map 別冊P.24-A2 アッパー・イースト・サイド

🏠4 E. 74th St. (bet. 5th & Madison Aves.)

チャック・バス
Chuck Bass

エンパイア・ホテル Empire Hotel
Map 別冊P.19-C1 アッパー・ウエスト・サイド

🏠44 W. 63rd St. (at Broadway)

ダン・ハンフリー
Dan Humphrey

ハンフリー家 The Humphrey's Apartment
Map 別冊P.27-C1 ダンボ

🏠25 Washington St, Brooklyn

シーズン3からブレア、ダン、ヴァネッサが通う大学はニューヨーク大学。 **Map** 別冊P.12-A3

キラキラ☆ニュー
ほんわか感動の

メリー
クリスマス★

ロックフェラー・センター
街中がロマンティックなイルミネ
寒くても心はほんわか。感動

Happy Holidays!

ハッピー
ホリデーズ！！

①

ここをハズして語れない！

ロックフェラー・センター
Rockefeller Center

NYのクリスマスの象徴といえるのが、このクリスマスツリー！ 毎年11月下旬から12月上旬に行われる点灯式を見るために訪れる人も多数。イルミネーションは1月上旬まで楽しめマス♪

Map 別冊P.19-D3

1. 1933年から始まった歴史あるイベント 2. ツリーの下にはおなじみアイススケートリンク

あいさつは "Happy Holidays!"
キリスト教だけでなくいろんな宗教の人が暮らすNYでは、「メリークリスマス」ではなく「ハッピーホリデイズ」とあいさつしましょう！

ココも楽しいNYのクリスマス

1. ツリーも売られる 2. オーナメントやキャンドルなどハンドメイドの小物を扱うお店が集まる 3. ディスプレイもかわいい

ホリデイマーケット
at ユニオンスクエア

クリスマスギフトのお店がずらりと並ぶ期間限定マーケット。1点物やエコ素材を使用したものなどこだわりアイテムが見つかる。

Map 別冊P.12-A1·2

ほかに
こんな
場所でも！

ホリデイマーケットは、グランド・セントラル・ターミナル **Map** 別冊P.16-A1やブライアントパーク **Map** 別冊P.16-A1、コロンバス・サークル **Map** 別冊P.19-C1でも開催。

ロックフェラー・センターのアイススケートに挑戦！ まばゆいイルミネーションで映画のなかにいるみたい☆（埼玉県・ケイト）

ヨークのクリスマス
イルミスポット5！

のツリーにライトがともると、
ーションでキラキラ輝き始めます。
的なクリスマスを過ごしましょ♪

1. 建物に雪の結晶をちりばめたサックス・フィフス・アベニュー　2. 真っ赤なリボンでラッピングされたカルティエ

キラキラ☆ニューヨークのクリスマス

気分がどんどん高まる〜
3 5番街
Fifth Avenue

デパートやショップのディスプレイも負けてない！　仕掛けがあったり、ストーリー性があったり、それぞれ個性的な輝きを放つ。必見はサックス・フィフス、メイシーズ、バーグドルフ！

Map 別冊P.20-A3

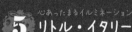

センスのよさが光る
4 リンカーン・センター
Lincoln Center

リンカーン・センターの広場にもツリーが出現する。メトロポリタン・オペラハウス、デビッド・ゲフィン・ホールに囲まれて噴水もキラキラ。上品で大人っぽいイルミネーション。

Map 別冊P.18-B1

点灯式では音楽やダンスのコンサートもある

取引所の横には大きなツリーがきらめく。ふたつのイルミネーションが一緒になって周辺の暗闇に浮き上がり、幻想的な雰囲気

2 ウォール・ストリート
巨大なアメリカ国旗が
Wall Street

ニューヨーク証券取引所も、星条旗を彩ったライトを柱に巻きつけてイルミ・デコレーション。昼間はビジネスマンが忙しく行き交う慌ただしい場所も、夜はとても静かで神聖な雰囲気に。

Map 別冊P.7-C2

心あったまるイルミネーション
5 リトル・イタリー
Little Italy

メインのマルベリー・ストリートにキリスト教会があるせいか、狭い道にひしめき合うようにリースやサンタの飾り付けが。ほかにはない味わいがいい。

Map 別冊P.9-C2

ノスタルジックな雰囲気を楽しめる

メリクリ！

クリスマス限定のエンターテインメントショー
ラジオシティの『クリスマス・スペキュタクラー』(写真)、NYシティ・バレエの『くるみ割り人形』などはこの時期恒例のショー！

厳粛な気分でミサに参加する

セント・パトリック教会 別冊P.19-D3 やトリニティ教会 別冊P.6-B2 がおすすめ。

ホテルのテレビで『素晴らしき哉、人生！』を観る
アメリカでクリスマスに必ず放映される定番の映画。食料をたっぷり買い込んで観るのもGood！

大幅プライスオフ！ホリデイセール
サンクスギビングが終わると一年で最大のセールが開催！　クリスマス後はさらに大幅割引に。高級ブランドでもオフなのがうれしい。

アメリカのクリスマスは家族で静かに過ごす日。12月25日は休みになるところが多いので気をつけて。

NEW YORK
CityPASS

忙しい旅の強い味方！

2日でぐるっとシティ・パスを使いまくれ！

NY旅行では、定番スポットには絶対行きたいもの。最強の助っ人を使って、おトクにぐるっと回っちゃおう！

シティ・パスって何？

エンパイア・ステート・ビルとアメリカ自然史博物館ほか3ヵ所の入場ができるパス。総額$244の入場料が$98オフの$146（6〜17歳の子供は総額$237が$124）。早く安く回るためにひと役かってくれる。購入はウェブサイトで、二次元コードによるモバイルチケットが主流。URLwww.citypass.com

3つのメリット

①優先的に入場できることもある！
シティ・パス専用レーンがあったり、パスを見せるだけで入場できるメリットがある。

②すべての料金をトータルすると$98のオフ！
総額入場料$244が$146ということは、たった4ヵ所訪れるだけでもモトが取れちゃう！

③チケットを購入する時間が省ける！
事前購入できるし、入場は二次元コードを見せるだけでよいので、時間を有効に使える。

2日間の入場料
トータル$244
↓$98オフが
$146

DAY 1

まずは、アメリカ自然史博物館を鑑賞。その後、午後遅い時間にトップ・オブ・ザ・ロックを訪れて、サンセットや夜景を楽しもう。

9:30

映画『ナイトミュージアム』の舞台
アメリカ自然史博物館
American Museum of Natural History

毎年約300万人が来館する人気の博物館。テーマは「自然と人間の対話」で、生物などの自然界はもちろん、地球全体を扱う。

お得情報①

Map 別冊P.23-C2　アッパー・ウエスト・サイド

すいている時間を狙って行こう
開館後すぐ、夕方などはわりとすいている。

🏠200 Central Park West (bet. 77th & 81st Sts.)　☎1-212-769-5100　⏰10:00〜17:30　💰大人$28　CardA.D.J.M.V.　🚇地下鉄Ⓑ①線81 St-Museum of Natural Historyより徒歩すぐ（地下鉄駅と直結）URLwww.amnh.org

10:00

または

航空母艦を使った博物館
イントレピッド博物館
Intrepid Museum

アメリカ海軍で使用されていた空母イントレピッドを博物館として再利用。レストランやミュージアムショップも人気。

DATA → P.115

15:00

または

最高のパノラマビューを！
トップ・オブ・ザ・ロック
Top of the Rock

DATA → P.23

選べるスポット

自由の女神、サークル・ライン、トップ・オブ・ザ・ロック、グッゲンハイム美術館、9/11メモリアル＆ミュージアム、イントレピッド博物館から4つ選べる。

ロックフェラー・センターの展望台。南側にはエンパイア・ステート・ビル、晴れている日はブルックリン側まで一望できる。

セントラルパークの東側にある
グッゲンハイム美術館
Solomon R. Guggenheim Museum

Map 別冊P.24-A1　アッパー・イースト・サイド

白いカタツムリのようなユニークな渦巻き設計は、フランク・ロイド・ライト。上から下りてくるのがベストルート。

🏠1071 5th Ave. (at 89th St.)　☎1-212-423-3500　⏰10:30〜17:30　⏰サンクスギビング　💰大人$30、学生・シニア$19、12歳未満無料　CardA.D.J.M.V.　🚇地下鉄④⑤⑥線86 Stより徒歩8分　URLwww.guggenheim.org

---

DAY 2

2日目はちょっと早起きして自由の女神に行く。シメはトップ・オブ・ザ・ロックで前日のエンパイアとは逆側の景色を堪能したい。

10:00

これぞアメリカのシンボル
自由の女神
Statue of Liberty

自由の女神に行くフェリーはセキュリティチェックがある。身分証明書（パスポートなど）を求められることもあるので忘れずに持参を！

DATA → P.148

10:00

または

3時間のフェリークルーズ
サークル・ライン Circle Line

Map 別冊P.14-A1　ミッドタウン・ウエスト

マンハッタンを一周したいならベスト・オブ・NYCクルーズ、夜景ならハーバー・クルーズ、時間がないなら60分のリバティ・クルーズがおすすめ。

🏠Pier83 (W. 43rd St.)　☎1-212-563-3200　⏰9:00〜19:00 ※1日3便　※季節により営業時間に変更あり　⏰12/25　💰大人$29〜、3〜12歳$24　CardA.D.J.M.V.　🚇地下鉄ⒶⒸⒺ線42 St-Port Authority Bus Terminalより徒歩15分　URLwww.circleline.com

14:00

米同時多発テロに関する資料を展示
9/11メモリアル＆ミュージアム
9/11 Memorial & Museum

ツインタワーの残骸や落下物により破壊された消防車、犠牲になった方々の遺品なども展示。モニュメントプールも訪れて。

Photo：Amy Dreher

DATA → P.151

お得情報②

こんな特典は！

デパートやレストランの割引クーポンが付いてくる（時期により異なる）。

17:00

空高くそびえ立つ
エンパイア・ステート・ビル
The Empire State Building

Map 別冊P.16-A2　ミッドタウン・ウエスト

市民に愛され、1986年にナショナルランドマークに指定されたNYの象徴。ビルの最上階部分は、381m（塔の上までは443m）。

🏠20 W. 34th St. (bet. 33rd & 34th Sts.)　☎1-212-736-3100　⏰10:00〜22:00（最終の昇りエレベーターは45分前まで）　💰大人$44、シニア（62歳以上）$42、早く入場できるExpress Passは$119〜　※チケットはウェブサイトでも購入可　CardA.D.J.M.V.　🚇地下鉄ⒷⒹⒻⓂⓃⓆⓇⓌ線34 St-Herald Sqより徒歩4分　URLwww.esbnyc.com

今日も
よく眠れそう☆

気分はＮＹ在住！
居心地いいホテル
見つけました

いくら観光が楽しくても、ホテルが快適でなくっちゃ、
旅の思い出が半減しちゃうよね。
せっかく遊びにきてるんだから、
気持ちのいいホテルで過ごそうよ！

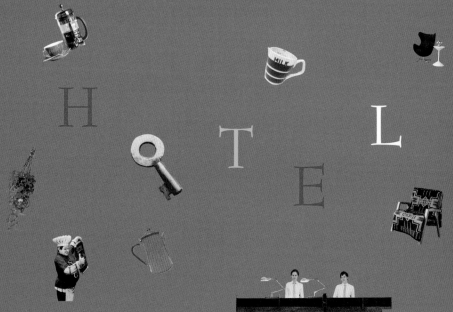

本当はヒミツだけど……

aruco編集女子が教えます！

NYコスパ◎ホテル9選

とにかく宿泊費が高いニューヨーク。こんなに高いのに……？ということもざら。今まで宿泊してよかったホテルについて、みんなでトーク！

編集女子座談会

NYのホテル事情って？

サイトやアプリで予約が当たり前

N： 皆さんはいつもどうやってホテルを予約してるの？

T： Booking.comとかExpediaとかが多いかな〜。

H： 私はホテルのオフィシャルサイトで予約してるよ。

N： 以前は、暮らすように過ごしたいからAirbnbもチョイスのひとつだったんだけど、2023年にNY州の法律で民泊は事実上の禁止になっちゃったからね。

T： ここいいなーと思ったのに次の日見たらもう予約埋まってたということも、NYはけっこうあるね。

H： コスパを求めるのは世界共通なんだろうね。

T： 泊まったことのないホテルなら、オフィシャルサイトからBooking.com、Expediaなど、いろいろなサイトを見てクチコミを読みまくる。そうするといかにもやらせっぽいクチコミがわかるようになってくるの（笑）。写真も2倍増しだと思っておく。そしてキャンセルできる場所にひとまず予約しておいて、それからゆっくり探すかな。

N： キャンセルできる日を忘れないでね。私はそれで忘れちゃって1泊分引き落とされたことがあるから（泣）。

気になるのはNYのホテル料金

H： 最近は物価高と円安でホテル料金が高すぎる……（泣）。どうやって対策してる？

T： 早めに予約すると比較的安い気がするから、日程が決まったらすぐに予約かな。最低でも半年、早くて1年前！ サイトの料金でどんどん変わるから小まめにチェックして、同じホテルでもタイムセールとかで安くなっていれば取り直したり、ほかにもっとよいところがあれば変更したりね。

H： ホテルによって連泊割引とか、メール登録会員で割引なんかもあるよね。オフィシャルサイトの金額も要確認！

N： 年間をとおすと2月は安いよね。ちょっと寒くて移動が限られるけどNYにいられるなら満足（笑）。逆に、USオープンや国連総会のある9月や11〜12月のホリデーシーズンは高いからこの時期は避けることが多いかも。でもホリデーシーズンのNYは最高♡　毎年行きたい（笑）。

T： いいよね〜！　せっかくのNY旅行だもん。行きたいときに、ちょっとフンパツしてすてきなホテルに泊まるのもありだと思う。ワンランク上の自分になれそうだし。

H： 私はやっぱりブロードウェイに近いほうがいいから、高くても狭くてもミッドタウン一択！

N： いずれにしても自分の好みや旅のスタイルに合っているかが重要なのかもしれないね。

参加メンバー
H▷ arucoプロデューサー　ミュージカル観賞が大好き♡
N▷ aruco編集者　一食入魂がテーマ。最近は油物がキツイお年頃。
T▷ aruco編集者　買い物中毒。いつもカードで上限ギリギリ。

---

1 ボコカの中心に位置する

ヌー・ホテル
NU Hotel

交通の便もよく、マンハッタンへも出やすい。ショップやカフェの並ぶスミス・ストリートにある。無料の自転車レンタルもうれしい。

ハンモックもあるよ

Map 別冊P.27-D2　ボコカ

🏠85 Smith St. (at Atlantic Ave.), Brooklyn, NY 11201　☎1-718-852-8585
FAX1-718-852-8558　料$325〜432
CardA.D.J.M.V.　客93　地下鉄F／G線Bergen Stより徒歩3分　URLnuhotelbrooklyn.com

部屋の広さ	まあまあ
アクセス	よい
周辺環境	住宅地
キッチン＆レンジ	なし
近くのランドマーク	ブルックリン散策には最適

---

2 コスパがよいホテル

ホテル・ベレクレア
Hotel Belleclaire

駅が近く、周辺にはスーパーやドラッグストアがたくさんあるので、暮らすように滞在できる。シーオー・ビゲロウのアメニティもうれしい。

Map 別冊P.22-B2　アッパー・ウエスト・サイド

🏠2175 Broadway (at 77th St.), NY 10024　☎1-212-362-7700　FAX1-212-362-1004
Free1-877-468-3522
料$207〜500　CardA.D.J.M.V.　客254　地下鉄①線79 Stより徒歩3分
URLhotelbelleclaire.com

部屋の広さ	広め
アクセス	よい
周辺環境	住宅地
キッチン＆レンジ	なし
近くのランドマーク	アメリカ自然史博物館、セントラルパーク

---

3 適度なエコが心地よい

エレメント・ニューヨーク・タイムズスクエア・ウエスト
Element New York Times Square West

リサイクルのカーペットを使うなど環境に配慮。全室食器洗浄機付きのフルキッチンで、寝心地にこだわった寝具も好評だ。

スターウッドだよ

Map 別冊P.15-C1　ミッドタウン・ウエスト

🏠311 W. 39th St. (bet. 8th & 9th Aves.), NY10018　☎1-212-643-0770
料$159〜469　CardA.D.J.M.V.　客411　地下鉄Ⓐ©Ⓔ線42 St-Port Authority Bus Terminalより徒歩約2分
URLmarriot.com

部屋の広さ	狭め
アクセス	よい
周辺環境	ホテル街
キッチン＆レンジ	あり
近くのランドマーク	ポートオーソリティ・バス・ターミナル

NYのホテル事情

★とにかく高いNYのホテル

相場は東京の2〜3倍くらいに見積もろう。中級クラスで1室1泊$300くらいから。年末年始や夏休みなどは普段の3倍以上に値上がりすることも。また、NY市のホテルは部屋代に加えて、税金14.75％と客室占有税1泊につき$3.50がかかる。オンライン予約サイトでは加えて手数料がかかる場合もある。ただ、日本と違い人数単位ではなく部屋単位なので、人数で割れば割安になる。

---

168 交通の便がいいし、安いと思ったが、部屋は古くて狭くてスーツケースが開けなかった。（大阪府・トーマス）

4 ブロードウエイの劇場街も近い
ホテル・エジソン
Hotel Edison

1931年度創業、アールデコのインテリアが歴史を感じるホテル。設備は少々古さを感じるがタイムズスクエアがすぐそばの好ロケーションで観劇好きにおすすめ。

Map 別冊P.19-C3 ミッドタウン・ウエスト

- ▲228 W. 47th St.(bet. Broadway & 8th Ave.)
- ☎1-212-840-5000 ℻1-212-453-4026（予約）**Card** A.D.J.M.V. 🛏810
- Ⓜ地下鉄NRW線49 Stより徒歩約4分
- **URL** edisonhotelnyc.com

部屋の広さ	まあまあ
アクセス	とてもよい
周辺環境	ホテル街
キッチン&レンジ	なし
近くのランドマーク	タイムズスクエア

7 インテリアもおしゃれ
ポッド39
Pod 39

仲間とわいわい

51丁目にあるポッド・ホテルの別館。部屋は狭いがグラセンまで歩けるし、近くにデリもある。シングル、ダブルのほかに2段ベッドが1〜2台入った部屋がある。

Map 別冊P.16-B1 ミッドタウン・イースト

- ▲145 E. 39th St. (near 3rd Ave.)
- ☎1-212-865-5700 ℻1-212-865-5701
- ⓈⒹSⒹTS127〜433 **Card** A.D.J.M.V. 🛏365
- Ⓜ地下鉄Ⓢ④⑤⑥⑦線 Grand Central-42 Stより徒歩約5分 **URL** thepodhotel.com

部屋の広さ	狭い
アクセス	よい
周辺環境	住宅地
キッチン&レンジ	なし
近くのランドマーク	グランド・セントラル・ターミナル

5 近未来的なホテル
ヨーテル・ニューヨーク
Yotel New York

近くにレストラン街も

ポート・オーソリティ・バスターミナルの近く。コンパクトなスペースに必要最低限の設備が配されていて、システムも機能的。荷物預かりロボットなるものもある。

Map 別冊P.14-B1 ミッドタウン・ウエスト

- ▲570 10th Ave.(bet 41st & 42nd Sts.)
- ☎1-646-449-7700 **Card** A.D.J.M.V. 🛏713
- Ⓜ地下鉄ⒶⒸⒺ線42 St-Port Authority Bus Terminalより徒歩約8分
- **URL** yotel.com

部屋の広さ	狭い
アクセス	よい
周辺環境	ホテル街
キッチン&レンジ	なし
近くのランドマーク	ハドソンヤーズ

8 コスパ大でおなじみの
ポッド・ブルックリン
Pod Brooklyn

マンハッタンに2ヵ所あるポッドがブルックリンに登場。地下鉄Bedford Av駅を中心にブルックリン観光するなら便利。

Map 別冊P.29-D2 ウイリアムズバーグ

- ▲247 Metropolitan Ave. (near Driggs Ave.)
- ☎1-844-763-7666
- **Card** A.D.J.M.V.
- 🛏249
- Ⓜ地下鉄Ⓛ線Bedford Aveより徒歩約4分
- **URL** thepodhotel.com

部屋の広さ	狭い
アクセス	よい
周辺環境	住宅街
キッチン&レンジ	なし
近くのランドマーク	ウイリアムズバーグ

6 ヒルトン系列のチェーンホテル
ヒルトン・ガーデン・イン・ニューヨーク
Hilton Garden Inn New York

エンパイア・ステート・ビルまで徒歩約5分。最新設備を備えたホテル。周辺にレストランやショップなども多数ありにぎやか。

Map 別冊P.15-D2 ミッドタウン・ウエスト

- ▲63 W. 35th St. (near 6th Ave.)
- ☎1-212-594-3310 **Card** A.D.J.M.V. 🛏298
- Ⓜ地下鉄ⒷⒹⒻⓂⓃⓆⓇⓌ線34 St-Herald Sqより徒歩約5分
- **URL** hilton.com

部屋の広さ	狭い
アクセス	よい
周辺環境	ホテル街
キッチン&レンジ	なし
近くのランドマーク	コリアンタウン

9 のんびり過ごせそう
ホテル・ビーコン
Hotel Beacon

スーパーも近いよ

アッパー・ウエスト・サイドのブロードウエイ沿いにあるアットホームなアパートメントホテル。住宅地のなかでのんびり過ごせる。

Map 別冊P.22-B2 アッパー・ウエスト・サイド

- ▲2130 Broadway (at 75th St.), NY10023
- ☎1-212-787-1100
- ⓈⒹS322〜577 **Card** A.D.J.M.V. 🛏278
- Ⓜ地下鉄①②③線72 Stより徒歩約3分
- **URL** beaconhotel.com

部屋の広さ	広め
アクセス	よい
周辺環境	住宅地
キッチン&レンジ	部屋によりある
近くのランドマーク	アメリカ自然史博物館、リンカーン・センター

NYコスパ◎ホテル9選

★部屋の種類について
だいたい以下のカテゴリーがある。シングルルーム→ベッドがひとつ、ダブルルーム→フルサイズ以上のベッドがひとつ、ツインルーム→ベッドがふたつある、スイートルーム→寝室と居間が分かれている。また、日本のビジネスホテルのような、幅狭の小さなシングルベッドは格安ホテルでときどき見る程度。

★Wi-Fi環境について
中級・エコノミーなどでは、Wi-Fiを全客室に無料開放しているところが多い。一方、シェラトンやヒルトンなどの高級ホテルでは有料のことが多い。料金は割高で1日$15くらい。ただ、こうしたホテルでも、ロビーのみWi-Fiを無料開放しているところもある。事前に確認を。

★ほかに注意したいこと
料金が高いからといって部屋が広いわけではなく、どちらかというと狭い（ミッドタウンなど中心部であればあるほど。広さをおさえて、少し中心部から離れるものもあり。また、チェックインの際には部屋の支払いが終わっていても、保証としてクレジットカードの提示を求められる。支払いのない場合は破棄される。

快適な滞在を♪

ユニークなホテルが次々とできるニューヨーク。
自慢したくなるすてきな空間でおしゃれにステイしよう!

POINT
昔の工場の面影と最新
設備を融合させたレト
ロモダンな空間がすて
き! ロフトタイプの
部屋から2段ベッドがあ
るバンクルームまで目
的に合わせて選べる

工場を改装した
ブルックリンのホテル
Wythe Hotel
ワイス・ホテル

1901年建造の工場を改造し、2012
年にオープン。ヒップな街のウオー
ターフロントにたたずむブティッ
クホテル。1階のレス
トランと、対岸の絶
景が望めるルーフ
トップバーも話題。
いまどきのブルッ
クリンを楽しみ
たいならぜひ!

1. 大きな窓と高い天井が開放的
な室内。家具と壁紙は地元アー
ティストによるもの 2. ルーフ
トップバーIdesは夏は行列がで
きるほどの人気 3. スターシェ
フのレストランReynardはお
しゃれピープルが集まる

Map 別冊P.29-C2 ウイリアムズバーグ

🏠80 Wythe Ave.（at N. 11th）Williamsburg,
Brooklyn, NY 11249 ☎1-718-460-8000
FAX1-718-460-8001 料$517～835
Card A.D.J.M.V. 室69
地下鉄Ⓛ線Bedford Avより徒歩約9分
URLwythehotel.com

Photos: Wythe Hotel

おしゃれな滞在ができる
Ace Hotel
エース・ホテル

アメリカ西海岸発のホテルグループ、
エースがNYへ進出。デザインホテル
のブームを起こした建築家イアン・
シュレーガーによって、カジュアルな
ブティックホテルに。ホテル内にある
ショップも要チェック!

Map 別冊P.16-A3 グラマシー

🏠20 W 29th St.（bet. Broadway & 5th
Ave.）, NY 10001 ☎1-212-679-2222
FAX1-212-679-1947 料$469～
Card A.D.J.M.V. 室290 地下鉄ⓇⓌ線
28 Stより徒歩約2分
URLacehotel.com/new-york

1. 問屋街にあるデザイナーズ・
ホテル。顧客にはセレブの名も
ちらほら 2. ロビー階にある
コーヒーショップ、スタンプタ
ウンやパブのスポテッド・ピッ
グも注目 3 ゲストルームの
インテリアは部屋により異なる

POINT
ホテルというよりヒッ
プなアパートに暮らす
感覚が味わえる。価格
もほかの高級ホテル
よりは抑えめなので、
より気軽にNY滞在が楽
しめる。

ワイス・ホテルのルーフトップバーはおしゃれ! 川越しに見えるマンハッタンは絶景。サンセットタイムがおすすめ。（兵庫県・Kana♡）

The Beekman a Thompson Hotel

クラシックな内装がいい

ビークマン・ア・トンプソンホテル

1881年に建造された古い建物を改装して、ホテルとしてオープン。ゲストルームはややゆったりとした設計で、自然光もたっぷり入る。レトロモダンな空間でおしゃれな滞在ができそう。レストランの評判もよい。

マンハッタンにしては広めの部屋が多い

Map 別冊P.6-B1 ロウアー・マンハッタン

🏠 123 Nassau St.(at Beekman St.), NY10038
☎1-212-233-2300 💲SDT$323〜
Card A.D.J.M.V. 🚇地下鉄②③線Park Plより徒歩約4分 URL www.thebeekman.com

天井はピラミッド型のアトリウムになっている

POINT

歴史を感じさせる重厚感のある建物がいい！宿泊しなくても、レストランでランチをするだけでもおすすめ。

おしゃれな空間が楽しめるホテル

MOXY NYC LES

クール＆モダンのおしゃれホテル

モクシー NYC ロウアー・イースト・サイド

POINT

周辺はダウンタウンのおしゃれエリア。アートを感じるこだわりのインテリアが配置された空間で、快適に滞在できる。無料の朝食付き。

1. センスのよいキングルーム。2段ベッドがあるQuad Bunk Roomもある
2. ミーティングスペース Large Studio Hero

Map 別冊P.9-C2 ロウアー・イースト・サイド

ロウアー・イースト・サイドとソーホーの間に位置する。客室やロビーなどいたるところに遊び心がちりばめられスタイリッシュ。レストランやバー、クラブ、ルーフトップバーなどもあるのでホテル内でも楽しめそう。

🏠 145 Bowery (at Broome St.) ☎1-212-245-6699
💲SDT$186〜 Card A.D.J.M.V. 🚇地下鉄①②線Boweryより徒歩約1分
URL www.marriott.com

CitizenM New York Times Square

斬新なデザインが人気

シチズンM ニューヨーク・タイムズスクエア

ロビーやゲストルームのインテリアが、モダン＆スタイリッシュ。部屋はやや狭いが、動線が考えられた造りに。PCでのセルフチェックインやiPadでの部屋の空調調整など、最新システムを導入している。

1. 赤と黒を基調としたモダンなロビー 2. 窓が大きくとられ、ベッドの下にはスーツケースの収納場所がある

Map 別冊P.19-C3 ミッドタウン・ウエスト

🏠 218 W. 50th St. (bet. Broadway & 8th Ave.), NY 10019 ☎1-212-461-3638 💲SDT$439〜
Card A.D.J.M.V. 🚇地下鉄①線50 Stより徒歩約2分
URL www.citizenm.com

POINT

客室もロビーもおしゃれで、タイムズスクエアのすぐ近く、セントラルパークまでも歩いてロケーションは抜群！

初めてでも
大丈夫！

安全・快適
旅の基本情報

ニューヨークに行くって決めただけで、なんだかドギマギ。
あ、でも、大丈夫！　出発前の準備から交通のこと、
トラブルに遭ってしまったときのことまで、
あなたの不安を解消します！
よーく読んで、よい旅を！　Have a nice trip！

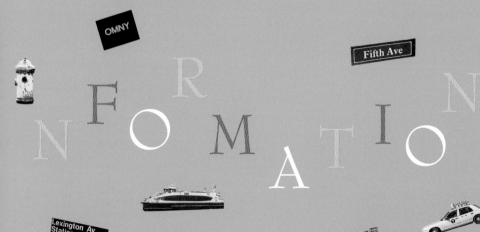

aruco的 おすすめ旅グッズ

「何を持っていこうかな♪」……そう考えるだけで、ワクワク、すでに旅はスタートしている。
快適で楽しい女子旅をするためのおすすめグッズを、ニューヨーク通のスタッフがご紹介。
ぜひ参考にして、旅をパワーアップさせてね！

旅のお役立ちアイテム

□ サングラス

夏でも冬でも、晴れると1年中日
差しの強いNY。紫外線対策として
UVカット付きのものがおすすめ。

□ ワンピース

おしゃれなレストランへ行くとき
やブロードウエイミュージカルを
観に行くときに大活躍。

□ リップクリーム＆保湿クリーム

乾燥しているNYでは、リップクリー
ムや保湿クリームは手放せない！

□ 歯磨きセット

高級ホテルでも置いていないとこ
ろが多いので、忘れずに！

□ ビーチサンダル

ホテルではスリッパ代わりに使
用。入浴後のぬれた足でも履ける
ので重宝する。

□ フラットシューズ

NY観光ではたくさん歩く。アス
ファルトは足が疲れるので、履き
慣れた歩きやすい靴で。スニー
カーもおすすめ。

□ 羽織り物

冷房対策には薄手のもの、肌寒い季
節にはカーディガンなどを持ってい
ると安心。日差し対策としてもいい。

機内手荷物のアドバイス

日本からニューヨークまでは直行便で約13時間。
機内は乾燥しているので、リップクリームや保
湿クリームは必需品。席によっては寒いので、
上着や靴下を持っていくといい。頼めば、追加
のブランケットももらえるが、在庫切れの場合も
ある。リラックス＆リフレッシュグッズや、税関申
告書を記入するためのボールペンも忘れないで！

機内持ち込み制限についての詳細はP.176をチェック！

基本の持ち物チェックリスト

貴重品
- □ パスポート
- □ 現金（ドル、円）
- □ スマートフォン
- □ クレジットカード
- □ eチケット控え
- □ ESTA番号控え
- □ 海外旅行保険証書

衣類
- □ 普段着、おしゃれ着
- □ 靴下、タイツ
- □ 下着

洗面具
- □ シャンプー、リンス
- □ 歯磨きセット
- □ スキンケア用品

その他
- □ 常備薬
- □ 生理用品
- □ 筆記用具
- □ 電卓

- □ 手袋、帽子
- □ ビーチサンダル、スリッパ
- □ パジャマ

- □ 目覚まし時計
- □ 雨具
- □ カメラ
- □ 電池、充電器
- □ 変圧器、変換プラグ
- □ サングラス
- □ ウエットティッシュ

知って楽しい！ ニューヨークの雑学

ちょっぴりカタく思うかもしれないけど、これから旅するNYの歴史や文化、習慣など、
出発前にほんの少〜し勉強しておこう！ 観光はもちろん、買い物や食事をするときなど、
現地の人とのコミュニケーションもぐんと楽しくなること間違いなし！

アメリカの基礎知識メモ

正式名称	アメリカ合衆国	United States of America
国旗	Stars and Stripes 13本のストライプは建国当時の州の数、 50の星は現在の州の数を表す	
国歌	星条旗	The Star Spangled Banner
人口	約830万人（ニューヨーク市）	
面積	約983万3517㎢ 日本の約25倍	
首都	ワシントン特別行政区	Washington, District of Columbia
元首	ジョー・R・バイデン	Joe R. Biden Jr.
政体	大統領制 連邦制（50州）	
民族	白人、アフリカ系、アジア系、アメリカ先住民など	
宗教	キリスト教（バプテスト、カトリックなど）、 ユダヤ教、イスラム教など	
言語	英語が主。スペイン語も広域にわたって 使われている	

ニューヨークゆかりの人たち

ジョン・D・ロックフェラー （1839〜1937）
John D. Rockefeller
ロックフェラー・センターを建設した人物として有名。
スタンダード石油会社を建設し、石油王と称された。

アンドリュー・カーネギー （1835〜1919）
Andrew Carnegie
スコットランド生まれ。鉄鋼業で成功を収めた実業家
で、鉄鋼王と呼ばれている。教育や文化に多くの寄
付を行い、カーネギー・ホールを建設した。

アンディ・ウォーホル （1928〜1987）
Andy Warhol
ペンシルバニア州出身。ニューヨークで活躍した
ポップアートの代表的なアーティストのひとり。マリ
リン・モンローやエルビス・プレスリー、キャンベル・
スープ缶をモチーフにしたシルクスクリーンが有名。

ジョン・レノン&オノ・ヨーコ （1940〜1980 / 1933〜）
John Lennon&Yoko Ono
ジョンとヨーコといえばダコタ・アパートが超有名。
セントラルパークにあるストロベリー・フィールズは
ジョンの慰霊碑としてヨーコがデザインしたもの。

ウディ・アレン （1935〜）
Woody Allen
NYブルックリン生まれ。『アニー・ホール』でアカデ
ミー監督賞、最優秀作品賞を受賞（1977年）。NYを
舞台とした作品が多い。

ニューヨークのおもなイベントカレンダー

春 **3〜5月**

セント・パトリックス・デイ・パレード (3月17日)
アイルランドのお祭り。5番街の44〜79丁目がアイリッシュカラーの
緑で埋め尽くされる

イースター・パレード (3月中旬〜4月中旬)
イースター・サンデイに5番街の49〜57丁目が華やかなディスプレイ
で飾られ、さまざまなイベントが行われる

9番街インターナショナル・フード・フェスティバル (5月の第3土・日曜)
ミッドタウンの9番街の42〜57丁目でインターナショナル・フード・
マーケットが開催。世界各国の料理が食べられる

夏 **6〜8月**

独立記念日の花火 (7月4日)
イースト・リバーの上空に花火が打ち上げられる

野外イベントが盛りだくさん！
公園でコンサートや映画が上映される。オペラやオーケストラなどが気
軽に楽しめる
●メトロポリタン・オペラ公演
●ニューヨーク・フィルハーモニック・イン・ザ・パークス
●シェイクスピア劇 ●ブロードウエイ・イン・ブライアントパーク
●ブライアントパーク映画祭など

秋 **9〜11月**

サン・ジェンナーロ祭り (9月の中旬、約11日間)
リトル・イタリー最大のお祭り。サン・ジェンナーロの像を教会からマル
ベリー通りの祭壇に移し、翌朝まで祭りが続く

グリニッチ・ビレッジ・ハロウィーン・パレード (10月31日)
19:00〜22:30に、6番街のキャナル通り〜15丁目までパレードする

メイシーズ感謝祭パレード (11月の第4木曜)
いよいよ冬の到来となる最大級のパレード。9:00から始まり、テレビ
中継もされる

冬 **12〜2月**

ロックフェラー・センターのクリスマスツリー点灯式 (11月下旬〜12月)
ロックフェラー・センター前の巨大クリスマスツリーが点灯される人気
のイベント

ニュー・イヤーズ・イブ (12月31日)
タイムズスクエアのビルの屋上から電球をつけたボールが降下すると
新年を迎える

チャイナタウンの旧正月 (1〜2月)
旧正月の前後約1週間、チャイナタウンのレストランでは特別メニュー
が用意されたり、ドラゴンの踊りや爆竹で街は大騒ぎとなる

もっと詳しいイベント情報ならNew York City Tourism + Conventions [URL]www.nyctourism.comで。

ニューヨーク行きが決まったら……

アメリカへの渡航が決まったら、まずESTA（電子渡航認証システム）の取得申請をしよう。
「申請」って聞くと、なんだか難しそうな気がするけど、大丈夫。インターネットで簡単にできます。
さぁ、パスポートを準備して、早めに申請！

ＥＳＴＡの申請

1 URL https://esta.cbp.dhs.gov にアクセス

トップページから日本語を選択し、「新規に申請を作成する」をクリック、次に「個人による申請」または「グループによる申請」をクリック。セキュリティに関する通告の画面が表示されたら続行をクリック。

2 免責事項

内容を読み問題がなければ、「はい」「次へ」をクリック。

3 パスポートのアップロードと申請書の記入

●パスポートの顔写真のあるページをスマートフォンなどからスキャンまたは撮影してアップロードする。
●申請者情報、渡航情報、在米滞在中の住所などをすべてローマ字で入力する。
●「権利の放棄」「証明」の内容を読み、「証明」の□にチェックを入れる。入力内容をよく確認してから、「次へ」をクリック。

4 申請番号が発行される

申請番号は必ず書き留めるかプリントアウトしておこう。

5 支払いの手続き

「支払い」をクリックして、オンライン支払いフォームに進む。支払金額は$21で、クレジットカードで払う。利用できるのはA. D. J. M. V.（ダイナースとJCBカードの場合は、ディスカバーを選択し、ダイナースとJCBカードの情報を入力する）。入力項目は、カード名義人の姓名、請求住所、国名、クレジットカードの種類、クレジットカード番号、有効期限、セキュリティコード。間違いがないか確認したら、「支払いの送信」をクリックして終了。

> 申請番号は、更新または状況確認をするときに必要だよ

6 渡航認証の回答

従来は回答はほぼ即座に表示されたが、現在は72時間以内に判明するようになった。回答は「渡航認証許可」「渡航認証保留」「渡航認証拒否」の3種類。「渡航認証許可」が表示されれば、ビザ免除プログラムでの渡航が許可されることになる。

> このページを印刷し、渡航時に携帯することをおすすめするよ！手荷物のほうに入れてね

※申請手順の詳細は、以下のURL参照。
URL www.arukikata.co.jp/web/article/item/3000834

ESTAってなに？

ESTAは、Electronic System for Travel Authorization（電子渡航認証システム）の略。ビザ免除プログラム（90日以内の滞在に限る）を利用して、アメリカに入国する場合に取得しなくてはならないもの。有効期限は2年間（パスポートの失効除く）で、登録に$21かかる。遅くても渡航の72時間前までに申請するのが望ましい。

注意すること！

・インターネットにアクセスできる環境でないとESTAの申請はできない。
・アメリカ国土安全保障省無認可の第三者が独自のウェブサイトを設け、ESTAについての情報の提供や、代理で申請するとして法外な料金を請求することがある。心配な人やネット環境がない人は、手続きを旅行会社に頼むこともできる（申請代行は有料）。

荷物について

機内持ち込み制限

OK
● メイク落としシート
● リップクリーム（スティックタイプ）
● コンタクトレンズ
● ツメ切り
● 裁縫針
● 使い捨てライター（1個のみ）

※液体は100mℓ、100g以下なら容量1ℓ以下の再封可能な透明袋に入れれば機内に持ち込める。

● 化粧水
● リキッドファンデーション
● マスカラ
● リキッドアイライナー
● 洗顔フォーム＆メイク落とし
● ヘアスプレー
● 制汗スプレー

NG
● はさみなどの刃物類
● ゴルフクラブなどのスポーツ用品
成田空港 URL www.narita-airport.jp

アメリカ入出国かんたんナビ

ニューヨークに着いたら、まずは入国審査に向かおう。出国時は重量オーバーにならないよう、荷物の整理も忘れずに。日本を出るときも、アメリカを出るときも、空港へは余裕をもって到着しておこう！

空港には2時間前に着こう！

日本からニューヨークへ

1 ニューヨーク到着

「Immigration」の案内板に従い入国審査場へ。

↓

2 アメリカ入国審査（ビザ免除プログラム）

アメリカ国籍がない人は「Visitor」の列に。パスポート、税関申告書、航空券を提示し、質問を受ける。その後、両手全指か両人さし指の指紋採取と、顔写真撮影が行われる。

↓

3 荷物の受け取り

「Baggage Claim」のサインに向かい、到着便名が表示されたターンテーブルから機内預け荷物を引き取る。紛失（ロストバゲージLost Baggage）や破損があった場合はクレームタグ（預かり証）を見せて、その場で苦情を。

↓

4 税関審査

申告するものがない場合は、そのまま出口へ。
申告するものがある場合は係員のいるブースに。

↓

5 到着ロビー

市内への交通手段については、P.178を参照。

ニューヨークから日本へ

1 チェックインと出国審査

航空会社カウンターでパスポートを提示してチケットをもらえば出国審査も完了。

↓

2 セキュリティチェック

機内持ち込み手荷物のX線検査がある。靴と上着は脱いで、ベルトは外すこと。

↓

3 搭乗エリアへ

案内板で搭乗時刻をチェックし、余裕をもって出発ゲートへ。搭乗券とパスポートを見せて、機内に乗り込む。日本帰国時、入国審査と税関申告が可能な二次元コードVisit Japan Webが利用できる。

税関申告書記入例

※最近は申告のない人は税関申告書の記入を求められないことが多い。

アメリカ到着後、提出しなくてはいけない書類が税関申告書。必要であれば、航空会社カウンターや旅行代理店などで日本語仕様が入手できる。1家族につき1枚の申告書でよい。

① 姓（名字） ② 名前 ③ ミドルネーム（なければ空欄） ④ 生年月日（年は西暦下2ケタ）⑤ 同行している家族の人数 ⑥ホテル名、友人宅など ⑦滞在先の市 ⑧滞在先の州 ⑨パスポート発行国 ⑩パスポート番号 ⑪住んでいる国 ⑫アメリカに着く前に旅行した国。ない場合は無記入かNONE（なし）⑬航空会社名（2文字の略語で）とフライト番号 ⑭質問の回答にチェック ⑮申告する品目の総額（個人の所有物は含まない）⑯署名 ⑰入国日（月日年の順で、年は西暦下2ケタ）⑱課税対象がある場合は、品目と金額を記入 ⑲⑱の合計金額

携帯品・別送品申告書記入例

機内預け荷物重量制限

航空会社により多少異なるがエコノミークラスなら、23kg未満の荷物を預けば無料。制限重量を超えると超過料金を払うことになる。無料で預けられる荷物は、2個まで（エコノミークラスの場合）。刃物やとがった金属類は機内に持ち込めないので、機内預け荷物の中に入れて。

日本入国時の免税範囲

税関 [URL] www.customs.go.jp

品名	内容
酒類	3本（1本760㎖程度のもの）
たばこ	「紙巻きタバコ」200本、または葉巻50本、その他250g
香水	2オンス（1オンスは約28㎖。オーデコロン、オードトワレは含まれない）
その他	20万円以内のもの（海外市価の合計額）
おもな輸入禁止品目	・麻薬、向精神薬、大麻、あへん、覚せい剤、MDMA・けん銃等の鉄砲 ・爆発物、火薬類・貨幣、有価証券、クレジットカード等の偽造品、偽ブランド品、海賊版

※免税範囲を超える場合は追加料金が必要。海外から自分宛に送った荷物は別送品扱いになるので税関に申告する。

機内に預けるスーツケースには鍵をかけないこと。ただし、TSAロック搭載なら鍵をかけてもOK。

ニューヨーク行きが決まったら……／アメリカ入出国かんたんナビ

177

空港から市内へ

ニューヨークには、ジョン・F・ケネディ国際空港（JFK）、ニューアーク・リバティ国際空港（EWR）、ラガーディア空港（LGA）の3つの空港がある。空港からのアクセス方法や所要時間、料金もいろいろ。

主要ターミナル駅
・GCT＝グランド・セントラル・ターミナル
・PAB＝ポートオーソリティ・バス・ターミナル
・PEN＝ペンシルバニア・ステーション

空港案内

⬤ ジョン・F・ケネディ国際空港
John F. Kennedy International Airport

マンハッタンから東へ約24kmのクイーンズに位置する。日本航空とアメリカン航空の直行便がターミナル8に、デルタ航空がターミナル4に、全日空とユナイテッド航空の直行便がターミナル7に乗り入れている。

地下鉄 Subway　
エアトレイン AirTrain　
タクシー Taxi　

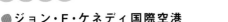

アクセス方法と特徴	内容（所要時間、片道料金）
🚃 **エアトレイン＆ロングアイランド・レイルロード（AirTrain & LIRR）** Jamaica行きに乗りジャマイカ駅からLIRRでGCTやPENへ	約30分。$13.25～18.25（エアトレイン $5 [City Ticket のオフ・ピーク時] または$7 [City Ticket のピーク時]、または$8.25 [通常] ＋ LIRR$11.25 [ピーク時] または$8.25 [オフ・ピーク時]）
🚃 **エアトレイン＆地下鉄Ⓐ（AirTrain & Subway）** ハワード・ビーチ駅で乗り換えて地下鉄で	約80分。$11.40（エアトレイン $8.50＋地下鉄$2.90）
🚃 **エアトレイン＆地下鉄ⒺⒿⓏ（AirTrain＆Subway）** サトゥフィンブルバード（ジャマイカ）駅で乗り換えて地下鉄で	約60分。$11.40（エアトレイン $8.50＋地下鉄$2.90）
🚌 **シャトルバス（スーパーシャトルSuperShuttle）** 時間がかかってもラクチンがいい！という人はコレ	$36.28～（目的地により異なる）。約45～90分
🚌 **エアトレイン＆バス（Q10）＆地下鉄ⒶⒺⒻ（AirTrain & MTA Bus & Subway）** とにかく安く行きたい人へ！	約100～120分。$5.80（バス $2.90＋地下鉄$2.90）。
🚗 **配車アプリ** 事前にスマホアプリのダウンロードが必要	約40～60分。申込時により異なるがだいたい$55～
🚕 **タクシー（Taxi）** 滞在先までラクラク安心！	約40～60分。マンハッタンへは$70均一（＋有料道路通行料（行き方による）＋チップ約$10～14でトータル約$80～84）※チップは料金の18～20%が目安※時間により加算あり

ラガーディア空港からのアクセス

マンハッタンから一番近い国内線空港。バス＆地下鉄なら、MTAバスでクイーンズの駅（M60でAstoria Blvd駅、Q70でJackson Hts-Roosevelt Av駅、Q48で111th St駅）に行って、地下鉄に乗り換える。所要時間は、約40～60分、料金は$2.90～$5.80（バス$2.90＋地下鉄$2.90）。ただし、メトロカードを利用すれば乗り換え無料なので、$2.90。タクシーの場合は、約30～40分で、料金は約$25～44くらい。

どの手段で行けばよいか悩む人は到着ロビー付近の交通案内カウンターで相談を

ニューアーク・ エアポート・エクスプレス Newark Airport Express	ニュージャージー・ トランジット NJ Transit	スーパーシャトル SuperShuttle

● ニューアーク・リバティ国際空港
Newark Liberty International Airport

ニュージャージー州にある国際空港。A、B、Cの3つのターミナルがあり、ユナイテッド航空がターミナルBとCに乗り入れている。

アクセス方法と特徴	内容(所要時間,片道料金)
🚌 **空港バス（ニューアーク・エアポート・エクスプレスNewark Airport Express）** 主要ターミナル駅のそばまで行くなら	PAB、ブライアントパーク（42nd St. & 5th Ave.）、GCTまで約50〜60分。$18.70
🚆 **エアトレイン&NJトランジット（AirTrain & NJ Transit）** NJトランジットでペンシルバニア・ステーションへ	約40分。$16（ニューアーク・リバティ国際空港駅で乗り換え。チケットは自動券売機で購入。
🚆 **エアトレイン&NJトランジット&パストレイン（AirTrain & NJ Transit & Path Train）** ニューアーク・リバティ国際空港でNJトランジットに乗り、ひとつ目のニューアーク・ペンステーションでパストレインに乗る	約50分。$14.25（NJトランジット$11.50+パストレイン$2.75）※NJトランジットとパストレインのチケットは自動券売機で購入
🚐 **シャトルバス（スーパーシャトルSuperShuttle）** 時間がかかってもラクチンがいい！という人はコレ	約45〜60分。$45〜（目的地により異なる。ミッドタウンまで$45〜）
🚕 **配車アプリ** 事前にスマホアプリのダウンロードが必要	約40〜60分。申込時により異なるがだいたい$55〜
🚕 **タクシー（Taxi）** 滞在先までラクラク安心！	約40〜100分。マンハッタンへは$60〜80＋トンネル通行料$12.75〜14.75（イースト・サイドへは約$5追加料金）。チップは料金の15〜20%が目安※時間により加算あり

■ ニューヨーク到着と出発

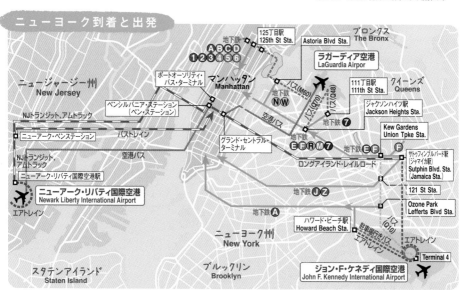

ニューヨークの市内交通

縦に細長いマンハッタン、南北の移動は地下鉄、東西の移動はバスが便利。
メトロカードを手に入れれば、乗り方も乗り換えも簡単なので大丈夫。

何に乗ってく？

市内の交通機関

● 地下鉄とバスを使えば　ニューヨークの街は自由自在

料金

ニューヨークの地下鉄とバスの料金は、1回の乗車が$2.90均一。地下鉄の乗り換えは自由。バスの乗り換えは1回まで無料。OMNYという非接触型決済かメトロカードと呼ばれるプリペイドカードで支払う。

地下鉄
Subway

使い方のコツ！

メリット
車線や駅が色や数字で分けられているので、わかりやすい。駅もすぐ見つかる。

デメリット
定刻どおりに来ないし、行き先の表示が間違っていることも。また、かなり揺れる。

バス
Bus

使い方のコツ！

メリット
東西の移動のときにかなり便利！ 特に、セントラルパークの横断に使える。

デメリット
交通渋滞の多いNYでは、とにかく時間がかかる。時間に余裕があるときに乗りたい。

● 非接触式決済「OMNY」
OMNY

NYの地下鉄とバスは、タッチ決済に対応したクレジットカードやデバイスを非接触型決済「OMNY（オムニー）」のリーダーにかざすだけで乗車できる。現在使用されているメトロカードは2024年中に廃止される予定。

2024年中はメトロカードも利用できる

種類	料金
OMNY	$2.90均一。1週間乗り放題システム「Weekly Fare Cap」を使えば、合計12回乗車して$34支払った次点で乗り放題になる
メトロカード	$2.90均一。プリペイドカード式。制限なしの乗り放題「Unlimited Ride」7日間$34がある。

● 路線マップの見方

地下鉄とバスの路線図は、ウェブやアプリなどでチェック。路線マップでは、同じ所を走る路線はそれぞれの色に分けて示されているが、数字やアルファベットによってローカルとエクスプレスが決められている。
(URL) new.mta.info/maps

MYmtaアプリ

← ローカル運行
← ローカル、エクスプレス停車駅
← ローカルのみ停車駅
← ローカル、エクスプレス停車駅
エクスプレス運行
乗り換え
ターミナル

OMNYの利用方法

カンタン
だね

1 事前に用意

事前に以下のいずれかを用意する。
- 非接触型クレジットカード
- スマートデバイス（Google Pay、Apple Payなどのスマホやスマートウォッチのデジタルウォレット）
- OMNYカード（ドラッグストアやデリなどで販売。地下鉄にも自動販売機を設置中。カードに$5かかり、購入時に最低$1または運賃をチャージする）

→

2 登録不要ですぐに使用可能

使用履歴を確認したい場合は、公式サイトでアカウント登録を（無料）。

↓

3 OMNYの カードリーダーにタッチ

地下鉄の改札やバスの乗車口に取り付けられているのですぐわかる。メトロカードのリーダーもある。リーダーに「GO」の表示が出たらOK。

NYはフェリーも利用価値大

マンハッタンとその東側のブルックリンやクイーンズを結ぶのはNYCフェリー。クルーズ気分を楽しみながら、ダンボやウイリアムズバーグなどの人気スポットに片道$4で行ける。隣州ニュージャージーにはNYウォーターウエイ・フェリーが運行する。運行状況の確認や支払いはアプリが便利。
- URL www.ferry.nyc
- URL www.nywaterway.com

マンハッタンの3大ターミナル

グランド・セントラル・ターミナル
Grand Central Terminal

近・中距離列車中心のターミナル。ターミナル内はレストラン、ショップが集まる巨大ショッピングセンターとして機能している。よく映画のロケ地にもなるドラマチックな雰囲気の駅。

Map 別冊P.16-A1

ペンシルバニア・ステーション
Pennsylvania Station

マディソン・スクエア・ガーデンの地下にある通称ペン・ステーション。アメリカ国内を移動する鉄道アムトラック、近郊へ行くロング・アイランド・レイルロードなどが乗り入れている。

Map 別冊P.15-C2

ポートオーソリティ・バス・ターミナル
Port Authority Bus Terminal

タイムズスクエアの西、8〜9th Aves.と40th〜42nd Sts.にわたる巨大バスターミナル。中・長距離、通勤など約20のバスラインが乗り入れる。

Map 別冊P.15-C1

地下鉄 Subway

1904年に開通した地下鉄は、ニューヨークの交通網として100年以上の年月を走り続けている。以前は危険といわれていたが、現在は住民の便利な足として通勤や観光に利用されている。24時間運行。
(URL)www.mta.info

まずは路線をチェック！

地下鉄の乗り方

1 入口を探す

OMNYの利用方法はP.181 →

→ 2 改札

改札口に取り付けられたOMNYリーダーに利用できるカードやデバイスをタッチする。メトロカードならその上のリーダーにスライドを。リーダーがGOになったら回転バーを押して入る。

→ 3 ホームへ

方向は「Uptown」「Downtown」のふたつで示されている。「Uptown」とは北行き、「Downtown」はその逆の南へ向かって走る。また、路線番号と行き先なども表示されている。viaとは経由、Late nightsは深夜0:00〜6:30頃のこと。

4 乗車、下車

電車の先頭や側面を確認しよう。路線名、ローカルかエクスプレスかが表示されている。駅名はアナウンスされ、ホームにも駅名が表示されている。

→ 5 乗り換えの場合

「↑Exit」の看板の横にある乗り換えできる路線の表示の方向に進む。

→ 6 出口

改札を出るには回転バーの無人改札を使うか、Exitのサインのある出口専用扉から出る。降車時は入場時のデバイスをタッチしたり見せたりする必要はない。

乗車時に注意したいコト

★ 乗り放題の 18分ルール

メトロカードの乗り放題の場合、使用してから18分たたないと次の利用ができない。地下鉄→バス、バス→地下鉄には適用されない。

★ 定刻どおりに 来ない

2〜3本連なって来たり、長く待たされたりする。だいたい、昼間は5〜10分間隔、深夜で1時間に2〜3本だと思っておこう。

★ 立つときは 手すりをつかもう

線路の状態がよくないせいかかなり揺れるので、座っていないときは必ず手すりをつかもう。特にエクスプレスでは揺れが激しい。

★ 人の少ない時間は ホームの中央で待つ

乗客の少ない深夜などは、ホームの端ではなく、中央で待とう。駅員と話せるインターカム「Help Point」が設置されている駅も増えている。

★ 行き先の表示を 確認して

先頭部と車両ごとに行き先が表示されているが、ときどき間違っている。心配なら車掌に確かめよう。Expressの表示も同様！

★ 車内での 振る舞いにも注意

ブランド物を身に着けて、ボーッとしないこと。また、ホームや構内で必要以上にウロウロしないように。バッグも手から離さず！

OMNYでクレジットカードをタッチしたらエラーに。慌てて別のカードで試したらOKに。複数枚持っておくとよいかも。(東京都・MAKI)

🚌 バス Bus

マンハッタンを網の目のように縦横に走っているバス。南北なら2〜3ブロック、東西はほぼ1ブロックごとに停留所で運行するので、細かい移動にも利用できる。24時間運行。(URL)www.mta.info

> バス停だよ

バスの乗り方　[料金はP.180]

① バス停を探す →

バス停は進行方向の右側にある。硬貨でも支払えるが、紙幣と1セント硬貨は使えない。OMNY対応のカードやデバイス、またはメトロカードを準備しよう。

> 何に乗ってく？

② 乗車する →

バスが来たら、バスの番号、行き先を確認しよう。バス停は複数の路線の停留所を兼ねていることが多いので注意。基本的に前のドアから乗車。ドライバーの横にあるOMNYリーダーに利用できるカードやデバイスをタッチする。

※おもにマンハッタンの東西を横断するバスなど、セレクテッド・バス・サービス（SBS）のバスに乗車する際、メトロカードを使用するのであれば、事前に停留所にある発券機で運賃を支払う。OMNYを利用するならそのまま乗車時にタッチすればよい。

③ 降車する

降車の合図は、窓枠横の黄色または黒いゴムのテープか、赤いプッシュボタンを押す。窓に沿ってつってあるひもを引っ張る場合もある。降りるのは前でも後ろでもよい。後ろのドアは半手動式で、自分でドアの黄色いテープを押し、開けながら降りる。手を離すと勢いよく閉まってしまうこともある。

新型のバスは黄色いハンドルにタッチするとドアが開く。

🚕 タクシー Yellow Cab

ニューヨークの公認営業タクシーは、黄色の車体をしているので「イエローキャブ」(通称キャブ)と呼ばれる。イエローキャブ以外の車はタクシーと称していても、いわゆる「白タク」なので気をつけよう！

> タクシーも乗りたい！

タクシーの乗り方

① タクシーをつかまえる →

タクシーのひろい方は日本と同じで、手を挙げるのが一般的。大声で「タクシー〜」と呼んだり、口笛を吹いてつかまえる人もいる。屋根のライトが"OFF DUTY"と点灯しているものは乗車できない。

② 乗り方 →

ドアは手動なので、自分で開閉する。店やホテルの名前、住所だけ言ってもわからないこともある。行き先は必ず、「46th St. & 5th Ave., please.（46丁目と5番街の交差するあたり）」などと位置で告げること。

③ 支払い

料金に税金はかからないが、チップは必要。チップの目安は15〜20％。最後にレシートをもらうことを忘れずに。レシートにはタクシーのナンバーが記載されているので、トラブル回避になる。下車したら、ドアは自分で閉める。

料金メーターの確認を

タクシーに乗ったら、料金表示が作動しているか確認を。なかには、あとで膨大な料金を請求してくるドライバーもいるなどトラブルの原因になるので、動いていなかったら"Could you turn on the meter please?"と言って動かしてもらおう。

タクシーの料金

● 最低料金

初乗りが$3。以降5分の1マイルごとに70¢加算。

● 特別加算

渋滞しているときは1分ごと70¢追加。平日16:00〜20:00は$2.50、毎日20:00〜翌6:00は$1の追加料金がかかる。

ボロ・タクシー（通称グリーンキャブ）はマンハッタン北部（西110th St.と東96th St.以北）とクイーンズ（空港を除く）、ブルックリン、ブロンクス、スタテンアイランドから乗車できる。降車はどこでもOK。

旅の便利帳

ニューヨークの旅に必要なノウハウをぎゅぎゅっとまとめました。
旅の基本をきっちりおさえていれば、
いざというときに慌てないですむよね。

困ったときは
すぐ確認！

お金・クレジットカード

単位はドル$（dollar）とセント¢（cent）。$1=100¢＝約153円。（2024年4月15日現在）。紙幣は、1、5、10、20、50、100ドルの6種類だが、50、100ドル札は小さい店などで受け取ってくれないこともある。硬貨は、1、5、10、25、50セントと1ドルの6種類だが、50セント、1ドル硬貨はほとんど流通していない。

クレジットカード

アメリカではクレジットカードは必携。ホテルの予約やチェックイン時に保証として必要となる。ほか地下鉄の乗車時などさまざまな場所で使用可能。大金を持ち歩くのはリスクが高いので、両替はできるだけ最小限にとどめて、カードで支払うのが賢い方法。また、タッチ決済（非接触決済）が多いので、事前に対応カードか確認して、用意しておきたい。

ATM

空港や街なかなどにあり、VISAやMasterなど国際ブランドのカードでドルをキャッシングできる。出発前に海外利用限度額と暗証番号を確認しておこう。金利には留意を。

$1

$5

1¢

5¢

$10

$20

10¢

25¢

最近はスマホやタブレットでの決済も多い。画面にサインをするかタッチ決済

電話

旅行なら、日本で使用しているスマホや携帯を持参するのが便利。ほかには、ホテルの部屋や、国内通話なら通りにあるリンクNYC（→P.185）でかけられる。まずは、「ブー」という発信音を確認して番号を押す。最低50¢〜が一般的。ホテルによっては、手数料がかかるので注意。携帯電話での利用方法やサービス内容は各社に問い合わせを。

日本からアメリカへの電話のかけ方
例：NY 922-XXXX にかける場合

国際電話識別番号 010 ※	＋	アメリカの国番号 1	＋	NYの州番号 212 718 など	＋	相手先の電話番号 922-XXXX

※ 携帯電話の場合は010のかわりに「0」を長押しして「＋」を表示させると、国番号からかけられる
※ NTTドコモ（携帯電話）は事前にWORLD CALLの登録が必要

NYから日本へ

国際電話識別番号 011	＋	日本の国番号 81	＋	相手の電話番号 市外局番最初の0は取る

日本から携帯電話でかけるときは＋マーク（0を長押しすると＋に）のあとに1を押す

現地での電話のかけ方

1＋ 212（マンハッタンの市外局番）＋相手の電話番号
718（ブルックリン、クイーンズの市外局番）＋相手の電話番号

ほかに646（携帯電話）、201（ニュージャージー）などの局番もある

 デリの支払いで100ドル札を出したら受け取ってもらえず、水が買えなかった。20ドル札以下にくずしておくべき！（栃木県・るーたん）

電源・電圧

アメリカの電圧は120ボルトで、3つ穴プラグのコンセント。100ボルト、2つ穴プラグの日本製品も使えるが、わずかではあるが電圧数が違うので注意！　特に、ドライヤーや充電器などを長時間使うと、焦げ臭いにおいや加熱するケースもあるので、時間を区切って使うなど気をつけよう。心配な人は、変圧器を忘れずに。

郵便

郵便局の営業時間はエリアによって多少異なるが、一般的には平日の9:00〜17:00くらい。日本へのエアメールは、封書、はがきともに$1.55。

Wi-Fi

ほとんどのホテルが導入しており、無料のところもあれば1日$8〜20かかる場合もある。ほかには、スターバックスやデパート、アップルストア **Map** 別冊P.20-A2 、全地下鉄駅、タイムズスクエアなどで無料アクセスできる。また、カフェやレストランではパスワードを教えてくれるところも。地図や調べ物なら通りにある公共Wi-Fiステーション、リンクNYCも使える。

マナー

●1列に並ぼう　列に並ぶときは1列に並んで空いた所から入っていくというフォーク型が定着している。それぞれの前に直接並ぶのは避けたい。●お酒は21歳から　NY市では21歳未満の飲酒は法律で禁じられている。アルコール購入の際、ID（身分証明書）の提示を求められる。●公共の場は禁酒　野外での飲酒は法律違反になる。歩きながらもダメ。●あいさつを忘れずに　人と顔を合わせたら、簡単でいいから、ひと言のあいさつを忘れずに！

観光案内

パンフレットやクーポンが手に入るので、気軽に立ち寄りたい。
(URL)www.nyctourism.com
●メイシーズ・ヘラルドスクエア **Map** 別冊 P.15-C2
☎1-212-695-4400　●月・木・金10:00〜20:30、火・水・土10:00〜19:00、日11:00〜18:00
(休)サンクスギビング・デイ、クリスマス・デイ

次世代Wi-Fi

公衆電話を次世代のシステムに切り替えるため街頭に設置されたスタンドがリンクNYC。無料Wi-Fiスポットになっているだけでなく、緊急用電話番号911や米国内への無料通話も可能。地図を検索したりスマホの充電もできる。

トイレ

街なかでトイレに行くなら、デパートやショッピングセンター、大型ホテル、美術館のロビーなどがおすすめ。便座がぬれていることが多いので、確認してから座ろう。不特定多数の誰もが入れるような公衆トイレというのは、非常に少なく、あっても使わないほうがいい。特に地下鉄のトイレは一部、新駅を除き絶対に使用しないこと。

水

NYでは水道水の水質は問題ないとされているが、種類が豊富で安いので、購入するとよい。スーパーやデリ、グロッサリー、ドラッグストアで買うことができる。ちなみに、炭酸なしの普通の水はスティル・ウオーターStill Water、炭酸入りの水はスパークリング・ウオーターSparkling Waterかセルツァー・ウオーターSeltzer Water、水道水はTap Water。

喫煙

レストランやバー、ナイトクラブでも、すべて禁煙。ホテルも全面禁煙のところが多く、違反すると、多額の罰金を支払うことに。場所をわきまえずに吸ったり、歩きたばこ、ポイ捨てなどは絶対しないこと。「Smoke Free」というのは自由に吸ってよいのではなく、禁煙という意味。喫煙にはかなり厳しい街なので、気をつけよう。

コインロッカー

NYの地下鉄駅にコインロッカーはない。また、駅は階段が多く、ホテルのチェックアウト後など、大きな荷物を持ち歩く際は、市内に点在する荷物預かりサービスを利用しよう。申し込みから支払いまでスマホで手続きできる。
●LuggageHero　(URL)luggagehero.com
●Vertoe　(URL)vertoe.com

休業日

ニューイヤーズ・デイ、サンクスギビング・デイ、クリスマス・デイの3日間は休みのところが多い。

旅の安全情報

女の子同士、グループでワイワイ楽しく旅していると気も緩みがち。
日本にいるとき以上に、警戒アンテナをピンと立てることを忘れないで！
でも、トラブルのパターンを知っておけば、予防対策がより万全に。

注意してね〜

治安

日本に比べると犯罪の発生率が高い。スリ、置き引きには要注意。友達とのおしゃべりに夢中になっていたり、人通りのたくさんある所で「ついうっかり」被害に遭うことが多い。荷物は決して体から離さず、現金やクレジットカードなどは、あまり人目にさらさないようにしよう。
出発前に外務省の安全情報ページをチェックしておくと安心
→ URL anzen.mofa.go.jp

病気・健康管理

普段は元気な人でも、旅行中は、思わず食べすぎたり、買い物に熱中して歩きっ放しだったり。気候や環境の変化、食事の変化などで急に体調を崩すこともある。疲れをためないよう十分睡眠をとって、絶対に無理をしないこと。風邪薬や胃腸薬などは使い慣れたものを日本から持っていこう。湿布薬もあるといい。事前の海外感染症情報のチェックも欠かさないで。

海外旅行保険

けがや病気をして診察を受ける場合、保険に加入していないと高額な請求をされることがある。海外旅行保険には必ず入っておこう。日本語医療サービスのある海外旅行保険に加入していれば、サービスセンターに電話して対処してもらえる。提携病院なら病院側も慣れているので、スムーズに対応してもらえて安心。補償内容や連絡先は加入時に前もって確認しておくこと。

こんなことにも気をつけて！

事前に手口を知って、トラブルはできるだけ避けよう

エピソード1 やっぱり安心！イエローキャブ☆

空港で、オフィシャルのイエローキャブより安い金額を提示されたので、白タクに乗ってしまった。だけど最後にはあれこれ言われて、結局高い料金を支払うハメに……。白タクは、NYの地理に慣れていても、英語での交渉に自信のある人でも絶対に避けるべき。
（東京都・けいちゃん）

エピソード2 どでかいリュックは置き引き・スリの標的!?

NY到着初日、荷物の整理がつかないまま、何を取り出すにもゴソゴソする大きなリュックを背負って観光へ。タイムズスクエアで地べたに財布を置いた途端、見事にスリに遭った（笑）。人が大勢いる場所では警戒が必要だし、荷物は小さくまとめて、貴重品をすぐ確認できるものがよいと思った。 （広島県・ツンツ）

エピソード3 夜は興味本位でむやみに歩き回らないこと！

夕方、ハーレムの125丁目を外れて歩いていたら、なんだかあやしい雰囲気を感じてあわてて駅へ向かった。ロウアー・イースト・サイドでも、マンハッタン・ブリッジ近くの路地裏は日が暮れると暗くて怖かった。夜道の女性のひとり歩きはご用心。
（埼玉県・あっちゃこ）

エピソード4 ナンパをうまくかわせる術を身に付けよう♪

ブライアントパークを散歩していたら「紀伊國屋書店はどこか？」と、日本語ペラペラなニューヨーカーに遭遇。日本の話で盛り上がって、最後に「彼氏はいるのか？」と質問されあやしいムードに……。冷たい態度をとり退散させたものの、つきまとわれたりしないようアヤシイ人には注意しよう。 （神奈川県・Q）

エピソード5 嫌なことはハッキリNOと断ろう！

クラブで見知らぬ人に話しかけられたら、ちょっと変な感じの人だった。「一緒に飲もう」だの「たばこが欲しい」と言われてしつこかったが、「ノー」と言って逃げ去った。トイレでも、異様なにおいがしたり、薬の売買らしき様子も。見て見ぬふりで切り抜けたが、正直、アセった。
（SF在住・さっちゃん）

エピソード6 「着ぐるみ」と写真を撮ったら高額チップを請求された

念願のタイムズスクエアに到着。あたりにはいかにも公式ではない着ぐるみを着たミッキーやミニーがうじゃうじゃ。観光客と気軽に写真を撮っていたので、私も一緒に写真を撮ったら、なんと$100請求されてしまった。断り続けてもしつこくて、怖くなったので、$10だけ支払うことに……。 （大阪府・りりあん）

エンパイアのそばでスリに遭ってしまった……。手続きは面倒だったけど、海外旅行保険に入っていてよかった。（大分県・チャミ）

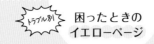

トラブル別　困ったときの　イエローページ

トラブル1 パスポートを紛失したら

まずは警察に届け出て、
現地日本大使館で新規発給の手続きを

パスポートの盗難に遭ったり、紛失してしまったら、すぐに最寄りの警察に届け出て「紛失・盗難届受理証明書」を発行してもらうこと。それを持って日本大使館（NYでは領事館）へ行き、パスポートの紛失届と新規発給の申請を行う。万一に備えて、あらかじめ顔写真のページのコピーやパスポート規格の写真を用意しておくと手続きがスムーズ。

**パスポート新規発給、
帰国のための渡航書発給の申請に必要なもの**

☐ 現地警察署等が発行する紛失届出証明書

☐ 写真2枚（6ヵ月以内に撮影されたもの）

☐ 戸籍謄本（6ヵ月以内に発行のもの）

☐ 旅程が確認できる書類（eチケットやツアー日程表など）

☐ 身分が確認できる書類
（※申請の手数料は、申請内容により異なる）

トラブル2 事件・事故に遭ったら

すぐに警察や領事館で
対応してもらう

事件に巻き込まれたり、事故に遭ってしまったら、すぐに最寄りの警察に届け出て対応してもらう。事件・事故の内容によっては領事館に連絡して状況を説明し、対応策を相談しよう。

緊急連絡先

警察
911

在ニューヨーク日本国総領事館
1-212-371-8222
（ニューヨーク総領事館・代表番号）

トラブル3 クレジットカードを紛失したら

カード会社に連絡して無効措置を
依頼し、警察へ届け出る

クレジットカードを紛失したら、すぐにカード会社に連絡して無効手続きの処置を取ってもらうこと。現地警察で「紛失・盗難届受理証明書」を発行してもらう。

緊急連絡先

カード会社

Visa............ **1-303-967-1096**
　　　　　（日本のコレクトコール先）
アメリカン・
エキスプレス... **1-800-866-8630**
JCB............ **1-800-606-8871**
マスター...... **1-800-307-7309**
ダイナース... **81-3-6770-2796**
　　　　　（日本のコレクトコール先）

トラブル4 病気になったら

緊急の場合は迷わず病院へ
保険会社への連絡も忘れずに

病気になってしまったら、緊急の場合はすぐにタクシーなどで病院へ向かうこと。日本語で対応してくれる病院もある。海外旅行保険に加入している場合は、保険会社のサービスセンターに連絡を。電話で救急車を呼べるが、この場合搬送先の指定はできない。また、救急車は有料で$300ほど請求される。

緊急連絡先

救急・消防/病院
救急車...... **911**

トラブル5 荷物をなくしたら

なくした場所の遺失物取扱所に
問い合わせる

バス、地下鉄での遺失物を扱うのはMTAのLost & Found。空港なら各空港へ問い合わせを。ただしアメリカでは、なくしたらまず出てこないと思って諦めよう。問い合わせをしても、たらい回しにされることが多い。

緊急連絡先

カスタマーサービス

MTA............ **511**

タクシー...... **311**

その他連絡先

保険会社（米国内の連絡先）
損保ジャパン... **1-800-233-2203**
日本興亜　　　　　　　など
AIG損保...... **1-800-8740-119**
東京海上日動... **1-800-446-5571**

航空会社
日本航空...**1-800-525-3663**
全日空...... **1-800-235-9262**
ユナイテッド
航空......... **1-800-537-3366**
アメリカン...**1-800-237-0027**
航空
デルタ航空...**1-800-327-2850**

観光案内
チケットマスター
Ticket Master......
1-800-745-3000

クレジットカードは、第三者の不正利用には支払い義務ナシ。覚えのない利用明細があったらカード会社にすぐ連絡を！　**187**

旅の安全情報／イエローページ

index

▶ ：プチぼうけんプランで紹介した物件

🔍 見る・遊ぶ 📷

名称	エリア	ページ	別冊MAP
アメリカ自然史博物館	アッパー・ウエスト・サイド	166	23-C2
イントレピッド博物館	ミッドタウン・ウエスト	115	18-A3
▶ ウェブスターホール	イースト・ビレッジ	39	12-B2
▶ エッジ	ミッドタウン・ウエスト	20	14-B2
▶ エヌワイシー・ベーグルツアー	ミッドタウン・ウエスト	100	15-C1
▶ エンパイア・ステート・ビル	ミッドタウン・ウエスト	22・151・163・166	16-A2
エンパイア・フルトン・フェリー・パーク	ダンボ	134	27-C1
オキュラス	ロウアー・マンハッタン	151	6-B1
グッゲンハイム美術館	アッパー・イースト・サイド	166	24-A1
クライスラー・ビル	ミッドタウン・イースト	150	16-B1
グランド・アーミー・プラザ	ミッドタウン・ウエスト	138	20-A1
▶ グラント将軍の墓	モーニングサイド・ハイツ	40	5
▶ グランド・セントラル・ターミナル	ミッドタウン・イースト	27・150・162・181	16-A1
国連本部	ミッドタウン・イースト	151	17-C1
▶ コニーアイランド	コニーアイランド	41	4-B3
▶ サークル・ライン	ミッドタウン・ウエスト	166	14-A1
▶ ザ・バー・アット・バカラ・ホテル＆レジデンス	ミッドタウン・ウエスト	40	19-D2
▶ サミット・ワン・ヴァンダービルト	ミッドタウン・イースト	21	16-A1
▶ シティバイク	チェルシーほか	58	10-B2ほか
▶ シティフィールド	クイーンズ	53	4-B2
自由の女神	リバティアイランド	148・166	4-A3
▶ スタテンアイランド・フェリー	ロウアー・マンハッタン	43	7-C3
▶ スモーク	アッパー・ウエスト・サイド	57	5
▶ スモールズ	グリニッチ・ビレッジ	57	11-C3
セント・パトリック教会	ミッドタウン・イースト	138	19-D3
セントラルパーク（シープ・メドウ）	セントラルパーク	29	23-C3
タイムズスクエア	ミッドタウン・ウエスト	150	19-C3
▶ ダウンタウン・ボートハウス	トライベッカ	43	8-A3
▶ ティー・アラウンド・タウン	ミッドタウン・ウエスト	146	15-D1
▶ ディジーズ・クラブ	アッパー・ウエスト・サイド	56	19-C1
テネメント博物館	ロウアー・イースト・サイド	115・143	9-D1
▶ トップ・オブ・ザ・ロック	ミッドタウン・ウエスト	23・166	20-A3
9/11メモリアル＆ミュージアム	ロウアー・マンハッタン	151	6-B1
▶ ニューヨーク市立博物館	アッパー・イースト・サイド	40・115・163	5
ニューヨーク近代美術館（モマ）	ミッドタウン・ウエスト	114・150・166	19-D2
▶ ニューヨーク公共図書館（本館）	ミッドタウン・ウエスト	45・150・139	15-A1
ニューヨーク・トランジット博物館	ミッドタウン・イースト	114	20-A3
▶ ニューヨーク歴史協会	アッパー・ウエスト・サイド	27	23-C2
▶ バードランド	ミッドタウン・ウエスト	57	15-C1
ハイライン	ミート・パッキング・ディストリクトほか	136	10-B1ほか
バッテリーパーク	ロウアー・マンハッタン	151	6-B3
▶ ハドソンヤーズ	ミッドタウン・ウエスト	41・137	14-B2

名称	エリア	ページ	別冊MAP
▶ ビレッジ・バンガード	グリニッチ・ビレッジ	57	11-C2
ヒップホップ博物館	ブロンクス	14	4-B2
▶ ブッシュウィック	ブッシュウィック	41・50	28-A1・2
▶ ブルックリン・ブリッジ	ロウアー・マンハッタン	24	7-D1
ピア1（ブルックリン・ブリッジ・パーク）	ダンボ	135	27-C1
▶ ファッション工科大学美術館	チェルシー	45	15-C3
▶ ブライアントパーク	ミッドタウン・ウエスト	139	15-D1
プラザ・ホテル	ミッドタウン・ウエスト	163	19-D2
フラットアイアン・ビル	グラマシー	151	12-A1
▶ ブルーノート	グリニッチ・ビレッジ	54	11-D3
◀ ホイットニー美術館	ミート・パッキング・ディストリクト	45・136	10-B2
マジックアワー・ルーフトップ・バー・アンド・ラウンジ	ミッドタウン・ウエスト	161	15-C2
▶ マッカレンパーク	グリーンポイント	133	29-C3
マンハッタン・ブリッジ・ビュー	ダンボ	134	27-C1
メットライフ・ビル	ミッドタウン・イースト	150	16-A1
メトロポリタン美術館	アッパー・イースト・サイド	152・163・166	24-A2
ヤンキースタジアム	ブロンクス	52	4-B2
ユニオンスクエア	グラマシー	120・164	12-A1・2
リトル・アイランド	ミート・パッキング・ディストリクト	14・137	10-A2
リンカーン・センター	アッパー・ウエスト・サイド	165	18-B1
ロックフェラー・センター	ミッドタウン・ウエスト	139・150・164	19-D3
ロッテ・ニューヨーク・パレス	ミッドタウン・イースト	163	20-A3
ワン・ワールド展望台	ロウアー・マンハッタン	151	6-B1

✖ 食べる ✖

名称	エリア	ページ	別冊MAP
アーバンスペース・ユニオンスクエア	イースト・ビレッジ	91	12-A2
アイリーンズ・スペシャル・チーズケーキ	ノリータ	74	9-C1
▶ アスターワインズ＆スピリッツ	イースト・ビレッジ	44	12-A3
アモリーノ	イースト・ビレッジ	66	12-A2
アルフ・ベーカリー	チェルシー	95	10-B1
大全鍋焼（Vanessa's Dumpling House）	チャイナタウン	144	9-D2
▶ ヴァラエティ・コーヒー・ロースターズ	アッパー・イースト・サイド	79	24-B1
ヴァン・リーウェン・アイスクリーム	ダンボ	135	27-C1
ウィンソン	ウイリアムズバーグ	97	29-D3外
ウエストライト	ウイリアムズバーグ	161	29-C2
ヴェスヴィオ・ベーカリー	ソーホー	95	8-B1
ウルフギャングス・ステーキハウス・トライベッカ	トライベッカ	85	8-A2
エーカー	グリーンポイント	65	28-B2
エイミーズ・ブレッド	チェルシー	95	10-B1
エッサ・ベーグル	ミッドタウン・イースト	93	20-B3
エービーシーヴィー	グラマシー	83	12-A1
エセックス・マーケット	ロウアー・イースト・サイド	90	9-D1
▶ エピセリー・ブールー	アッパー・ウエスト・サイド	29	19-C1
エリン・マッケンズ・ベーカリー	ロウアー・イースト・サイド	72	9-D1
エンパイア・ケーキ	チェルシー	73	11-C1
オッドフェローズ・アイスクリーム	ウイリアムズバーグ	67	29-D1

店名	エリア	ページ	MAP
カッツ・デリカテッセン	ロウアー・イースト・サイド	142	**9-D1**
カヌレLIC	ロング・アイランド・シティ	98	**21-D3**
カフェ・モガドール	ウイリアムズバーグ	68	**29-C2**
クラウンシャイ	ロウアー・マンハッタン	83	**7-C2**
グラマシー・タバーン	グラマシー	82	**12-A1**
グランド・セントラル・オイスター・バー	ミッドタウン・イースト	96	**20-A3**
クリントン・ストリート・ベーキング・カンパニー&レストラン	ロウアー・イースト・サイド	68	**9-D1**
利口福 (Great N.Y. Noodletown)	チャイナタウン	144	**9-C2**
ケトル・ティー	グリーンポイント	133	**28-B2**
コーナー・ビストロ	グリニッチ・ビレッジ	71	**11-C2**
コーヒープロジェクト	イースト・ビレッジ	78	**12-B3**
コピティアム	ロウアー・イースト・サイド	143	**9-D2**
コミュニティ・フード&ジュース	モーニングサイド・ハイツ	69	**22-B1**
サラベス・セントラルパーク・サウス	ミッドタウン・ウエスト	68	**19-D2**
ザ・バー・アット・バカラ・ホテル&レジデンス	ミッドタウン・ウエスト	40	**19-D2**
サリバン・ストリート・ベーカリー	ミッドタウン・ウエスト	95	**18-B3**
サンデイ・イン・ブルックリン	ウイリアムズバーグ	61	**29-D1**
シーグラバイ	ウッドサイド	99	**30-D**
シーアン・フェイマス・フード	フラッシング	99	**30-F**
シェイク・シャック	ミッドタウン・イースト、ミッドタウン・ウエスト	69・70	**15-C1/20-A3**
ジャックス・ワイフ・フリーダ	チェルシー	60	**11-C1**
▶ジュニアズ	ミッドタウン・ウエスト	48・74	**19-C3**
ジョーズ・ピザ	ミッドタウン・ウエスト	97	**15-C1**
新世界城商フードコート	フラッシング	99	**30-F**
スーパームーン・ベイクハウス	ロウアー・イースト・サイド	95	**9-D1**
スイートグリーン	グラマシー	80	**15-D3**
スプリンクルス	アッパー・イースト・サイド	72	**20-B1**
スモーガスバーグ	ウイリアムズバーグ	97	**29-C1**
▶スワロウ・カフェ	ブッシュウィック	51	**28-A1**
セザールズ・エンバナーダ	ダウンタウン・ブルックリン	96	**26-B3**
タイム・アウト・マーケット	ダンボ	91	**27-C1**
タイヤキNYC	ウイリアムズバーグ	67	**29-D2**
▶チェルシー・マーケット	チェルシー	39・90・117・137	**10-B1・2**
チャチャ・マッチャ	イースト・ビレッジ	96	**9-C1**
▶チャラテ	アッパー・ウエスト・サイド	40	**22-B1**
▶ディグ	ミッドタウン・イースト	29・81	**20-B2**
デイリー・プロヴィジョン	ミッドタウン・ウエスト	96	**14-B2**
ティン・ビルディング	ロウアー・マンハッタン	15・88・120	**7-D1**
デヴォシオン	ウイリアムズバーグ	79	**29-D1**
デュモン・バーガー	ウイリアムズバーグ	71	**29-D1**
トゥヴィーフォンテン・ハーブ・ファーム	グラマシー	129	**11-D1**
トップ・オブ・ザ・ストランド	ミッドタウン・ウエスト	161	**15-D2**
トップホップス	ロウアー・イースト・サイド	87	**9-D1**
トンプキンズ・スクエア・ベーグル	イースト・ビレッジ	92	**13-C2**
蛋韮餅屋 (Harper's Bread House)	チャイナタウン	144	**9-C2**
バーガー・ジョイント	ミッドタウン・ウエスト	70	**19-D2**
パケリ	グリーンポイント	63	**28-A2**
ハッチ&ワルド・カフェ	アッパー・イースト・サイド	79	**24-B1**
ハドソン・イーツ（ブルックフィールド・プレース）	ロウアー・マンハッタン	89	**6-A1**
バビーズ	トライベッカ	68	**8-B2**
パンターNYC	グリニッチ・ビレッジ	61	**11-D3**
ピーター・ルーガー・ステーキ・ハウス	ウイリアムズバーグ	70・85	**29-D1**
ビリーズ・ベーカリー	チェルシー	73	**10-B1**
ファイブ・ナプキン・バーガー	ミッドタウン・ウエスト	71	**14-B1**
ファイブ・リーブズ	グリーンポイント	68	**29-C3**
ファンファン・ドーナツ	ベッドフォード・アベニュー	66	**26-B2**
飛達西餅（Fay Da Bakery）	チャイナタウン	145	**9-C2**
ブラインド・タイガー	グリニッチ・ビレッジ	87	**11-C3**
ブラックシード・ベーグル	ノリータ	92	**9-C1**
ブラック・タップ・クラフト・バーガー&ビア	ソーホー	70	**8-B2**
ブランク・ストリート・コーヒー	ソーホー	79	**8-B1**
ブルックリン・ファーマシー&ソーダ・ファウンテン	ボコカ	62	**27-D3**
ブルックリン・ブリュワリー	ウイリアムズバーグ	86	**29-C2**
ベーグルバブ	チェルシー	93	**15-C2**
ベイクド・バイ・メリッサ	イースト・ビレッジ	73	**11-D2**
ベニーロズ	イースト・ビレッジ	75	**12-B2**
▶ペリー・ストリート	グリニッチ・ビレッジ	39	**10-B3**
ホーリー・カウ	ロウアー・イースト・サイド	71	**9-D2**
ポーター・ハウス・バー・アンド・グリル	アッパー・ウエスト・サイド	85	**19-C1**
ボヘミアン・ホール&ビア・ガーデン	アストリア	87	**30-B**
マーゼ・ダール・ベーカリー	グリニッチ・ビレッジ	95	**11-C2**
マジックアワー・ルーフトップバー・アンド・ラウンジ	ミッドタウン・ウエスト	67・161	**15-C2**
マグノリア・ベーカリー	グリニッチ・ビレッジ	73・75	**11-C2**
マッチャフル	グリニッチ・ビレッジ	65	**11-C3**
ママン	トライベッカ	65	**8-A2**
ママン	ソーホー	141	**9-C2**
マレーズ・ベーグルズ	グリニッチ・ビレッジ	93	**11-D2**
ミルク・バー	チェルシー	66	**15-D3**
マンゴーマンゴー・デザート	イースト・ビレッジ	66	**12-B2**
美麗華（Mei Li Wah）	チャイナタウン	145	**9-C2**
モダン・ブレッド・アンド・ベーグル	アッパー・ウエスト・サイド	93	**22-B1**
モリーズ・カップケイクス	グリニッチ・ビレッジ	72	**11-C3**
ラ・グランデ・ブーシェリー	ミッドタウン・ウエスト	41	**19-C2**
ラジャ・スイーツ&ファストフード	ジャクソン・ハイツ	99	**30-E**
ラス&ドーターズ	ミッドタウン・ウエスト	15・92・120	**14-B2**
ラス&ドーターズ・カフェ	ロウアー・イースト・サイド	143	**9-D1**
ラス&ドーターズ・ショップ	ロウアー・イースト・サイド	143	**9-D1**
▶ラ・グランデ・ブーシェリー	ミッドタウン・ウエスト	41	**19-C2**
ラ・バイセクレット・ベーカリー	ウイリアムズバーグ	95	**29-D2**
▶ラファイエット	イースト・ビレッジ	39・95	**12-A3**
リバティ・ベーグル	ミッドタウン・ウエスト	92	**15-C2**
リファイナリー・ルーフトップ	ミッドタウン・ウエスト	160	**15-D1**
ルヴァン・ベーカリー	アッパー・ウエスト・サイド	95	**22-B2**
ル・パビロン	ミッドタウン・イースト	83	**16-A1**

名称	エリア	ページ	別冊MAP
ローズクランズ	グリニッチ・ビレッジ	64	11-C2
▶ ロベルタズ	ブッシュウィック	51	28-A1
▶ 230フィフス・ルーフトップ・バー	チェルシー	161	16-A3

買う・キレイになる

名称	エリア	ページ	別冊MAP
アーバン・アウトフィッターズ	イースト・ビレッジ	107	8-B1
アウォーク・ビンテージ	ウイリアムズバーグ	109	29-C2
アスター・ワインズ＆スピリッツ	イースト・ビレッジ	44	12-A3
アマルコルド・ビンテージ・ファッション	ウイリアムズバーグ	109	29-C2
アレキサンダー・ワン	ソーホー	110	8-B2
アンソロポロジー	チェルシー	107・120	10-B1
アンド・アザー・ストーリーズ	ミッドタウン・ウエスト	139	15-D1
▶ イーライズ・マーケット	アッパー・イースト・サイド	37	24-B2
▶ ウェグマンズ	イースト・ビレッジ	37	12-A2
エアリー	アッパー・イースト・サイド	106	20-B2
エディス・マシニスト	ロウアー・イースト・サイド	142	9-D1
▶ エルム・ウェルネス	グリニッチ・ビレッジ	36・126	11-C2
エンパイア・ストアズ	ダンボ	135	27-C1
オスカー・デ・ラ・レンタ	アッパー・イースト・サイド	111	24-A3
オロボロ	ノリータ	104	9-C1
カミング・スーン	ロウアー・イースト・サイド	143	9-D2
キールズ	イースト・ビレッジ	125	12-B2
キャットバード	ウイリアムズバーグ	132	29-C2
キャロリーナ・ヘレラ	アッパー・イースト・サイド	111	24-A3
グリニッチ・レターブレス	グリニッチ・ビレッジ	112	11-C2
▶ グルメ・ガレージ	ソーホー	37	8-B2
グロッシアー	ウイリアムズバーグ	127	29-C2
ケイト・スペード	ソーホー	111・140	8-B2
ケトル・ティー	グリーンポイント	133	28-B2
コーチ	ミッドタウン・イースト	111	20-A2
サタデーズNYC	ノリータ	141	8-B2
シーオー・ビゲロウ・ケミスト	グリニッチ・ビレッジ	124	11-D2
▶ シタレラ	アッパー・ウエスト・サイド	37	22-B2
ジェイ・クルー	チェルシー	107	11-D1
ジャック・トレス・チョコレート	ダンボ	119・134	27-C1
シュプリーム	ノリータ	110	9-C1
ショットNYC	ソーホー	104	8-B2
スティック・ウィズ・ミー	ノリータ	141	9-C1
ステラダラス・リビング	ウイリアムズバーグ	108	29-D2
ストランド・ブックストア	イースト・ビレッジ	130	12-A2
▶ ゼイバーズ	アッパー・ウエスト・サイド	32・77	22-B1
セオリー	チェルシー	110	11-D1
セブン・ワンダラス・コレクティブ	グリーンポイント	105	28-B2
センチュリー21	ロウアー・マンハッタン	102	6-B1
ソープ・シェリー	ウイリアムズバーグ	132	29-C2
▶ ターゲット	ミッドタウン・ウエスト	35・77	15-D2
ダイアン・フォン・ファステンバーグ	ミート・パッキング・ディストリクト	111	10-B2
ティー・ジェイ・マックス	チェルシー	103	11-D1
▶ ティファニー	ミッドタウン・イースト	14・26・110・138	20-A2
ディランズ・キャンディ・バー	ミッドタウン・ウエスト	121	14-B3
10フィート・シングル・バイ・ステラダラス	ウイリアムズバーグ	108	29-D2
トゥヴィーフォンテン・ハーブ・ファーム	グラマシー	129	11-D1
トム・フォード	アッパー・イースト・サイド	110	20-A1
トリー・バーチ	ソーホー	110	8-B1
ドリッグス・マーチャンテール	ウイリアムズバーグ	132	29-C2
▶ トレーダー・ジョーズ	アッパー・ウエスト・サイド	35・76・121・129	22-B3
ノードストローム・ラック	イースト・ビレッジ	103	12-A2
ハーニー＆サンズ	ソーホー	141	8-B2
バウン＆コー・ステイショナーズ	ロウアー・マンハッタン	113	7-C1
▶ バターフィールド・マーケット	アッパー・イースト・サイド	37	24-A1
パメラ・バースキー	ロウアー・イースト・サイド	142	9-D1
ハリー・ウィンストン	ミッドタウン・ウエスト	111	20-A2
パワーハウス・アリーナ	ダンボ	135	27-C1
ビーコンズ・クローゼット	グリーンポイント	109・133	29-C2
ピンク・オリーブ	グリニッチ・ビレッジ	113	11-C2
ファイン＆ロウ・チョコレート	ブッシュウィック	118	28-A2外
惠生 (Fishion Therapy Center)	チャイナタウン	145	9-C2
フィッシュズ・エディ	チェルシー	122	11-D1
▶ フェアウェイ	アッパー・ウエスト・サイド	36・77	22-B2
ブリス	ソーホー	124	8-B1
プリンテッド・マター	チェルシー	137	14-B3
ブルー・ストライプス・カカオショップ	グリニッチ・ビレッジ	119	11-D2
ブルックリン・ハーボリウム	ボコカ	127	27-C3
ペーパー・ソース	ミッドタウン・ウエスト	113	19-D3
ポートリコ・インポーティング・コーヒー	グリニッチ・ビレッジ	121	11-D3
ホームカミング	グリーンポイント	133	28-B2
▶ ホールフーズ・マーケット	ミッドタウン・ウエストほか	28・34・76・96・126	9-C1 / 15-D1 / 19-C1・2 / 26-B3 / 29-D2
ボンド・ナンバーナイン	グリニッチ・ビレッジ	124	12-A3
マーク・ジェイコブス	ソーホー	110	8-B1
マイケル・コース	アッパー・イースト・サイド	110	24-A3
マクナリー・ジャクソン	ソーホー	140	8-B1
マスト・マーケット	アッパー・ウエスト・サイド	118	22-B2
マリベル	ソーホー	119	8-B2
メイドウェル	ソーホー	106	8-B2
モマ・デザイン・ストア	ミッドタウン・ウエスト	118	19-D2
ユニオンスクエア・グリーンマーケット	イースト・ビレッジ	120	12-A1
▶ ユニオン・マーケット	ロウアー・イースト・サイド	37	9-D1
ラーカ・チョコレート	レッドフック	119	26-A3
ラグ＆ボーン	ソーホー	110	8-B1
ラベンダー・バイ・ザ・ベイ	グラマシー	129	11-D1
ラルフローレン	アッパー・イースト・サイド	111	24-A3
▶ リアルリアル	ソーホー	39・105	8-B1